Miguel Ángel Quesada Pacheco (ed.)

El español hablado en América Central. Nivel fonético

LINGÜÍSTICA IBEROAMERICANA
Vol. 39

Miguel Ángel Quesada Pacheco (ed.)

El español hablado en América Central. Nivel fonético

Iberoamericana · Vervuert · 2010

Agradecemos a la Fundación Meltzer (Meltzerfondet, Bergen, Noruega) la colaboración para la edición del presente libro.

Amor de Dios, 1 – E-28014 Madrid
Tel.: +34 91 429 35 22
Fax: +34 91 429 53 97
info@iberoamericanalibros.com
www.ibero-americana.net

Elisabethenstr. 3-9 – D-60594 Frankfurt am Main
Tel.: +49 69 597 46 17
Fax: +49 69 597 87 43
info@iberoamericanalibros.com
www.ibero-americana.net

ISBN 978-84-8489-498-8 (Iberoamericana)
ISBN 978-3-86527-522-6 (Vervuert)

Depósito Legal: BI-760-2010

Diseño de la cubierta: Carlos Zamora
Impreso en España
The paper on which this book is printed meets the requirements of ISO 9706

ÍNDICE

PRÓLOGO

Miguel Ángel Quesada Pacheco

El presente libro es un producto parcial[1] del proyecto *Atlas Lingüístico Pluridimensional de América Central* (ALPAC), el cual forma parte del programa de investigación *El español de América Central*[2], inscrito en el Instituto de Investigaciones Lingüísticas (INIL) de la Universidad de Costa Rica (siglas 745-A6-905), así como del programa de investigación *Variación lingüística en América Central* (Språkvariasjon i Mellomamerika), del Departamento de Lenguas Extranjeras, Facultad de Humanidades de la Universidad de Bergen, Noruega[3], ambos bajo mi dirección.

El fin principal del proyecto ALPAC es, en primera instancia, recopilar datos de conjunto sobre el español hablado en América Central bajo la dimensión diatópica o dialectal para el nivel léxico, y desde la perspectiva pluridimensional (unión de aspectos dialectológicos y sociolingüísticos) para los niveles fonético y morfositáctico, por medio de trabajos empíricos, de campo, y con metodología común; luego, levantar mapas geolingüísticos de cada uno de los países de la región. Por último, describir, de manera igualmente coordinada, los rasgos caracterizadores del español hablado en dicha parte del continente americano[4]. Con el presente conjunto de artículos se pretende, pues, dar a conocer, a manera de adelanto, los resultados a que se ha llegado con la cartografía de la fonética del español hablado en América Central, desde la perspectiva dialectológica[5]. Son una modesta contribución que se fundamenta en la lectura general de los datos que se han recogido.

---

1 Hay varios resultados en marcha, engendrados por este proyecto, los cuales se pueden consultar en las páginas electrónicas que se citan en las siguientes líneas.

2 Ver página electrónica <http://inil.ucr.ac.cr/espanol.php>.

3 Ver página electrónica <http://framandsprak.uib.no/forskning/prosjekter/sprakvariasjon/index.html>.

4 Ver, aunque ya bastante anticuada, la página electrónica del proyecto en la red (http://atlaslinguistico.blogspot.com/2004/06/curriculum-vitae_17.html). Una actualización de dicho proyecto se halla en Quesada Pacheco/Martínez López (2008).

5 En principio quedan por fuera, de momento, los datos relativos a las variables sociolingüísticas de sexo y edad, las cuales se exhibirán a medida que se vayan publicando los atlas para cada país.

Como bien se sabe, lo que se conoce sobre la fonética del español de América Central es bastante poco y, en gran medida, deficiente[6]. Además, el nivel fonético no ha sido el campo preferido por los estudiosos del español de la región, comparando el interés que han suscitado otros niveles lingüísticos, como el léxico y la morfosintaxis, según se puede observar en la siguiente tabla:

Estudios sobre el español centroamericano en el siglo XX[7]

País	Fonética		Morfosintaxis		Léxico[8]	
	Núm.	%	Núm.	%	Núm.	%
Guatemala	5	9,4	7	13,2	41	77,3
El Salvador	4	36,3	0	0	7	63,8
Honduras	5	10,2	5	10,2	39	79,5
Nicaragua	8	11,7	17	25	43	63,2
Costa Rica	23	21,6	24	22,6	59	55,6
Panamá	16	41	4	10,2	19	48,7
TOTAL	61	18,7	57	17,4	208	63,8

Como se puede apreciar, los trabajos de fonética del español centroamericano no llegaron a alcanzar el 20% de las investigaciones lingüísticas del español centroamericano durante el siglo XX. Por otra parte, los estudios existentes son –con honrosas excepciones– meras aproximaciones en forma de artículos, unos científicos, escritos por investigadores en la materia; otros menos científicos, redactados por aficionados al idioma, quienes, con mucha voluntad, pero con escasa preparación lingüística, se animaron a contribuir con la causa.

Dentro de las contribuciones científicas, algunos estudiosos se han concentrado en un fonema, o en una serie de fonemas; otros prefirieron realizar estudios

[6] La Wikipedia tiene un apartado referente a la fonética del español centroamericano (http://en.wikipedia.org/wiki/Central_American_Spanish). Ojalá un trabajo como el presente contribuya a engrandecer dicha página con datos de primera mano.

[7] Datos tomados de López Morales (1999).

[8] Se han tomado en cuenta únicamente los glosarios y diccionarios generales, no los vocabularios especializados (como léxico arqueológico, botánico, etc.).

de conjunto, utilizando ya la dimensión dialectal, ya la sociolingüística. El problema con todos estos intentos es el resultado que de ellos tenemos en la actualidad, de los cuales, salvo algunos trabajos, es imposible hacernos una idea general, global, de los rasgos fonéticos que caracterizan el español de esta parte central del continente americano. En ninguno de los trabajos mencionados está el lector en grado de comparar, por ejemplo, la pronunciación de la /s/ en Guatemala y en Honduras o en Panamá, ya que, si bien es cierto existen estudios al respecto, las metodologías seguidas han sido bien dispares. Unos autores emplean distinta terminología para el mismo fenómeno, y hasta distinta transcripción; otros han enfocado el problema desde una perspectiva dialectal; otros, desde la sociolingüística, y de entre estos, algunos se preocuparon por exponer los datos según variables generacionales, pero otros según sexo o grado de instrucción formal. También ha habido intentos de análisis de los datos siguiendo la metodología de la gramática estructural o generativo-transformacional, a tal punto, que se hace difícil comparar todos los datos existentes, y aun más, tener una idea general de lo que sucede en el conjunto de los países mencionados. Como si fuera poco, muchos de los estudios que conocemos están publicados en revistas o casas editoriales de difícil acceso, o bien, se encuentran en universidades con restricciones de consulta, con lo cual se hace problemático acudir a tal información.

En un deseo por llenar este vacío o, mejor dicho, conglomerado de limitaciones, es que se ha escrito el presente libro, fruto de contribuciones de investigadores del área, los cuales, conscientes de la necesidad de un trabajo conjunto, se dieron a la tarea de recorrer localidades por los siete países de que consta América Central, para recoger datos y exponer los resultados a los que llegaron.

Son varias las novedades que encierra el presente libro. En primer lugar, el que absolutamente todos los datos recopilados partieron de una misma guía metodológica (ver Anexo). En segundo lugar, que los resultados se han descrito y analizado siguiendo pautas comunes, conjuntas y coordinadas, de manera que las personas interesadas en consultar los artículos podrán no solo seguir un orden común, por lo demás ya establecido en estudios fonéticos, sino que también estarán en capacidad de comparar, punto por punto, los resultados expuestos. En tercer lugar, se empleó un método único de transcripción fonética, siguiendo, en términos generales, la simbología del Alfabeto Fontético Internacional (AFI, con sus siglas IPA en inglés).

Si bien el fin del ALPAC es presentar los datos empleando no solo la dimensión dialectal, horizontal, extrayendo los datos de un número limitado de localidades repartidas por todo un territorio administrativamente unitario (en nuestro caso, cada país de que forma del proyecto), sino también tomando algunos datos concernientes a la metodología sociolingüística, vale decir las variables generacionales y de sexo, en el presente libro nos hemos concentrado únicamente en la dimensión dialectal, al realizarse un trabajo monográfico, en donde se describen las características fonéticas del español hablado en cada uno de los países centroamericanos, y donde, en la medida de las posibilidades y los datos lo permitan, se presentarán mapas sintéticos, generales[9].

En la recolección de los datos se aplicó un cuestionario que constaba de un promedio de 57 preguntas, en donde se tomó como punto de partida el apartado de fonética establecido en el Cuestionario para el *Atlas lingüístico-etnográfico de Costa Rica*[10]. En vista de que el cuestionario fue en un inicio publicado para aplicarlo únicamente a dicho país[11], se tuvo que adaptar algunas preguntas del nivel fonético para registrar otras características fonéticas propias de cada país del istmo centroamericano (ver Anexo). En consecuencia, el número de preguntas varió según los intereses de cada investigador al aplicar la encuesta en el terreno, y de acuerdo con las características fonéticas que querían resaltar, pero siempre manteniendo estrictamente el orden preestablecido, para no distorsionar los resultados a la hora de compaginar un país con otro.

El cuestionario aplicado no consta de palabras clave, como es el caso de los cuestionarios tradicionales, sino de la pregunta dirigida, con frases para completar, siguiendo de cerca el modelo propuesto y aplicado por M. Resnick[12]. Así, por ejemplo, si se quiere obtener la realización del fonema /b/ tras /l/, se le preguntó al informante:

La tierra fina que se levanta en el aire se llama: _____

de manera que el informante contestara *polvo*. Una desventaja que tiene este tipo de preguntas es que el informante no sabe a qué va el asunto, pues las preguntas son muy dispares y, si se quiere, hasta sin sentido[13]; pero la gran ventaja radica

---

[9] En la actualidad se ha publicado ya la parte fonética del *Atlas lingüístico-etnográfico de Guatemala* (Utgård 2006), la parte fonética del *Atlas lingüístico-etnográfico de Nicaragua* (Rosales 2008) y está en prensa el *Atlas lingüístico-etnográfico de Costa Rica* (Editorial de la Universidad de Costa Rica). En estado avanzado de preparación están el *Atlas lingüístico-etnográfico de Panamá* y el *Atlas lingüístico-etnográfico de Honduras*, además de la parte fonética del *Atlas lingüístico-etnográfico de Belice*.

[10] Quesada Pacheco (1992).

[11] Por ejemplo, para averiguar las realizaciones de la vibrante /r/, en el Cuestionario de Quesada Pacheco aparece la frase: "el color del medio de nuestra bandera es el (*rojo*)", lo cual tuvo que variar en vista de que solo tres banderas centroamericanas llevan dicho color (las de Belice, Costa Rica y Panamá).

[12] Resnick (1975).

[13] Al respecto afirma L. Vargas: "En cuanto al cuestionario, solo hubo un aspecto que en muy pocas entrevistas resultó confuso para los infromantes y éste, paradójicamente, fue la

en que se obtienen los hechos fonéticos de interés en un tiempo bastante breve. Además, dicho cuestionario tiene la gran ventaja de que formula casi todas las preguntas, de manera que el encuestador solamente tiene que leerlas. Con esto se logra formular la misma pregunta a todos los informantes, además de que se ha aliviado y agilizado la labor del encuestador.

En calidad de complemento a la entrevista dirigida, en algunas ocasiones se aplicó la entrevista libre. La desventaja de este método está en que, si bien se obtiene mayor cantidad de realizaciones de tal o cual sonido, las cuales podrían llevar a análisis cuantitativos más detallados, muchas veces no se obtienen todos los sonidos que se quieren representar o estudiar, con lo cual se corre el riesgo de tener que regresar a la localidad y tratar de obtener el material no recopilado.

Los cuestionarios se aplicaron en encuestas que van entre 1995 (como es el caso de Costa Rica) hasta 2007 (últimas encuestas en Panamá). Todas las encuestas fueron grabadas; las primeras, como las que se realizaron en Costa Rica, en grabadoras de cassette, y las últimas, en sistemas de minidisc MP3.

En relación con las localidades escogidas, el criterio seguido para la selección de la red de puntos fue la equidistancia de las localidades en cada provincia o departamento, las cuales van desglosadas en cada uno de los artículos del presente libro.

En lo pertinente a los informantes, en la medida de lo posible se trató se seguir los pasos clásicos, descritos por José Joaquín Montes[14], que se enumeran a continuación:

a) que sean oriundos de la localidad y, por consiguiente, que sean representantes de la variedad de lengua o dialecto que se quiere estudiar;
b) que hayan vivido en la localidad durante muchos años y, preferentemente, que no hayan salido de ella;
c) que sean personas mayores (a partir de los 40 años), y por consiguiente que tengan buenos conocimientos de su dialecto y las prácticas culturales de su localidad;
d) que tengan un estado de salud relativamente bueno como para comprender las preguntas y estar en capacidad de responder (por ejemplo, buena dentadura, oído sano, facultades mentales en orden, etc.);
e) que estén lo menos influidos posible del sistema educativo formal, donde por regla general se practica un tipo de enseñanza normativa y donde no

---

sencillez de las preguntas. A pesar de que desde el inicio trataba de explicarle a la persona que las preguntas eran muy fáciles, ellas se sentían extrañadas y confundidas al preguntárseles cuestiones muy obvias" (Vargas Vargas 2000: 36).

[14] Montes Giraldo (1995: 74-75).

se consideran como prestigiosas ciertas prácticas lingüísticas de las localidades.

Sin embargo, en cuanto a las edades, se rompió con el esquema anterior, dado que se entrevistaron, para cada localidad, a cuatro personas según los siguientes criterios: dos personas de ambos sexos mayores de 60 años, y dos de ambos sexos entre 20 y 35 años. Esto por cuanto el trabajo original, como se mencionó en líneas más arriba, era de carácter pluridimensional.

El otro punto que rompió el esquema tradicional es el hecho de que una enorme cantidad de localidades centroamericanas no tiene más de un siglo de existencia, y por doquier se han registrado grandes movimientos migratorios durante todo el siglo XX, debido a migraciones tanto de carácter político, como económico, de manera que ni siquiera se podrían sostener los principios básicos del informante tradicional; además, muy pocos calificarían, por no tener a padres ni a abuelos oriundos de la misma localidad. Por consiguiente, estos ideales teóricos en muchas ocasiones fueron imposibles de cumplir; en consecuencia, se debió adaptar a esta realidad.

Respecto del dominio del idioma, sola y únicamente se eligieron informantes con el español como su lengua materna, y preferiblemente con padres con dicho idioma también como lengua materna, con el fin de evitar interferencias o cualquier otro tipo de contacto lingüístico. Esta es la razón por la cual muchas zonas no figuran representadas, tales como las partes guatemaltecas donde habitan etnias mayas, así como las zonas atlánticas de Honduras, Nicaragua y Costa Rica, donde hay grupos étnicos de lenguas criollas de origen inglés, arawako (los garífunas) misumalpa y chibcha, junto con las regiones panameñas pobladas mayoritariamente por grupos étnicos de origen chibcha y chocó. Lo anterior vale también para Belice, donde, además de ser el inglés la lengua oficial, la mayor parte de los poblados son de base inglesa y lenguas mayas.

Han sido muchísimas las personas involucradas en la realización de este trabajo. En primer lugar, los cientos de informantes quienes, de manera muy cortés y desinteresada, nos concedieron un rato valioso de su tiempo para atender nuestras encuestas. A cada uno de ellos manifestamos nuestra profunda gratitud. En segundo lugar, muchas instituciones nos han dado tiempo de investigación para lograr los resultados presentes. En este sentido, expresamos nuestro agradecimiento a la Facultad Multidisciplinaria de Occidente (El Salvador), a la Universidad Nacional Autónoma de Honduras (Tegucigalpa), a la Universidad Nacional Autónoma de Nicaragua (Managua), al Instituto de Investigaciones Lingüísticas de la Universidad de Costa Rica y al Departamento de Lenguas Extranjeras de la Universidad de Bergen, por todo el tiempo y la logística que se nos ha facilitado para llevar a cabo una investigación de esta índole.

Bibliografía

López Morales, Humberto (1999): *América Central*. Madrid: Arco Libros.

Montes Giraldo, José Joaquín (1995): *Dialectología general e hispanoamericana. Orientación teórica, metodológica y bibliográfica*. Bogotá: Publicaciones del Instituto Caro y Cuervo.

Quesada Pacheco, Miguel Ángel (1992): *Atlas lingüístico-etnográfico de Costa Rica. Cuestionario*. San José: Nueva Década.

— (2004): *Atlas lingüístico de América Central*. <http:// atlaslinguistico.blogspot.com/ 2004/06/curriculum-vitae_17.html>.

— (coord.) (en prensa): *Atlas lingüístico-etnográfico de Costa Rica*. San José: Editorial de la Universidad de Costa Rica.

Quesada Pacheco, Miguel Ángel/Martínez López, Juan Antonio (2008): "Atlas lingüístico-etnográfico de América Central: estado actual del proyecto", en: *Revista Internacional de Lingüística Iberoamericana*. Madrid/Frankfurt: Iberoamericana/Vervuert VI, N° 1 (11), 101-110.

Resnick, Melvin (1975): *Phonological Variants and Dialect Identification in Latin American Spanish*. Den Haag-Paris: Mouton.

Rosales Solís, M.ª Auxiliadora (2008): *Atlas lingüístico pluridimensional de Nicaragua: nivel fonético (análisis geolingüístico pluridimensional)*. Managua: PAVSA.

Utgård, Katrine (2006): *Fonética del español de Guatemala. Análisis geolingüístico-pluridimensional*. Tesis de Maestría. Bergen: Universitetet i Bergen.

Vargas Vargas, Luis Alberto (2000): *Fonética del español de Costa Rica. Análisis geolingüístico pluridimensional*. Tesis de Maestría. Bergen: Universitetet i Bergen.

LA FONÉTICA DEL ESPAÑOL EN BELICE

Mauricio Andrés Cardona Ramírez

1. Introducción

Belice está normalmente asociado a la cultura e identidad que reconocemos como caribeña. Ciertamente, el recorrido histórico y la ubicación geográfica de esta nación han configurado una serie de variables sociales que no se pueden desprender del contexto caribeño. Son estas variables las que han permitido el florecimiento de lo que podríamos llamar 'abanico de identidades', en razón de la multietnicidad manifiesta en el país y que interactúa día a día como parte de la dinámica social entre los beliceños. De tal abanico de identidades, se desprende un abanico de lenguas y dialectos diferentes, pero copartícipes.

Cada una de las lenguas habladas en Belice imprime un sello cultural a cada uno de sus correspondientes integrantes de las diferentes comunidades lingüísticas en interacción social. De ahí que al abordar el estudio dialectológico en Belice, necesariamente estamos abordando la interacción étnico-social que allí se desenvuelve. La lengua es, en últimas, un elemento inseparable de la identidad de los individuos en relación con su grupo étnico (Fought 2006: 19-41).

Con nuestro acercamiento al español hablado en Belice no solo damos paso a la discusión de la lengua dentro del contexto dialectológico puramente lingüístico, sino también a la discusión de la lengua como elemento de identidad reflejada en la variedad y la evolución social de un grupo étnico enfrentado a un contexto multicultural y plurilingüe.

1.1. Contexto histórico

La presencia de la lengua española en nuestra zona de estudio es el resultado de un complejo proceso histórico que involucra la coexistencia de una gran variedad étnica y cultural con sus respectivas lenguas y dialectos. Limitando al norte con México, al occidente y sur con Guatemala, y al este con el Océano Atlántico caribeño, este territorio era en su mayoría habitado por comunidades mayas que, según hallazgos arqueológicos, datan desde hace 12.000 años aproximadamente (Pinzón/Auxillou 1996). Así se mantendría hasta la llegada de los españoles en la primera parte del siglo XVI, quienes proclamarían el territorio como suyo pero sin establecer presencia permanente en él. Esta circunstancia fue aprovechada por los piratas ingleses, a partir de la primera parte del siglo XVII, para montar campamentos allí, desde los cuales pudieran lanzar asaltos a los galeones españoles (Le Page/Keller 1985: 62).

A pesar de que la corona española trató en repetidas ocasiones de recuperar el terreno perdido frente a los colonos ingleses, ésta no tuvo otra opción que conceder, en el Tratado de Versalles de 1783, la permanencia de la corona inglesa en la zona. En 1862 se declara definitivamente este territorio como colonia inglesa (Quilis 1990: 139), con el nombre de Honduras Británica. Luego, en 1973, es renombrada como Belice.

Durante su época de colonia, la explotación de maderera era su recurso natural más importante, lo que requirió la importación de esclavos jamaiquinos a la zona para la explotación forestal. De la mezcla entre estos esclavos y los colonos ingleses resultaron los criollos beliceños, que hoy son la etnia dominante de la nación (en términos de poder político y económico, mas no de mayoría numérica). Como colonia permaneció hasta 1981, cuando se proclamó la independencia y se creó la constitución que daría paso a una nueva nación. Sin embargo, aún se mantiene el modelo administrativo británico mediante una democracia parlamentaria que reconoce a la reina Isabel II como su soberana.

Un aspecto importante que no puede dejarse de lado en la configuración de lo que hoy es Belice es el enorme impacto que ha tenido la inmigración desde otros países centroamericanos en el país. Las primeras grandes oleadas llegaron como resultado de la guerra de castas desatada en el Yucatán y Guatemala durante la segunda mitad del siglo XIX[1]. Luego, durante la década del 80 Belice experimentó otra fuerte ola de inmigrantes proveniente de El Salvador a causa de la guerra civil desatada en dicho país. Esto sumado a la emigración de los grupos criollos del país hacia Estados Unidos e Inglaterra ha creado una mayoría mestiza que tiene como lengua materna el español, auque no es reconocida como lengua oficial del país, ni se habla en todos los contextos sociales ni geográficos.

---

[1] Según la página Web de la embajada de Belice en Guatemala en lo relacionado con Guatemala: http://www.embajadadebelize.org/aserca/cultura.htm y, en lo relacionado con la migración del Yucatán, según Antonio Higuera Bonfil en su ponencia titulada *Migración Nacional e Internacional hacía la Frontera México-Belice. Siglos XIX y XX.* Esta ponencia forma parte del proyecto Sociedad y Cultura en la vida de Quintana Roo. Siglos XIX y XX, desarrollado por la Universidad de Quintana Roo y financiado por el Consejo Nacional de Ciencia y Tecnología (CONACYT). Una versión ligeramente distinta fue presentada en el VIII Coloquio de la Sociedad Nacional de Estudios Regionales, Los extranjeros en las regiones; realizado en la Ciudad de Oaxaca del 23 al 25 de marzo de 1994. Disponible en: http://dzibanche.biblos.uqroo.mx/spc/investigacion/Cultura_etnicidad_identidad/reportes_finales/Antonio_Higuera2.htm.

1.2. Datos generales

Belice representa la carga demográfica más liviana de Centroamérica con 10 habitantes por km^2. Casi 300.000 habitantes, divididos en al menos seis grupos étnicos, conviven dentro de los 22.966 km^2 del territorio nacional. Según el censo de 2000[2], dichos grupos étnicos son: los mestizos (48%), descendientes de hijos de mayas y europeos (hispanohablantes), además de los llegados al país procedentes de otras zonas centroamericanas. Los criollos (afrocaribeños), descendientes de hijos de británicos y afrocaribeños traídos a América como esclavos, representan el 30%. Los mayas, con el 12,5%, se dividen en tres grupos con cultura y lenguas diferentes: los mopanes (2,5%), los ketchís (5,4%) y los yucatecos (4,6%). Los garífunas (6,2%), quienes ingresaron al país en 1939 provenientes de Honduras (Escure 2004: 38), son los descendientes de la mezcla entre indígenas arawakos y esclavos africanos y se ubican en la zona sur del país, lo que hoy se conoce como Dangringa y punta Gorda. Y, por último, también hay grupos de menonitas, asiáticos y árabes que entre todos conforman un 3,5%, aproximadamente. Cada uno de los grupos étnicos mencionados mantiene su propia lengua materna como una fuerte marca de identidad que suele usarse en ambiente familiar o con integrantes de su mismo nicho étnico. El criollo beliceño, con sus variantes, funciona como la lengua franca del país y ha logrado influenciar fuertemente otras lenguas como el garífuna y el español.

En comparación con los datos obtenidos del censo de 2000, los estimados de 2005 indican incremento poblacional en el grupo de los mestizos y decrecimiento en el grupo de los criollos: el grupo mestizo cuenta para 2005 con el 50% y el grupo afrocaribeño (criollos) con un 25%, aproximadamente, reflejo de la dinámica migratoria del país. Los mestizos, asentados principalmente en la zona centro-occidental y en la zona norte del país (distritos de El Cayo, Orange Walk y Corozal), se caracterizan por tener el español como lengua materna. Los afrocaribeños, asentados principalmente en la zona centro-oriental del país (distrito de Belice), tienen el criollo beliceño de base inglesa (*Bileez Kriol*). El inglés, a pesar de ser la lengua oficial del país, funciona sólo como lengua de administración pública, como herramienta en la industria turística y como lengua de escola-

[2] Los datos sobre los grupos étnicos y sus porcentajes fueron tomados del Segundo Informe sobre Desarrollo Humano en Centroamérica y Panamá. Capítulo 8. Disponible en <http://www.estadonacion.or.cr/Region2003/Paginas/prensa/Resumen-8.pdf>. Además, ver también el informe: "Uso de los datos Censales para un análisis comparativo de la migración internacional en Centroamérica", llevado a cabo por el Sistema de Información Estadístico sobre las Migraciones en Centroamérica. Santiago de Chile, diciembre de 2002. Disponble en <http://www.eclac.org/publicaciones/xml /3/11783/lcl1828-P-1.pdf>.

rización. Ninguno de los grupos étnicos la tiene como lengua materna, y tampoco suele escucharse en las interacciones sociales cotidianas. Por esta razón, el criollo beliceño viene cumpliendo el papel de lengua franca entre la diversidad plurilingüe de los diferentes grupos étnicos que interactúan en Belice.

1.3. El español dentro del contexto lingüístico beliceño

Dentro del contexto anterior, el español representa, ciertamente, la lengua materna más hablada dentro del territorio beliceño. Sin embargo, sin ser un secreto que cada lengua suele ser asociada con el grupo étnico que la habla (Fought 2006: 19-41), el español en Belice sufre una estigmatización de tipo étnico. Los grupos étnicos hispanohablantes han sido tradicionalmente asociados con la clase rural baja que ha estado llegando al país desde hace varias décadas en busca de mejores oportunidades laborales. No obstante, dicha percepción parece estar cambiando últimamente debido a la creciente participación en actividades de prestigio dentro del engranaje económico del país por parte de los inmigrantes centroamericanos. Lo cierto es que la lengua española, a pesar de su representatividad numérica, aún no tiene mucho prestigio social y poca o ninguna representatividad en la administración política. De ahí que es normal, también, encontrar en Belice una forma peculiar de 'spanglish' en las zonas donde se encuentran asentados los grupos mestizos. Dicho fenómeno parece tener respuesta en la relación que hay entre la lengua y la evolución de la identidad étnica dentro de los grupos sociales del país. Es decir, la comunidad hispanohablante en Belice bien podría ubicarse en lo que Jeffrey Ross (1979), dentro de la etnolingüística, llama 'fase étnica'[3]. Esta fase representa la etapa en que un grupo étnico tiende a producir alteraciones, en su habla, que lo alejen de una minoría estigmatizada como foránea y sin prestigio social, para dar paso a una nueva identidad, reinventada y con sello local propio (Ross 1979: 8).

Así, el poco prestigio del español, sumado al hecho de que en Belice la única lengua oficial es el inglés, ha provocado un bajísimo nivel académico del español entre aquellos que lo tienen como lengua materna. Los jóvenes, hijos de padres inmigrantes normalmente asociados con el grupo étnico mestizo, no tienen acceso a la educación primaria en su lengua materna. El estudio de ésta sólo

[3] Traducción propia de "ethnic stage" en Ross (1979: 1-13). Aquí, Ross clasifica las fases de evolución de los grupos étnicos, y la relación de la lengua de cada uno de esos grupos con el contexto político-social en el que se desenvuelven. El autor identifica cuatro fases que clasifica en el siguiente orden: 'communal stage', 'minority stage', 'ethnic stage', and 'national stage'.

se incluye en niveles superiores de secundaria o en la universidad, como segunda lengua. Obviamente esto no ocurre solamente con el español, ya que los hablantes de criollo, garífuna, maya ketchí y maya mopán asimismo se ven afectados por la falta de apoyo constitucional dentro de un marco de protección multiétnico, multicultural y plurilingüe. La educación, por ejemplo, se imparte sólo en lengua inglesa, generalmente por la Iglesia Católica, durante la primaria y por los jesuitas durante la secundaria (Lastra 2006: 2077-2078). En este sentido se puede hablar de cierto abandono estatal que desatiende las necesidades de la mayoría de sus habitantes y que deja en manos de las iglesias la educación de sus nuevas generaciones. Así, por ejemplo, se puede observar en el artículo 11(3) de su constitución de 1981 lo siguiente:

> (3) Every recognised religious community shall be entitled, at its own expense, to establish and maintain places of education and to manage any place of education which it maintains; and no such community shall be prevented from providing religious instruction for persons of that community in the course of any education provided by that community whether or not it is in receipt of a government subsidy or other form of financial assistance designed to meet in whole or in part the cost of such course of education. (Constitución de Belice de 1981)[4]

Al dejar la educación en manos de la Iglesia, el Estado cede terreno en la creación de una identidad nacional que nace de los intereses de sus propios habitantes y no de los intereses eclesiásticos. La lengua, indudablemente, está dentro de los bienes identitarios más apreciados de cualquier grupo étnico, y, posiblemente, el contexto lingüístico beliceño sería otro sin la enorme influencia de los grupos eclesiásticos en la educación.

Tal circunstancia deja al español beliceño en una posición que podríamos llamar "de libre albedrío"; es decir, la evolución de la lengua sin formatos normativos. La influencia del inglés, el criollo y las lenguas indígenas parece ser definitiva en la configuración dialectológica del español que se habla hoy en el Belice. Los arcaísmos y las innovaciones interactúan de manera natural dejando entrever los rasgos de un español que se desarrolla al margen de la comunidad hispanohablante latinoamericana. Es, pues, en últimas, el resultado de un español nutrido de combinaciones dialectales heterogéneas que se renuevan todo el tiempo desde adentro, por el estrecho contacto con otras lenguas dentro del país, y desde afuera, por la continua influencia de los distintos dialectos llegados con los inmigrantes centroamericanos.

---

[4] Disponible en: <http://pdba.georgetown.edu/Constitutions/Belize/belize81.html>.

1.4. Estado de la cuestión

El mantenimiento del inglés como única lengua oficial parece dar la impresión de desmotivar el estudio del español en el territorio beliceño, tanto por parte de las instituciones nacionales como internacionales. La ausencia de trabajos al respecto sólo se ha visto mitigada por estudios que toman el español como un aspecto secundario con el fin de argumentar la influencia de éste en otras lenguas del país como el maya mopán, maya ketchí, el garífuna, o el criollo beliceño[5]. Esto es, el español, en Belice, parece ser percibido como un español que, llegado con los inmigrantes y sus diferentes configuraciones dialectales, no tiene mucho de beliceño sino más bien de los países provenientes. No obstante, el caso del español en Estados Unidos, bastante discutido y analizado (Fontanella de Weinberg 1992; Bills 2005; Otheguy/Lapidus 2005), da pie para acercarse de la misma manera al español de Belice.

Por todo lo anterior, debemos resaltar, de manera positiva, el interés de Antonio Quilis y Manuel Alvar por incluir a Belice en el proyecto y cuestionario del Atlas Lingüístico de Hispanoamérica (ALHA), publicado en 1984. El Atlas tenía como meta principal la recolección de datos lingüísticos de variada índole (fonética, sintaxis, morfosintaxis, léxico, etc.) y a escala continental, para ser luego plasmados en mapas cartográficos que dieran cuenta de la distribución dialectal del español en todo el continente americano. De los datos arrojados por el ALHA surge el artículo de Antonio Quilis, *Notas del español de Belice* (1999), como lo único disponible en lo que respecta a la investigación dialectal del español beliceño. Del artículo de Quilis se pueden rescatar dos páginas, dedicadas a la pronunciación, como las únicas relevantes para nuestro trabajo.

El recorrido de Quilis por el territorio beliceño se realizó en cuatro localidades del país (Corozal, Benque Viejo del Carmen, San Pedro y Cayo Caulker), de las cuales tres coinciden con las localidades que hemos escogido para nuestro trabajo. Aunque dicho estudio no se desarrolla de manera exhaustiva, sí sienta un importante precedente que impulsa la inclusión del español beliceño, dentro de los estudios dialectológicos hispanoamericanos, en un marco académico de rigor científico.

Así, pues, el presente artículo aspira a ampliar el escaso inventario de material fonético dialectológico del que se dispone en Belice. Éste es un informe de tipo descriptivo, basado en la teoría tradicional de la lingüística románica y apoyado en el método que se aplica a la geografía lingüística (Munteanu 2005: 87-

[5] Dos buenos ejemplares, al respecto, se encuentran en Lieve (1999) y en Escure (2004).

90; Williams 1988: 20-46; Chambers/Trudgill 1994: 35-59; Coseriu 1985: 102-158; etc.).

1.5. Localidades encuestadas

Las encuestas para este estudio fueron recogidas durante el primer semestre de 2005 en las localidades que presentamos en la siguiente tabla y las cuales se encuentran ordenadas según el distrito a que pertenecen, de norte a sur. Se entrevistaron a 39 personas.

Debe tenerse en cuenta que, en nuestro estudio, no se recopilaron entrevistas de todos los distritos puesto que no en todos se encuentran comunidades de hispanohablantes suficientemente grandes que ameriten la recolección de datos. Así, el distrito de Belice y el distrito de Stann Creek, en la parte centro-oriental, no se incluyeron en trabajo de campo, dado que en ellos predominan el criollo afrocaribeño y el garífuna como lengua materna. También Toledo se caracteriza por la presencia de la lengua garífuna y maya ketchí. Sin embargo, allí encontramos, durante el trabajo de campo, una cantidad considerable de hispanohablantes, lo que nos animó a incluir también este distrito tomando las localidades de Punta Gorda y San Pedro Colombia para las entrevistas.

Tabla de localidades visitadas por distrito

Distrito (de norte a sur)	**Localidad**
Corozal	Corozal
	Progreso
Ambergris	Cay San Pedro
Orange Walk	Orange Walk
	San Felipe
Cayo	San Ignacio
	Soccutz
	Benque Viejo del Carmen
Toledo	Punta Gorda
	San Pedro Colombia

2. Análisis de los datos

2.1. Vocalismo

En Belice hemos observado el comportamiento de las vocales medias /e/, /o/, en posición átona final y ante /s/. Para la baja, /a/, nos hemos concentrado en su posición átona final, ante /s/ y entre /s/ y /s/. Los datos confirman que, en general, hay bastante estabilidad vocálica, aunque se dan algunos casos de acortamiento en todo el país y, en menor medida, de elisión (las mayorías porcentuales en cada posición se resaltan en negrita).

CUADRO 1
Porcentajes generales de vocalismo

Posición	***Contexto***	**Datos de extensión vocálica anotados por número de informantes y porcentajes**		
		Plena	**Corta**	**Elisión**
/a/ final átona	*casa*	**37 (94%)**	2 (5,1%)	
/a/ átona ante /s/	*patas*	**28 (74%)**	10 (26%)	
/a/ entre /s/ y /s/	*esposas*	**35 (89,7%)**	4 (10,3%)	
/e/ en posición final átona	*once*	**38 (97,4%)**	1 (2,5%)	
/e/ átona ante /s/	*dientes*	**33 (84,6%)**	6 (15,4%)	
/o/ en posición final átona	*gato*	**31 (79,5%)**	7 (18%)	1 (2,5%)
/o/ átona ante /s/	*huevos*	**36 (92,3%)**	3 (7,7%)	

2.1.1. */a/, /e/ y /o/ en posición final átona*

Estas tres vocales en posición átona son, en general, bastante estables. De ellas la más ir table, basándonos en la duración, es la /o/, cuya articulación acortada se dio en el 18% los informantes (*gato* → [ˈgatŏ]). Dicho acortamiento tuvo presencia en el centro y el nc del país. Al sur del país, en Punta Gorda, se presentó un caso (2,5%) de elisión de la vo La más estable, por otra parte, resulta ser la /e/ en posición átona con un solo caso de ac tamiento en Benque Viejo del Carmen (zona centro), seguida de la /a/ en posición áto con dos casos de acortamiento, uno en el centro y otro en el sur del país.

2.1.2. */a/, /e/ y /o/ átonas frente a /s/*

Aquí la /a/ presentó el porcentaje más alto de acortamiento vocálico (26%) en *patas* → [ˈpatăs], sobre todo en el centro del país. A ésta le sigue la /e/ con el 15,4% de participación en el centro y norte del país.

Y por último está la /o/, indicando 7,7% de participación con un informante en cada zona (norte, centro y sur).

2.1.3. */a/ átona entre /s/ y /s/*

Para la /a/ en esta posición se presentaron cuatro casos (10,3%) de acortamiento (en *esposas* → [esˈposăs]), en el centro y norte del país.

Para concluir el apartado de las vocales, cabe señalar que no se encontraron cambios de tono entre los informantes, y que en general, el acortamiento vocálico no parece tener demasiada fuerza en Belice. Sin embargo, si quisiéramos hacer una división dialectal basándonos en el acortamiento vocálico, entonces sería necesario apuntar hacia el centro del país, con Benque Viejo del Carmen a la cabeza, como zona de mayor acortamiento. En esta zona, aunque el porcentaje de acortamiento vocálico nunca llega a superar el 18%, este se da en todas las vocales que observamos.

En las otras dos zonas, por otro lado, dicho acortamiento ocurrió en menor medida, e incluso en la zona sur no se dio en absoluto en el caso de la /a/ átona frente a /s/ y la /a/ entre /s/ y /s/.

2.2. CONSONANTISMO

2.2.1. *Fonemas oclusivos*

Se diseñaron doce preguntas para lograr establecer el grado de oclusividad de las consonantes /b, d, g/ tras lateral /l/, vibrante /ɾ/, fricativa alveolar /s/, y diptongo decreciente. Además hay una pregunta adicional para lograr la articulación del fonema /-d/ en la terminación /-ado/. Los resultados encontrados fueron los que se presentan a continuación.

2.2.1.1. El fonema /b/

En Belice predominan dos alófonos para la realización de la bilabial sonora: el oclusivo y el fricativo. En raras ocasiones se realiza de manera aproximante.

CUADRO 2
Porcentajes de frecuencia del fonema /b/

Posición	*Contexto*	Alófonos registrados por número de informantes y porcentajes			
		Realizaciones con alófono oclusivo	Realizaciones con alófono fricativo	Realizaciones con alófono aproximante	Informantes polifónicos
/b/ tras /l/	*polvo*	7 (17,9%)	**29 (74,3%)**	3 (7,6%)	
/b/ tras /ɾ/	*curva*	7 (18,9%)	**29 (78,3%)**	2 (5,4%)	
/b/ tras /s/	*las venas*	**21 (53,8%)**	15 (38,4%)		
/b/ tras diptongo decreciente	*jaiba*	14 (35,8%)	**21 (53,8%)**	4 (10%)	
Otros: un informante (2,5%) la realizó con el alófono [f] y dos (5,1%) con [v] en *las venas* → [lasˈfenas] ~ [lazˈvenas]					

Tres de los cuatro contextos evaluados arrojaron como resultado una amplia mayoría para las realizaciones fricativas. Sólo en el contexto de /b/ tras /s/ la realización de /b/ fue mayoritariamente oclusiva. También en el contexto de /b/ tras /s/ se registran tres casos de sustitución: dos de [b] por la fricativa labiodental sonora, [v], ambos en Soccutz, localidad ubicada al oeste, cerca de los límites con Guatemala, y un caso de [b] por [f] en Punta Gorda, localidad al sur del país.

Los cuatro casos de polifonía se dieron únicamente en el contexto de /b/ tras diptongo decreciente (*jaiba* → [ˈxaiba] ~ [ˈxaiβa]), dos de ellos en Soccutz.

2.2.1.2. El fonema /d/

Se dieron para este fonema cuatro tipos de realización: oclusivos, fricativos, aproximantes y retroflejos oclusivos. Este último ([ɖ]), resulta cuando va tras /ɾ/, por asimilación progresiva, cuando la /ɾ/ se articula de manera retrofleja.

Para este fonema se presenta un alto porcentaje de realizaciones oclusivas; en cuatro de los cinco contextos se obtuvo la mayoría para el alófono oclusivo. Esto confirma, en parte, los descubrimientos de John Lipski (1994) y Antonio Quilis (1999), al identificar la frecuencia de la realización oclusiva de las consonantes

CUADRO 3
Porcentajes de frecuencia de los alófonos del fonema /d/

Posición	***Contexto***	**Alófonos registrados por número de informantes y porcentajes**			
		Realizaciones con alófono oclusivo [d]	**Realizaciones con alófono fricativo [ð]**	**Realizaciones con alófono aproximante [ð̞]**	**Realizaciones con alófono [ɖ]**
/d/ tras /l/	*caldo*	**31 (79,4%)**	5 (12,8%)		
/d/ tras /r/	*muerde*	**12 (30,7%)**	13 (33,3%)		**12 (30,7%)**
/d/ tras /s/	*buenos días*	**33 (84,6%)**	6 (15,3%)		
/d/ tras diptongo decreciente	*deuda*	**21 (53,8%)**	18 (46,5%)		
/d/ en /-ado/	*cansado*	6 (15,3%)	**24 (61,5%)**	7 (17,9%)	
Otros:	– *Tres casos (7,6%) de elisión de la /d/ con alargamiento de la /l/ en caldo → [ˈkal:o]* – *Dos casos (5,1%) de polifonía en muerde* – *Un caso (2,5%) de elisión en cansado → [kanˈsao]* – *Un caso (2,5%) de polifonía en cansado → [d ~ ð ~ ø]*				

sonoras tras [l], [ɾ], [s], [i̯], y [u̯] en Yucatán, sur de Guatemala, El Salvador, Nicaragua y Honduras, entre otros (Lipski 1994: 258, 265, 271, 290; Quilis 1999: 221). Dichas zonas son relevantes para la descripción del español beliceño, pues aportan la mayor cantidad de inmigrantes hispanohablantes a Belice, lo cual sugiere una influencia latente en la configuración del fenómeno de oclusividad en el país. También es de anotar que la realización fricativa se produce de manera bastante tensa. Es decir, el estrechamiento de los órganos articulatorios es mayor que aquel que suele caracterizar a la articulación fricativa débil de las consonantes sonoras (espirantes), en el español general.

Uno de los fenómenos particulares, en el español beliceño, es el de retroflexión oclusiva en la /d/ (30,7% en la palabra *muerde*). Dicha articulación se da como resultado de una asimilación progresiva de la /d/ al alófono retroflejo [ɻ], en contextos como *arde* → [ˈaɻɖe]. Dicha asimilación provoca el retraso de los órganos articulatorios después de la articulación del alófono [ɻ], haciendo que la /d/ adquiera el elemento retroflejo pero sin abandonar el elemento oclusivo que lo mantiene diferenciado de la simple articulación retrofleja de la /ɾ/. En algunos casos, incluso, desaparece el elemento fricativo de la /ɾ/, provocando su elisión y dejando la /d/ solitaria con el elemento retroflejo inserto (*muerde* → [ˈmweɖe]).

2.2.1.3. Terminación /-ado/

En cuanto a la terminación /-ado/, se registraron tres alófonos: el oclusivo, el fricativo y el aproximante. El alófono fricativo representó el mayor número de realizaciones. El alófono aproximante y el oclusivo representaron casi una paridad porcentual, 17,9% y 15,3% respectivamente, lo cual indica una alta participación de la variante oclusiva, si tenemos en cuenta la tendencia al debilitamiento que sufre este alófono en el español en general. La pérdida absoluta (*cansado* → [kanˈsao]) sólo se presentó en un informante de la localidad El Progresso, zona rural al norte del país. Esto, sumado al porcentaje de oclusividad, indica que, en Belice, hay un fenómeno fuerte de consonantismo firme, en comparación con la mayoría de los países centroamericanos y antillanos, donde la tendencia al debilitamiento y la elisión es más marcada (Quesada 1996: 103; Quilis 1999: 220; Vaquero 2003: 26-8).

Según los estudios citados en el párrafo anterior, el mantenimiento de la /d/ fricativa o aproximante es propio del habla culta y suele perderse completamente en el habla inculta y rural de Centroamérica y Las Antillas. En Belice, la distinción zona rural-zona urbana no parece ser determinante en la realización de uno u otro alófono. Las tres variantes para esta posición se registraron, en mayor o menor medida, en todos los puntos cardinales encuestados, tanto en las zonas más rurales y alejadas de los centros principales como en las poblaciones más grandes y urbanas. Cabe anotar, además, que la configuración social y urbanística de Belice es, en su mayoría, de tipo rural.

En suma, vemos que la alternancia entre la oclusividad y fricativización de la /d/ intervocálica no es extraña al entorno antillano ni centroamericano, incluyendo a Belice. También Guitart/Zamora (1982) habían observado la variabilidad de estos alófonos en Centroamérica, con El Salvador como uno de los países oclusivizantes (Guitart/Zamora 1982: 102). Una vez más, dicha mención nos da pie para inferir una influencia externa en el español beliceño, pues los salvadoreños conforman un alto porcentaje del grupo inmigrante en este país. No obstante, se debería evaluar también el contacto con las lenguas indígenas mayas como alternativa al fenómeno. Ya en el español de Yucatán, al sur de México, se ha atestiguado la oclusividad de la /d/ intervocálica por contacto con las lenguas indígenas (Stewart 1999: 46). En últimas, esto nos sugiere la realización de estudios sociolingüísticos más detallados que despejen la nebulosa que la variante diatópica, por sí sola, no puede esclarecer.

2.2.1.4. El fonema /g/

Se observan tres alófonos para este fonema: el oclusivo, el fricativo y el aproximante (cuadro 4).

El fonema /g/ es esencialmente fricativo en Belice. Sin embargo, en la posición tras /s/ se produce de manera oclusiva en la mayoría. En realidad, estas observaciones concuerdan con las consideraciones de Quilis (1999) en otros países centroamericanos fronterizos con Belice y en otros de influencia migratoria para el país (Quilis 1999: 221). Cabe mencionar, también, el porcentaje de articulaciones oclusivas cuando el fonema se encuentra entre vocales (18%), como en *oigo* → [ˈoigo]. En dicha posición se espera la tendencia más marcada hacia el debilitamiento de las oclusivas; no obstante, aquí observamos una participación relativamente alta para la articulación oclusiva del fonema. El fenómeno se registró en todo el país, aunque con menos fuerza en el norte.

CUADRO 4
Porcentajes de frecuencia de los alófonos del fonema /g/

Posición	*Contexto*	**Alófonos registrados por número de informantes y porcentajes**		
		Realizaciones con alófono oclusivo [g]	**Realizaciones con alófono fricativo [ɣ]**	**Realizaciones con el alófono aproximante [ɰ]**
/g/ tras /l/	*pulga*	14 (35,8%)	**22 (56,4%)**	1 (2,5%)
/g/ tras /ɾ/	*largo*	5 (12,8%)	**28 (71,7%)**	6 (15,3%)
/g/ tras /s/	*los gatos*	**27 (69,2%)**	12 (30,7%)	
/g/ tras diptongo decreciente	*oigo*	7 (18%)	**28 (71,7%)**	4 (10,2%)
Otros	Dos casos (5,1%) de polifonía en *pulga*			

En nuestro estudio, el caso de mayor debilidad articulatoria se dio en la posición /g/ tras /ɾ/, por su número de articulaciones fricativas ([ˈlarɣo]) y aproximantes ([ˈlarɰo]). Las pocas articulaciones oclusivas se presentaron, sobre todo, en la zona centro-occidental, mientras que el norte del país parece ser la zona de mayor debilitamiento articulatorio, en todas las posiciones, sobre todo en Orange Walk y San Felipe.

2.2.2. *Fonemas fricativos*

2.2.2.1. El fonema /f/

Para este fonema registramos articulaciones en ocho posiciones diferentes: ante las cinco vocales españolas, ante los grupos /je/ y /we/, y ante la lateral /l/. Los resultados indican, en general, una articulación que puede observarse en la mayoría de las regiones hispanohablantes, es decir, con la articulación labiodental. Sin embargo, también se dan algunos casos de articulación con el alófono bilabial y el velar aspirado.

CUADRO 5
Porcentajes de frecuencia de los alófonos del fonema /f/

Contexto	**Alófonos registrados por número de informantes y porcentajes**		
	Labiodental [f]	**Bilabial [ɸ]**	**Velar [h]**
familia	**34 (87,1%)**	5 (12,8%)	
café	**39 (100%)**		
foto	**38 (97,4%)**		1 (2,5%)
filo	**38 (97,4%)**	1 (2,5%)	
fútbol	**36 (92,3%)**	2 (5,1%)	1 (2,5%)
fiesta	**39 (100%)**		
fuerte	**34 (87,1%)**	1 (2,5%)	3 (7,6%)
flor	**38 (97,4%)**	1 (2,5%)	
Otros	– Un caso (2,5%) de polifonía en *fuerte*		

Al igual que Quilis (1990), también notamos, a menudo, la articulación del alófono bilabial, [ɸ], en Benque Viejo. No obstante, no hallamos, como sí observa Quilis, esta misma bilabial en San Pedro (Quilis 1990: 142). En sí, la zona centro-occidental parece tener más arraigado el alófono bilabial. Estos son: San Ignacio, Soccutz y Benque Viejo. En el sur del país, Punta Gorda y San Pedro Colombia, el fenómeno también se dio, pero en menor medida. Por otro lado, se registraron algunos casos de velarización ante palabras como *fuerte* → [ˈhwerte], que se dieron sobre todo en las zonas más rurales del norte.

2.2.2.2. El fonema /s/

2.2.2.2.1. El fonema /s/ en posición prenuclear

Utilizamos dos contextos para la /s/ prenuclear: *sol* y *rosa*, de los cuales se obtuvieron dos alófonos, la /s/ sorda y la sonora [z] (cuadro 6).

CUADRO 6
Porcentajes de frecuencia de los alófonos del fonema /s/ en posición prenuclear

Contexto	**Alófonos registrados por número de informantes y porcentajes**		
	Dorsodental [s]	**Sonora [z]**	**Polifónico**
sol	**39 (100%)**	2 (5,1%)	1 (2,5%)

En general se puede afirmar que la /s/ prenuclear es completamente estable en Belice. Sin embargo, se registraron indicios de sonorización en posición prenuclear en el norte del país. Allí registramos dos casos de sonorización y uno de alternancia entre sorda y sonora. Dichos casos se dieron sólo en Orange Walk y San Felipe.

2.2.2.2.2. El fonema /s/ en posición posnuclear

Obtuvimos las articulaciones de la /s/ posnuclear en once posiciones, de las cuales se observaron cinco alófonos, en contraste con el alófono único predorsoalveolar que observó Quilis (1990: 142).

CUADRO 7
Porcentajes de frecuencia de los alófonos del /s/ en posición posnuclear

Posición	*Contexto*	**Alófonos registrados por número de informantes y porcentajes**				
		Plena [s]	**Sonora [z]**	**Aspirada [h]**	**Aproxi-mante [z̞]**	**Corte glotal [ʔ]**
ante vocal y final	*los ojos*	**27 (79,4%)**	1 (2,9%)	2 (5,8%)		4 (11,7%)
ante /t/	*estados*	**38 (97,4%)**	1 (2,5%)			
ante /p/	*caspa*	**36 (97,2%)**				
ante /k/	*marisco*	**38 (100%)**				
ante /b/	*las venas*	16 (41%)	**18 (46%)**	2 (5,1%)	3 (7,6%)	
ante /d/	*buenos días*	11 (28,2%)	**19 (48,7%)**	2 (5,1%)	7 (17,9%)	
ante /g/	*los gatos*	16 (41%)	**19 (48,7%)**		4 (10,2%)	
ante /m/	*asma*	**35 (89,7%)**	3 (7,6%)			
ante /n/	*buenas noches*	**14 (35,8%)**	5 (12,8%)	8 (20,5%)	12 (30,7%)	
ante /r/	*las rodillas*	7 (17,9%)	4 (10,2%)	10 (25,6%)	12 (30,7%)	
ante /l/	*isla*	**36 (92,3%)**	3 (7,6%)			
Otros	– Un caso (2,7%) con la fricativa dental sorda, [θ], en *caspa*, con fricativización de la consonante oclusiva sorda siguiente por asimilación progresiva: *caspa* → [ˈkaθɸa]. – Un caso (2,5%) con la fricativa dental sorda [θ], en *asma*. – Seis casos (15,3%) de elisión en *las rodillas* → [laroˈðijas].					

Encontramos que en Belice la realización de la /s/ es, en su gran mayoría, alveolar sorda [s]. Sin embargo, se debe destacar la alta participación del alófono sonoro [z], ante las oclusivas sonoras /b, d, g/, que observamos claramente en nueve de las diez localidades visitadas. Sólo Punta Gorda (al sur) se mantuvo con la articulación sorda, incluso ante las consonantes sonoras.

Contrario a lo que se pudiera esperar de un país caribeño, Belice no es un país que aspire o elida la /s/. No obstante, se pueden rescatar algunos casos con cierta importancia porcentual de aspiración, como aquellos en los que /s/ está frente a vocal, /b/, /d/, /n/ y /ɾ/, sobre todo en Orange Walk y San Felipe (norte del país). En el resto de las posiciones, en que se podría esperar realizaciones aspiradas, como ante /l, m, k, p, t/, no se registran porcentajes de aspiración ni de elisión. Más bien, en estos contextos se da una tendencia más clara hacia la realización aproximante sonora. Sin embargo, el sur del país marca la excepción ante dicha articulación: la aproximante sonora se presenta de manera más recurrente frente a /r/, en cuya posición obtuvo la mayoría de las articulaciones del país (*las rodillas* → [laz̞roˈð ʝas]).

El corte glotal en *los ojos* → [loˈʔoxos] tuvo escasa participación, aunque se presentó en las tres zonas delimitadas. El fenómeno también se ha observado en Nicaragua y Costa Rica (Quesada 2002: 76), de manera que la región centroamericana no es ajena al fenómeno y, por ende, no debe descartarse una influencia directa de los inmigrantes centroamericanos al país.

Sólo uno de los informantes (informante de San Felipe) articuló la variante interdental [θ], en dos de las posiciones posnucleares (frente a /m/ y a /p/). Hay una gran probabilidad de que esto se deba, más bien, a un caso de articulación idiolectal. El mismo fenómeno se ha observado en El Salvador (Lipski 1994: 258), lo que puede indicar un fenómeno importado con los inmigrantes.

2.2.2.3. El fonema palatal sonoro /ʝ/

Se levantaron tres preguntas que registran la articulación de la /ʝ/ en posición final, intervocálica y ante /n/.

Los resultados reflejan tres alófonos: ([j], [ʝ], [dʒ]), además del fenómeno de elisión y reemplazo de /ʝ/ por /d/ (cuadro 8).

Hay dos características que, definitivamente, llaman la atención en la realización de este fonema: primero, en Belice predominan las realizaciones aproximantes del fonema /ʝ/ con debilitamiento extremo en posición intervocálica; en casi la mitad de los informantes (43,5%) se elide, como en *amarillo* → [amaˈrio]. Dialectalmente, no se observa una clara demarcación geográfica del fenómeno, pues éste se da en todo el país. Sin embargo, podría decirse que la parte central del país parece ser el centro irradiador, ya que allí se da con mayor fuerza, mientras que en el sur y el norte su participación es más moderada. En el norte predomina la articulación con el alófono palatal aproximante [j].

Segundo, la gran inestabilidad del fonema en la posición tras /n/. Aquí se observan porcentajes de participación relativamente significativos en todos los alófonos del cuadro, en comparación con los otros dos contextos fonéticos. Sin embargo, hay dos fenómenos que son los que más llaman la atención en esta

CUADRO 8
Porcentajes de frecuencia de los alófonos del fonema /ʝ/

Posición	*Contexto*	**Alófonos registrados por número de informantes y porcentajes**				
		Africado postalveolar sonoro [dʒ]	**Fricativo palatal sonoro [ʝ]**	**Aprox. palatal sonoro [j]**	**Elisión [ø]**	**Reemplazo de /ʝ/ por /d/**
Inicial /ʝ-/	*yegua*	1 (2,5%)	3 (7,6%)	**35 (89,7%)**		
Intervoc. /-ʝ-/	*amarillo*			**20 (51,2%)**	17 (43,5%)	
/ʝ/ tras /n/	*inyección*	2 (5,1%)	5 (12,8%)	10 (25,6%)	1 (2,5%)	**12 (30,7%)**
Otros	– Dos casos (5,1%) de polifonía en *amarillo*. – Nueve casos (23%) de asimilación recíproca entre /n/ y /ʝ/ para crear el alófono [ɲ], como en *inyección* → [iɲek'sjon].					

posición: a) La asimilación recíproca de /n/ y /ʝ/. La /n/ se adelanta a la posición palatal, por influencia de la /ʝ/ que le sigue, y la /ʝ/ pierde su elemento oral ante el nasal de la /n/ precedente que, articulada en el paladar, pasa a [iɲek'sjon] por *inyección*. El fenómeno, que tiene una participación del 23%, se puede observar en todo el país, aunque algo más frecuentemente en la zona central. b) El reemplazo de /ʝ/ por /d/ en el 30,7% de los informantes, en la palabra *inyección* → [indek'sjon]. Al contrario que en el caso de *inyección* → [iɲek'sjon], aquí la lengua sufre un retraso en el abandono de la posición ápicoalveolar requerida para la /n/, provocando la articulación de la /ʝ/ en esa misma posición pero de manera oral oclusiva para diferenciarla de la /n/ anterior. También es probable que el cambio se deba a un fenómeno de evolución morfofonética que ha podido propagarse con facilidad por la ausencia de escolarización en lengua española.

Para este último fenómeno, se nota su participación en todo el país, aunque con menos intensidad en el sur. Allí se encontraron dos realizaciones en San Pedro Colombia, aldea de raíces mayas. También cabe resaltar que en las localidades en las que se halló este fenómeno (*inyección* → [indek'sjon]) también se encontraron los casos de *inyección* → [iɲek'sjon]. En localidades como Soccutz, San Ignacio y Orange Walk, por ejemplo, todos los informantes registraron sólo una u otra variante. Por lo tanto, nos indica que la variante estándar, en esta posición, está en vías de desaparición.

2.2.2.4. El fonema velar /x/

En Belice, el fonema velar [x] se articula, como en la mayoría de los países hispanohablantes, de manera lenis; es decir, con el alófono glotal sordo [h][6]. Sin embargo, también se pueden observar algunas realizaciones con el alófono glotal sonoro [ɦ].

CUADRO 9
Porcentajes de frecuencia de los alófonos del fonema /x/

Posición	***Contexto***	**Alófonos registrados por número de informantes y porcentajes**		
		Glotal sordo [h]	**Glotal sonoro [ɦ]**	**Polifónico**
ante /a/	*caja*	**34 (87,1%)**	4 (10,2%)	1 (2,5%)
ante /o/	*José*	**35 (89,7%)**	3 (7,6%)	1 (2,5%)
ante /u/	*junio*	**32 (84,2%)**	6 (15,7%)	
ante /e/	*gente*	**36 (92,3%)**	2 (5,1%)	1 (2,5%)
ante /i/	*cajita*	**35 (89,7%)**	3 (7,6%)	1 (2,5%)

Queda claro que la variante [h] predomina con amplia ventaja en todo el país. En cuanto a la articulación glotal [ɦ], notamos que se da con mayor frecuencia cuando el fonema se encuentra frente a la vocal posterior /u/, en *junio* → [ˈɦunio]. En total, observamos seis casos en todo el país, de los cuales cinco se registraron en la zona norte.

2.2.3. *El fonema africado /tʃ/*

Para analizar este fonema se hizo una pregunta que arrojó el 100% de las realizaciones con la variante estándar africada sorda [tʃ], en *ocho* → [ˈotʃo]. También Antonio Quilis, en sus 'Notas sobre el español de Belice', observó únicamente la variante africada (Quilis 1990: 142), lo cual confirma la no existencia de la variante fricativa [ʃ].

6 Tomando el Alfabeto Fonético Internacional como referencia.

2.2.4. *La nasal /n/ en posición final*

Para lograr este fonema en posición final se incitó a los informantes a pronunciar la palabra *canción*, de la cual obtuvimos dos alófonos: el alveolar [n] y el velar [ŋ].

Los datos logrados indicaron una amplia mayoría para las realizaciones con el alófono alveolar (79,4%). La velarización del fonema se dio en el 20,5% de los informantes (ocho de 39 informantes), de los cuales sólo uno se observó en el norte y el resto en la zona central y sur del país. Comparado con la ausencia total de la articulación velar del fonema en las entrevistas para el Atlas Lingüístico de Hispanoamérica (Quilis 1990: 143), vemos que el 20% que registramos en nuestro estudio ciertamente representa una cifra importante que nos da pie para sugerir dos hipótesis con extremada precaución: a) la velarización de /n/ es un fenómeno importado del español salvadoreño durante la década de los 80, y b) el fenómeno llegó al país no sólo con los inmigrantes salvadoreños, sino también por el continuo contacto con guatemaltecos y hondureños, sobre todo en la zona central y sur del país.

La primera hipótesis se argumentaría bajo el supuesto de la no existencia del fenómeno antes de los ochenta. Para esto debemos tener en cuenta dos datos: primero, el hecho de que Quilis no haya observado una sola pronunciación del alófono [ŋ] durante la época en que realizó sus entrevistas (segunda mitad de los ochenta) nos hace suponer que el fenómeno empieza a manifestarse en un momento posterior a su recorrido. Segundo, el gran incremento de inmigrantes provenientes de El Salvador que experimentó Belice en la década de los años 80, debido a la guerra civil desatada en ese país entre 1980 y 1992, se complementa muy bien con las anotaciones de Quilis. Es decir, es un fenómeno que bien puede haber sido importado, a posteriori, con la ola inmigrante salvadoreña. Se debe anotar que ya desde mucho antes se había observado la articulación velarizada de la /n/ en posición final dentro del inventario fonético salvadoreño (Lipski 1994: 258).

Suponiendo que lo anterior es la razón de la incongruencia entre nuestras observaciones y las de Quilis a mediados de 1985, no es de extrañar que Quilis no observara el fenómeno, pues la masiva inmigración aún se encontraba en marcha y los inmigrantes eran, en su mayoría, labriegos que llegaron a ocupar las zonas rurales, no investigadas por el filólogo. Tengamos también en cuenta que para 1990 los salvadoreños eran un poco más de 5000 inmigrantes. En la actualidad, representan el segundo grupo étnico del país, con un estimado de más de 40000 residentes ubicados, en su mayoría, en la zona central del país (Distrito de Cayo). Su papel dentro de la dinámica socioeconómica del país le ha dado paso a la participación activa de la vida urbana beliceña y, por ende, la posibilidad de diseminar sus rasgos dialectológicos.

La segunda hipótesis, por otra parte, se argumentaría con la influencia de los países fronterizos y de mayor contacto, lo que en parte explica el fenómeno en el centro y sur del país, por la influencia de Guatemala al oeste y sur, además de la influencia hondureña también en la zona sur. Cabe recordar que ambos países articulan la /n/ velar en sus dialectos (Lipski 1994: 265, 271). Sin embargo, es extraño que en el norte del país no se presente el fenómeno, a pesar de que en el español yucateco (frontera norte) también se da tal velarización (Lope Blanch 1993: 130). Cabría, entonces, preguntarse si esto último se debe a que los hispanohablantes llegados a la zona norte provenían de zonas no velarizantes en sus países de origen o si ha ocurrido un proceso diferente que eliminó dicha velarización de sus dialectos.

En general, todo parece indicar que la velarización de la nasal /n/ en posición final es un proceso en marcha y que su centro de irradiación está en el centro del país en localidades como Benque Viejo del Carmen y San Ignacio. No obstante, en San José Soccutz, zona que también está en la zona centro-occidente del país, el fenómeno no se observó, lo cual puede deberse al hecho de que sus habitantes, de ascendencia maya, no han tenido un impacto tan directo de la influencia de los inmigrantes guatemaltecos y salvadoreños, como sí ha ocurrido en sus zonas vecinas.

2.2.5. *Las vibrantes*

Sin duda alguna, los fonemas vibrantes representan la articulación fonética más interesante del español beliceño; sus alófonos van desde la realización plena hasta la realización con alófono retroflejo [ɻ], tanto en posición posnuclear como prenuclear. Para su presentación tenemos tres cuadros. El cuadro 10 ilustra el comportamiento del fonema vibrante múltiple /r/ en posición prenuclear; el cuadro 11 trata del vibrante simple /ɾ/ en posición posnuclear y el cuadro 12 trata de los grupos consonánticos /tɾ/, /stɾ/, /nr/, /ndɾ/ y /ldɾ/.

2.2.5.1. Vibrante múltiple /r/

El cuestionario lanza dos preguntas para lograr la realización de la vibrante múltiple en posición inicial y en posición intervocálica. Los alófonos que se observaron se presentan en el cuadro 10.

Llama la atención la escasa participación de la vibrante múltiple plena en las dos posiciones observadas, en contraste con la alta participación de las realizaciones fricativas aproximantes, de las cuales la retrofleja [ɻ] domina sobre las demás. Cabe destacar la participación porcentual (20%) de la vibrante simple en posición intervocálica, donde resulta una neutralización fonológica conmutable con la

CUADRO 10
Porcentajes de frecuencia de los alófonos del fonema /r/ en posición prenuclear

Posición	***Contexto***	**Alófonos registrados por número de informantes y porcentajes**				
		Vibrante múltiple [r]	**Vibrante simple [ɾ]**	**Aprox. alveolar sonora [ɹ]**	**Aprox. alveolar sonora no sibilante [ɹ̝]**	**Aprox. retrofleja [ɻ]**
Inicial /r-/	*rojo*	4 (10%)	2 (5,1%)	**9 (23%)**	2 (5,1%)	**9 (23%)**
Intervoc. /-r-/	*perro*	9 (23%)	8 (20%)	4 (10,2%)	2 (5,1%)	**13 (33,3%)**
Casos de polifonía	– 13 casos (33,3%) en *rojo*, así: tres para [r] ~ [ɾ], seis para [ɹ] ~ [ɻ] y cuatro para [r] ~ [ɹ] – 3 casos (7,6%) en *perro*, así: uno [r] ~ [ɹ], uno [r] ~ [ɾ] y uno [ɾ] ~ [ɹ]					

vibrante múltiple: [ˈpero] ~ [ˈpeɾo], sobre todo en la parte central y sur del país. Ya antes se había observado este fenómeno en otros países, entre ellos Cuba, Puerto Rico y el sur de Estados Unidos (Quilis 1999: 352). El fenómeno podría deberse a la influencia del inglés, a juzgar por los países en que ya antes se ha observado el rasgo. Sin embargo, merece una revisión más profunda si tenemos en cuenta que éste también se presenta en Yucatán (Lope Blanch 1993: 280), en donde no se ha logrado establecer con certeza la influencia del inglés para este fenómeno.

2.2.5.2. Vibrante simple /ɾ/ en posición posnuclear

Se lanzaron seis preguntas para obtener la realización de la vibrante simple en las posiciones posnucleares que se ilustran en el cuadro 11.

El cuadro refleja que en tres de las seis posiciones el comportamiento del fonema es especialmente inestable: ante /n/, ante /l/ y ante /s/. En dichas posiciones, la articulación plena no mantiene la ventaja porcentual del alófono estándar en la misma medida que en las otras tres posiciones. La inestabilidad se refleja en la distribución más o menos equitativa entre todas las variantes alofónicas. También, sólo en dichas posiciones se da la variante retrofleja con porcentajes significativos.

Dialectológicamente, es posible adjudicar a la zona norte del país, liderada por Corozal, cerca de la frontera limítrofe con México, el uso de la variante retrofleja.

CUADRO 11

Porcentajes de frecuencia de los alófonos del fonema /r/ en posición posnuclear

Posición	*Contexto*	Alófonos registrados por número de informantes y porcentajes				
		Vibrante simple [ɾ]	Aprox. alveolar sonora [ɹ]	Aprox. alveolar sonora no sibilante [ɹ̝]	Aprox. retrofleja [ɻ]	Polifónico
Final	*cocinar*	30 (76,9%)	6 (15,3%)	2 (5,1%)		1 (2,5%)
Ante /k/	*mercado*	33 (84,6%)	4 (10,2%)	2 (5,1%)		
Ante /n/	*viernes*	15 (39,4%)	5 (13,1%)	3 (7,8%)	13 (32,2%)	
Ante /m/	*enfermera*	32 (86,4%)	2 (5,4%)	2 (5,4%)		1 (2,7%)
Ante /l/	*perla*	13 (33,3%)	5 (12,8%)	6 (15,3%)	15 (38,4%)	
Ante /s/	*cárcel*	19 (48,7%)	6 (15,3%)	4 (10,2%)	10 (25,6%)	
Otras	– En viernes, se da un caso (2,5%) de elisión (*viernes* → [ˈbjenes]), y un caso (2,5%) con vibrante simple retrofleja, elidiendo la /n/ posterior (*viernes* → [ˈbjeɽes])					

2.2.5.3. La /ɾ/ en los grupos consonánticos /tɾ, stɾ, nɾ, ndɾ, ldɾ/

Nuestra intención al observar la articulación de las vibrantes en estos grupos consonánticos es la de determinar si su realización es plena o asibilada. No obstante, también hemos hecho otras anotaciones relacionadas con otros de los fonemas en estos grupos, pues consideramos que se presentan fenómenos que merecen alguna atención. Así, el cuadro a continuación indica las realizaciones con la variante [ɾ] y aquellas con las variantes alofónicas para la realización asibilada [ɹ] y [ɻ]. Las demás observaciones concernientes a otros fonemas de los grupos se tratarán por fuera del cuadro.

Llama la atención, en este cuadro, la alta participación de la articulación asibilada sólo en el grupo /nr/, en contraste con la poca participación de dicho fenómeno en el resto de los grupos observados. Si sumamos los dos porcentajes correspondientes a las dos formas asibiladas obtenemos una clara mayoría (62%) sibilante para el grupo /nr/, cuando en el resto de los grupos el porcentaje más alto de asibilación apenas si alcanza el 15,3%. Su distribución geográfica denota una mayor determinación numérica en el norte del país. Dentro de las formas

CUADRO 12
Porcentajes de frecuencia en la articulación plena o asibilada de los grupos /tɾ, stɾ, nr, ndɾ, ldɾ/

Grupos consonánticos		Alófonos registrados por número de informantes y porcentajes		
Posición	***Contexto***	**Pronunciación plena [ɾ]**	**Pronunciación asibilada [ɹ]**	**Pronunciación asibilada retrofleja [ɻ]**
/tɾ/	*tres*	**35 (89,7%)**	4 (10,2%)	
/stɾ/	*maestra*	**38 (97%)**	1 (2,5%)	
/nr/	*enredado*	**14 (37,8%)**	9 (24,3%)	**14 (37,8%)**
/ndɾ/	*golondrina*	**34 (87,1%)**	3 (7,6%)	1 (2,5%)
/ldɾ/	*saldrá/hojaldra*	**32 (84,2%)**	6 (15,3%)	

asibiladas, debemos resaltar la alta participación (37,8%) del alófono retroflejo [ɻ], que incluso superó el porcentaje de la asibilación alveolar [ɹ].

En cuanto a la distribución geográfica de los casos de asibilación en los otros grupos, el grupo /tɾ/ reflejó este fenómeno en el norte y el sur; el grupo /ndɾ/ en la zona central y sur del país; el grupo /ldɾ/ se observó con mayor fuerza en el norte, con algunas participaciones en el centro (Soccutz); y por último, en el grupo /stɾ/ sólo se observa una realización asibilada al sur del país.

Lo anterior nos indica una imposibilidad de determinar zonas sibilantes con claridad, en cuanto a los grupos mencionados en el párrafo anterior, pues, además de la poca participación del fenómeno en el país, tampoco persiste la asibilación en todos los grupos. Es decir, cada una de las zonas parece asibilar uno o varios grupos pero no todos. Sólo en el caso del grupo /nr/ podría sugerirse una zona sibilante que parece tener su centro de irradiación en el norte, haciéndose más débil a medida que avanzamos hacia el sur.

2.2.5.4. Otros fenómenos relacionados con estos grupos

En el grupo /stɾ/ se dieron cinco casos (12,8%) de pérdida de la /t/, dando como resultado *maestra* → [maˈesɾa], y conservando el alófono vibrante simple [ɾ]. Dicho fenómeno tiene una distribución más o menos equitativa en todo en todo el territorio encuestado. También aquí se presenta un caso de asimilación recíproca entre /s/ y /t/ que da como resultado una dental sorda, así: *maestra* → [maˈeθɾa]. Este último caso se da en San Felipe, localidad al norte del país.

En el grupo /nr/ se observaron dos casos de metátesis de la manera *enredado* → [enˈdɾado] ~ [endɾeˈðaðo], uno en el norte y otro en el centro de país. Además, se dieron cinco casos de elisión de /n/; tres de ellos con nasalización de la vocal anterior y articulación retrofleja de la /ɾ/, como en *enredado* → [ẽɻeˈdaðo]. Los otros dos casos se dieron manteniendo la articulación oral de la vocal anterior y la vibración simple de la /ɾ/, de la manera *enredado* → [eɾeˈðaðo]. Todos los casos de elisión se dieron en la parte norte del país: Corozal, Progresso y Orange Walk.

En el grupo /ldɾ/ se anota un caso de elisión de /ɾ/, como en *golondrina* → [golonˈdina], en Corozal, la última ciudad al norte del país.

Observamos, pues, que en todos los casos hay presencia del alófono retroflejo, el cual es el resultado, según Quilis (1990), de la influencia del inglés. Si bien esta hipótesis es bastante probable por el contacto lingüístico entre el español y el criollo beliceño de base inglesa, sería recomendable una investigación más profunda al respecto, ya que la articulación retrofleja de la /r/ también forma parte del español que se habla en la península de Yucatán, por influencia del maya yucateco (Lope Blanch 1993: 280). Este fenómeno en la Península de Yucatán ofrece, quizás, una explicación consecuente con la mayor participación de la articulación retrofleja en la zona norte (fronteriza con la península yucateca) del país, en comparación con el resto del país. Cabe mencionar que también en Costa Rica se observa este fenómeno, sin que se haya comprobado la influencia del inglés o el criollo de base inglesa en dicha articulación.

3. Zonas dialectales de Belice

Apoyándonos en la información fonética lograda para rellenar los 65 mapas que formarán parte del proyecto Atlas Fonético de Belice, podemos extraer los principales fenómenos dialectales que caracterizan las distintas zonas del país en donde se habla español.

- Rasgos de acortamiento vocálico en la zona central del país, principalmente en Benque Viejo del Carmen.
- Alto grado de oclusividad de las consonantes oclusivas sonoras /b, d, g/ en todo el país.
- Predominio de la forma fricativa para la /d/ en la terminación /-ado/ en todo el país, con presencia del alófono oclusivo en algunos informantes,

Zonas dialectales de Belice

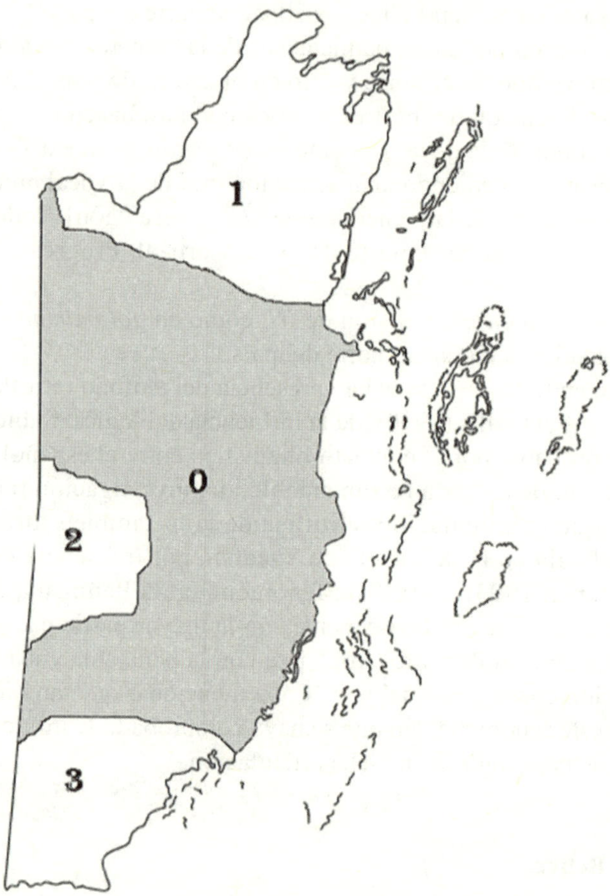

Zona 1: se refiere a la parte norte del país que incluye San Felipe, Orange Walk, Progresso, Corozal y San Pedro en el Cayo Amberguis.

Zona 2: enmarca la zona centro-occidental del país que incluye Benque Viejo del Carmen, San José Soccutz y San Ignacio.

Zona 3: indica la parte sur del país que incluye Punta Gorda y San Pedro Colombia.

Zona 0: en esta zona el español tiene poca o ninguna participación. Está poblada por comunidades indígenas maya hacia el interior y por criollos afrocaribeños y garífunas en las costas. En esta zona no se realizaron entrevistas pues no cumplen con los requisitos del ALPAC.

también en todo el país. La elisión del fonema es prácticamente inexistente en Belice.

- Rasgos de bilabialización de la fricativa labiodental [f], como en *familia* → [ɸaˈmilia], en la zonas más rurales del centro del país.
- Predominio de la forma alveolar sorda para la /s/, aunque con presencia significativa de su forma sonorizada [z] en todo el país. También se observa la presencia de aspiración, [h], principalmente al norte del país y frente a /n/ y /ɾ/.
- Con respecto al fonema /ɉ/, tenemos varios fenómenos. En primer lugar, hay frecuente elisión de la /ɉ/ en posición intervocálica, en todo el país. En

segundo lugar, se presenta gran inestabilidad cuando va seguido de /n/, como en el caso de *inyección* → [iɲ̟ekˈsjon], sólo al norte del país, o como en *inyección* → [indekˈsjon], que tiene presencia importante en todo el país. En tercer lugar, en posición inicial, este fonema mantiene el alófono aproximante palatal sonoro [j], en vez del africado [dʒ].

- Predominio de la forma lenis para el fonema velar /x/ en todo el país.
- Velarización de la /n/ final (*canción* → [kanˈsjoŋ]) en el centro y sur del país.
- Articulación retrofleja de la /r/, tanto en posición prenuclear como posnuclear, al norte. Tal retrofleja puede llegar a provocar asimilación regresiva, como en el caso de la /d/, en *muerde* → [ˈmweɻɖe] ~ [ˈmweɖe], frente a /r/ en el norte.
- Realización de /r/, en posición intervocálica, con el alófono vibrante simple, [ɾ], en el centro y sur del país.
- Rasgos de asibilación de /ɾ/ en grupos los consonánticos /tɾ, stɾ, nr, ndɾ, ldɾ/, principalmente en el grupo /nr/.

Como ya se ha mencionado al principio del trabajo, no es posible ofrecer una división que cubra todo el territorio nacional por la situación especial del español en Belice. Por tal motivo debemos indicar tres zonas que representan los mayores conglomerados hispanohablantes en el país. La zona 0 no fue entrevistada.

Bibliografía

BILLS, Garland D. (2005): "Las comunidades lingüísticas y el mantenimiento del español en Estados Unidos", en: Ortiz, Luis A./Lacorte, Manel (eds.): *Contactos y contextos lingüísticos. El español en los Estados Unidos y en contacto con otras lenguas*. Madrid/Frankfurt: Iberoamericana/Vervuert, 55-83.

CHAMBERS, J. K./TRUDGILL, Peter (1994). *La Dialectología*. Traducción al español de Carmen Morán González. Madrid: Visor.

COSERIU, Eugenio (1985). *El hombre y su lenguaje*. Madrid: Gredos.

ESCURE, Geneviève J. (1979): "Linguistic Variation and Ethnic Interaction in Belize: Creole/Carib", en: Giles, Howard/Saint-Jacques, Bernard (eds.): *Language and Ethnic Relations*. Oxford: Oxford University Press, 1-14.

— (2004): *Creoles, Contact and Language Change: Linguistics and Social Implications*. Philadelphia: John Benjamins, 34-65.

FONTANELLA DE WEINBERG, M.ª Beatriz (1992): *El español de América*. Madrid: Editorial MAPFRE.

FOUGHT, Carmen (2006): *Language and Ethnicity*. New York: Cambridge University Press, 3-41.

GUITART, Jorge/ZAMORA, Juan (1982): *Dialectología hispanoamericana. Teoría, descripción, historia*. Salamanca: Ediciones Almar.

LASTRA, Yolanda (2006): "Mexico and Central America", en: Ammon, Ulrich (ed.): *Sociolinguistics: An International Handbook of the Science of Language and Society*. Berlin: Walter de Gruyter, vol. 3, 347-348.

LE PAGE, R. B./KELLER, Andreé T. (1985): *Acts of Identity. Creole-based approaches to Language and Ethnicity*. Cambridge: Cambridge University Press.

LIPSKI, John M. (1994): *Latin American Spanish*. London: Longman.

LOPE BLANCH, Juan M. (1993): *Ensayos sobre el español de América*. México, D.F.: Universidad Autónoma de México.

MUNTEANU COLÁN, Dan (2005): *Breve historia de la lingüística románica*. Madrid: Arco Libros.

OTHEGUY, Ricardo/LAPIDUS, Naomi (2005): "Matización de la teoría de la simplificación en las lenguas en contacto: El concepto de la adaptación en el español de Nueva York", en: Ortiz, Luis. A./Lacorte, Manel (eds.): *Contactos y contextos lingüísticos. El español en los Estados Unidos y en contacto con otras lenguas*. Madrid/Frankfurt: Iberoamericana/Vervuert, 143-160.

PINZÓN, Silvia/AUXILLOU, Ray (1996): The Early History of Belize. <http://ambergriscaye.com/earlyhistory/index.html> (5 de enero de 2008).

QUESADA, Miguel (1996): "El español de América Central", en: Alvar, Manuel (ed.): *Manual de dialectología hispánica. El español de América*. Barcelona: Ariel Lingüística.

QUILIS, Antonio (1990): "Notas sobre el español de Belice", en: *Revista Voz y Letra* I, 139-147.

— (1999): *Tratado de fonología y fonética españolas*. Madrid: Gredos.

ROSS, J. (1979): "Language and the Mobilization of Ethnic Identity", en: Giles, Howard/Saint-Jacques, Bernard (eds.): *Language and Ethnic Relations*. Oxford: Oxford University Press, 1-14.

STEWART, Miranda (1999): *The Spanish Language Today*. London: Routledge.

VAQUERO, María (2003): *El español de América I. Pronunciación. Cuadernos de lengua española*. Madrid: Arco/Libros, 28.

VERBEECK, Lieve (1999): *Linguistic Acculturation in Mopan Maya. A Study of Language Change in Belizean Mopan due to Spanish and English Culture and Language Contact*. München: Lincom Europa.

WILLIAMS, Colin H. (1988): *Language in Geographic Context*. Clevedon: Multilingual Matters.

EL ESPAÑOL DE GUATEMALA

Katrine Utgård

1. Introducción

Con el presente estudio se pretende presentar, en conjunto y de manera resumida, las variedades fonéticas regionales del español de Guatemala, tal como aparecen en los mapas pluridimensionales levantados en el Atlas Fonético Pluridimensional de Guatemala (Utgård 2006; Utgård, inédito), el cual forma parte del Atlas lingüístico de América Central (ALAC). Además, se intenta utilizar los datos con el fin de trazar posibles zonas dialectales de Guatemala.

En 1968 Lope Blanch escribe que "el español de Guatemala es una de las modalidades españolas peor conocidas hasta ahora, y no hay indicios de que esta situación vaya a cambiar en un futuro próximo" (1968: 89). Antes de escribir estas palabras se habían hecho muy pocos estudios; en 1892 A. Batres publicó *Vicios del lenguaje y provincialismos de Guatemala*, en 1938 K. Lentzner publicó *Observaciones sobre el español de Guatemala*, en 1947 R. Predmore escribió *Pronunciación de varias consonantes en el español de Guatemala*, en 1951 D.L. Canfield publicó *Guatemalan* rr *and* s*: a recapitulation of Old Spanish sibilant graduation* (Quesada 1996: 101-102), y, en 1949 Innocent Stacco publicó el artículo "The Language of Guatemala". Así que, además de existir pocos estudios, no se había hecho ningún estudio nacional sobre el español de todo el país, estado que hoy en día se mantiene.

Los estudios más recientes sobre el español hablado en Guatemala son *Encuestas fonéticas en el suroccidente de Guatemala* de Manuel Alvar, publicado en 1980, *Los idiomas hablados en Guatemala "Notas sobre el español hablado en Guatemala"* por Guillermina Herrera Peña, del año 1993 y, finalmente, un artículo sociolingüístico sobre la /r/ fricativa sorda asibilada en la Ciudad de Guatemala, escrito por Ana Acevedo-Halvick en 2005.

Cabe destacar que G. Herrera Peña es la primera en describir las diferencias dialectales a nivel nacional, una descripción que define el español hablado en el occidente como un dialecto y el del oriente como otro. Parece importante ver cómo y por qué lo hace: según la autora, el español del occidente de Guatemala es, por una parte, el que se habla en el altiplano occidental, y se caracteriza por la semejanza con el español hablado en el altiplano mexicano. El español del oriente, por otra, se habla en las tierras bajas y cálidas en el este del país, y tiene más rasgos en común con el español centroamericano, en particular con el hondureño y el salvadoreño. El occidente está poblado por ladinos y mayahablantes, mientras que los habitantes del oriente más que nada son descendientes de inmigrantes españoles que vinieron hace siglos. Hay dos zonas que no forman parte de zonas mencionadas: el sur y el norte. El sur, porque es una zona de agricultura azucarera, cafetalera y algodonera, lo cual influye en la migración tanto del occidente como del oriente del país para trabajar en las cosechas, algo que afecta el habla de la región. El norte, que para Herrera Peña consiste en el departamento del Petén, porque es una zona que se ha poblado bastante recientemente por personas de toda Guatemala, lo cual hace que todavía no haya desarrollado una manera autóctona de hablar. Herrera Peña opina que los idiomas mayas y garífuna no han tenido mucha influencia sobre el español de Guatemala (Herrera Peña 1993: 2-3).

También cabe mencionar que, entre una población de aproximadamente 14 millones de habitantes, un 60% es hispanohablante, y que un 40% es de habla indígena (CIA- The World Factbook). Sobre los idiomas indígenas hay bastantes estudios que tratan la extensión de los diferentes idiomas y las variedades de idiomas indígenas, pero faltan estudios sobre el bilingüismo, o, en muchos casos, el plurilingüismo, que se encuentra en grandes partes del país, estudios que podrían brindar información sobre la influencia que pueda tener el bilingüismo sobre el español hablado en Guatemala, tanto en cuanto al nivel léxico, semántico, morfológico, fonológico como a nivel fonético.

2. Metodología

Para poder trazar las líneas generales de la fonética actual de Guatemala se eligieron 22 localidades, la mayoría de las cuales son centros políticos y comerciales en su región. Las localidades fueron las siguientes: Flores, Sayaxché, Poptún, Huehuetenango, Barillas, Cobán, San Marcos, Quiché, Puerto Barrios, Puerto San José, Ciudad de Guatemala, Salamá, Ocós, Jutiapa, Cuilapa, Jalapa, Antigua, Quetzaltenango, Zacapa, Guastatoya, Livingston y Retalhuleu.

Los puntos están distribuidos lo más uniformemente posible en el territorio estudiado, también las localidades son casi todas antiguas, con tradiciones lingüísticas comunes, y de fácil aceso. La mitad de los viajes se hizo en autobús, mientras que la otra mitad fue realizada en coches particulares debido a que se tuvo la suerte de vivir la hospitalidad de los guatemaltecos, en particular de Carlos Bezares y Ana Acevedo-Halvick, quienes se dispusieron para llevarnos a las localidades en sus propios coches y con su compañía. En una ocasión también fue necesario recurrir a un viaje en lancha para poder llegar a Livingston, pueblo al cual solo se puede acceder por vía marítima.

En total se entrevistaron a 88 informantes, cuatro por localidad: dos personas de ambos sexos mayores de 60 años, y dos de ambos sexos entre 20 y 35 años. Dada la naturaleza de la encuesta, no era necesario que los informantes tuvieran conocimientos particulares previos a la entrevista. Cualquier persona de cualquier estrato social estaba en capacidad de contestar adecuadamente.

Como es bien sabido, Guatemala es un país multilingüe; en consecuencia, una gran parte de la población tiene otro idioma además del español como su lengua materna. Sin embargo, no hubo ningún problema en conseguir hispanohablantes con español como lengua materna, ya que todas las localidades de esta encuesta son centros urbanos. Por ejemplo, los informantes de Cobán y Livingston tienen el español como su primera lengua pero sus padres hablan otros idiomas.

Las entrevistas se llevaron a cabo en dos turnos. El primero, en julio y agosto de 2004, en cuya ocasión se recorrieron 13 localidades. La segunda ronda de entrevistas se realizó entre octubre de 2008 y abril de 2009, cuando se visitaron nueve localidades.[1] Se siguió el cuestionario de Miguel Ángel Quesada Pacheco (1992b), utilizado por primera vez en el Atlas Lingüístico-Etnográfico de Costa Rica (ALECORI). Sin embargo, hubo que hacer algunos cambios para asegurarse de que los guatemaltecos respondieran a las preguntas de la encuesta[2].

3. Análisis de los datos

3.1. Fonemas vocálicos

3.1.1. */a/ en posición final átona*

Como rasgo general, se observa que en toda Guatemala se representa el fonema átono /a/, como en *masa*, a través del alófono pleno [a] en posición final de sílaba y ante pausa. Por una parte, hay pocos informantes que lo pronuncian de manera relajada [ᵃ], aunque hay un número de informantes que alternan entre la

---

1 Las últimas ocho entrevistas fueron realizadas por Carmen Chavarría Úbeda (UNAN-Managua).

2 Por ejemplo, en la pregunta 51 (ver Anexo) tuvimos que cambiar la pregunta original (*saldrá*) por un dibujo de una *hojaldra*, un pastel típico de Guatemala, ya que sabíamos de antemano que la forma del futuro indicativo del verbo no se solía emplear mucho en este país centroamericano, lo cual resultó gracioso porque muchos no sabían qué era una hojaldra, mientras que, por otra parte, sí sabían perfectamente cual era la forma del futuro indicativo de *salir*.

variante plena y la relajada. En este caso, cuando la /a/ átona se encuentra en posición final no hay ningún ejemplo en Guatemala en el que se dé la elisión de la vocal en cuestión.

M. Alvar (1980: 256) encontró en su encuesta sobre el suroccidente de Guatemala[3] dos alófonos de /a/; uno pleno y otro palatalizado, pero en el presente estudio no se detectó ningún caso de palatalización.

3.1.2. */e/ átona final*

En mayor medida, la realización átona del fonema /e/, como en *doce*, es la del alófono pleno [e], aunque hay un mayor número de informantes con la variante relajada que en la pronunciación de /a/.

También merece mencionarse que Alvar en su estudio del suroccidente de Guatemala tuvo los resultados de [e] plena en la mayoría de los entrevistados y [e] cerrada en algunos informantes en palabras como *fuente, siempre* y *caliente*. Algo similar se observó en algunos informantes de Ocós, San Marcos, Barillas, Quiché y Jalapa; aunque, a juzgar por la edad, parece ser un rasgo característico de personas mayores.

3.1.3. */o/ átona final*

En contraste con las vocales descritas anteriormente, se notan muchos casos de empleo de otras variantes además del alófono pleno [o] del fonema medio posterior /o/ en posición átona final de sílaba. El rasgo más común es la polifonía entre la /o/ plena y relajada, o entre dos o más de los alófonos: [o], [°], [u] y [ʊ].

Cuando /o/ está en posición final, Alvar describe que muchos informantes en la parte suroccidentental del país realizan [o] plena o cerrada, o bien, alternan entre las dos[4]. A nivel nacional, se registran algunos casos de [o] cerrada (o bien, [ʊ]) en los informantes entrevistados.

---

[3] Lo cual en su encuesta en realidad quiere decir el altiplano occidental, ya que ninguno de sus informantes son de la llanura costera del Pacífico ni de la costa del sur.

[4] Este tipo de alternancia entre dos o más alófonos se llama aquí *polifonía*. Alvar, en cambio, lo define como *polimorfismo*.

3.1.4. */a/, /e/ y /o/ átonas frente a /s/*

En cuanto a la pronunciación de /a/ átona entre consonantes, como en *patas*, se manifiesta en los informantes de manera similar a la /a/ final átona, salvo algunos casos de elisión, diseminados por todo el país.

Cuando /e/ se encuentra entre consonantes, como en *dientes*, el cuadro general es que se mantiene la variante plena en todo el país. Sin embargo, se dan otras variantes, como la relajación, la elisión, la cerrazón o la polifonía en algunos casos aislados esparcidos por todo el país.

Respecto de la vocal /o/ entre consonantes, como en *huevos*, se oyen menos casos de polifonía que cuando la misma está en posición final en sílaba abierta. Otra diferencia destacable cuando la vocal se encuentra como núcleo silábico átono en sílaba cerrada es la elisión del fonema, la cual se registra en Ciudad de Guatemala, en Quetzaltenango y en Zacapa; además, se registró un caso de vocal cerrada [ʊ] en Sayaxché, al norte del país.

3.1.5. *Síntesis*

En Guatemala hay una leve tendencia a un relajamiento o elisión de vocales en posición átona. Aún así, este fenómeno no llega a un porcentaje tan alto en el presente estudio como para afirmar que es un rasgo representativo o distintivo del español del país. Además, las diferentes variantes vocálicas mencionadas están prácticamente esparcidas por todo el país, de manera que no se pueden trazar diferencias dialectales.

A pesar de lo anterior, es interesante notar que, por una parte, no se ve ninguna correlación sistemática entre la pronunciación de las vocales y la edad, mientras que, por otra, hay una relación entre su pronunciación y el sexo, ya que el número de mujeres en las que se observa debilitamiento o elisión, o bien ambas, es el doble que el de los hombres.

3.2. Fonemas consonánticos

3.2.1. *Fonemas oclusivos sonoros*

Según Quesada Pacheco, las consonantes oclusivas sonoras /b, d, g/ se realizan en América Central como fricativas [β ð ɣ] solamente en posición intervocálica (Quesada 1996: 103), y a diferencia del español peninsular, las variantes oclusivas se mantienen "en alta frecuencia" en el español centroamericano y mexicano, sobre todo, cuando se encuentran después de diptongos y líquidas (Quesada 1998: 44-45).

Lipski, por su parte, opina que la realización de estas oclusivas en Guatemala, en mayor medida[5], es de fricativización después de segmentos consonánticos (entre los cuales están, necesariamente, también los líquidos), y menciona que esto sucede en ejemplos como “algo” y “arde”. Además, enfatiza que no hay elisión de /d/ en posición intervocálica (Lipski 2004: 283)[6].

Por otra parte, merece mencionar que Quesada ha observado en Costa Rica una graduación de tres niveles en cuanto a la realización de estos fonemas; la fricativización, la aproximación y la elisión y, a continuación, se pregunta si esto también podría ser el caso de otros países hispanoamericanos (Quesada 1998: 45).

En lo que sigue, pues, veremos los resultados de las encuestas sobre el tema en Guatemala.

3.2.1.1. Realizaciones de /b/

Cuando /b/ se encuentra después de diptongo decreciente, como en *muy bueno* o *ceiba*, se registran en Guatemala la variante oclusiva (53,5% de los informantes) y la fricativa (46,5%). Desde el punto de vista diatópico, la variante oclusiva se registra principalmente en las partes orientales del país y en El Petén; en cambio, en la Guatemala occidental está más presente la variante fricativa [β], salvo en Huehuetenango, donde la mujer joven es la única con esta realización.

Después del fonema líquido lateral /l/, como en *polvo*, se observa la fuerte presencia del alófono fricativo [β] (65% de los informantes) frente a [b] (35%), lo cual, por un lado, rompe con el esquema trazado por Quesada Pacheco, mencionado anteriormente; por otro, concuerda más bien con lo descrito por Lipski sobre la pronunciación de las oclusivas.

Ahora bien, al igual que en el caso de *muy bueno*, hay más presencia de [b] en la parte oriental que en la occidental. De la misma forma, Huehuetenango vuelve a ser la excepción de la zona occidental, con solo un informante realizando el alófono fricativo. En la parte oriental surgen otras excepciones en Puerto Barrios y en Puerto San José, donde la mayoría de los informantes también pronuncian la variante fricativa, la cual, en realidad, es la más representativa de todo el país. Solo hay tres casos de polifonía, en Flores, San Marcos y en Jutiapa. Asi-

[5] Ello visto en relación con la pronunciación de dichos fonemas en Honduras y El Salvador, donde su uso es todavía más frecuente.

[6] No se ha logrado encontrar información más específica sobre la pronunciación de estos fonemas a nivel diatópico en Guatemala.

mismo, los informantes mayores tienden hacia el alófono fricativo, al igual que hay más hombres en la parte oriental con tal realización y más mujeres en la parte occidental de Guatemala.

En cuanto a /b/ después de vibrante simple, como en la palabra *curva,* se puede observar que la /b/ se fricativiza con mayor frecuencia (41% de oclusivas frente a 59% de fricativas). Y otra vez se observa mayor índice de oclusivas en la parte oriental de Guatemala que en el resto del país. Además, en este caso Huehuetenango no es ninguna excepción en la zona, lo cual permite delimitar una isoglosa incluyendo todo el altiplano occidental y las partes centrales del país como Salamá y Cobán. Estos resultados comulgan bastante bien con los de Alvar, el cual solo encontró [β] en esta parte del país (Alvar 1980: 274). En la parte oriental, a manera de excepción, tres de los informantes de Puerto Barrios realizaron el alófono fricativo.

Para concluir, se da en general el interesante caso de mantenimiento del segmento oclusivo bilabial sonoro [b] como realización más frecuente en el Oriente (localidades de Guatemala, Huehuetenango, Jutiapa, Cuilapa y Zacapa). Este mantenimiento se ve más cuando /b/ está después de diptongo decreciente.

3.2.1.2. Realizaciones de /d/

Según Quesada, el debilitamiento de las oclusivas en las hablas hispanoamericanas es todavía más notorio en la realización del fonema /d/ (Quesada 1998: 44). Tomando en cuenta dichas palabras, se espera encontrar un debilitamiento en su pronunciación.

En cuanto a la realización de /d/ después de diptongo decreciente, como en *deudas*, se notan dos alófonos, cuales son [d] y [ð], a la vez que se presentan bastantes ejemplos de este relajamiento de la oclusiva alveolar hacia una fricativa alveolar. No obstante, se registra en cada localidad la variante oclusiva al menos en un informante.

Los alófonos oclusivos, registrados en 63% del total de entrevistados, se encuentran mayoritariamente en la zona oriental de Guatemala. Por el contrario, en la zona occidental los dos alófonos están igualmente representados, de manera que hay tanto oclusivos como fricativos. Por consiguiente, cuando /d/ está después de diptongo decreciente la variante más articulada es la oclusiva, resultado que no difiere de la pronunciación de las otras oclusivas sonoras /b/ y /g/ después de diptongo. Parece, por consiguiente, que /d/ no se fricativiza más que las otras oclusivas sonoras.

En cuanto a la situación de la oclusiva linguodental sonora /d/ después de la líquida lateral /l/, como en *caldo* o *falda*, se observa que todo el país está cubierto por el alófono oclusivo [d], salvo tres excepciones, específicamente en Huehuetenango, Antigua, Guastatoya y Puerto San José (todas en personas mayores). El fonema /l/ es una líquida lateral y está claro que comulga con la teoría de Quesada en cuanto a la pronunciación oclusiva de /b, d, g/ en Centroamérica (Quesada 1998: 44-45), y no con la corriente más común de América hacia un debilitamiento del oclusivo alveolar sordo, lo cual también ha sido señalado por Quesada (1998).

Respecto de /d/ después de vibrante simple, como en *muerden* o *mordida,* si bien hay una leve mayoría de informantes con alófono oclusivo (45,7%), no hay ninguna tendencia clara de que se mantenga la oclusividad, ya que es bien notoria la variante fricativa [ð] (44,3% del total de entrevistados) y la polifonía entre los dos alófonos (10%). Las localidades norteñas de Flores, Sayaxché y Poptún muestran que el alófono [d] es el más frecuente, lo mismo que en Salamá, en el centro, y en Ocós, en el occidente. Además, vemos que la parte oriental y la parte sureña del país son las regiones con más presencia de polifonía entre [d] y [ð].

3.2.1.3. /d/ en la terminación /-ado/

Según Lipski, la /d/ entre vocales, como en *cansado*, no suele desaparecer en Guatemala (Lipski 2004: 283). Por el contrario, José G. Moreno de Alba sostiene que esta oclusiva en Guatemala se realiza como fricativa (Moreno de Alba 1994: 166). Las observaciones de este último autor coinciden con los resultados del presente estudio, ya que la variante fricativa es la predominante (82% del total de entrevistados). La extensión geográfica del debilitamiento de este fonema es amplia, principalmente como aproximante [ð̞], pero también se dan bastantes casos de elisión, a pesar de lo expresado por Lipski.

La elisión es el único alófono de ocho informantes, sobre todo en la costa pacífica más en Quetzaltenango, Barillas, Cobán y Puerto Barrios. También hay casos de polifonía, donde la elisión alterna con fricativa [ð], aproximante [ð̞], o bien ambos, en el altiplano de Guatemala, en la capital, en Jutiapa y en la costa caribeña.

3.2.1.4. Realizaciones de /g/

En lo referente a /g/ después de diptongo decreciente, como en *oigo*, la fricativización es más frecuente que el mantenimiento de la oclusividad (61,4% frente a 38,6%, respectivamente). Además, se ve que la fricativización es más frecuente en las zonas centrales del país, mientras que es menos destacada en zonas periféricas como Huehuetenango, Jalapa y las localidades de la costa caribeña. Sin embargo, las dos variantes están presentes en todo el territorio estudiado, menos en la capital del Estado y alrededores, donde todos realizan la variante fricativa. Ello da a entender que después de diptongo decreciente la /g/ no necesariamente mantiene su oclusividad.

Cuando /g/ se encuentra después de la líquido /l/, como en *pulga*, se registra igual porcentaje de realizaciones oclusivas como fricativas. Sin embargo, el mantenimiento de oclusividad es más fuerte en ciertas partes del territorio nacional, sobre todo en Ocós, Antigua, Salamá, Jalapa, Jutiapa y Livingston. En Flores, Barillas, San Marcos y en Retalhuleu, el debilitamiento es la variante más destacada, mientras que en el resto de las localidades no hay preferencia por ninguno de los alófonos. Hay seis casos de polifonía (6,8% de los entrevistados), de los cuales cuatro de ellos se detectan en informantes mayores, predominantemente en hombres. Fuera de esto, ni el género ni la edad parecen ser una variable que defina la pronunciación de los informantes. Por lo tanto, se puede apreciar que la /g/ después de /l/ mantiene en alta frecuencia su oclusividad a lo largo y lo ancho del país, tal como sugiere Quesada (1998: 44-45).

Respecto de /g/ tras /ɾ/, como en la palabra *largo*, se registró una gran mayoría de realizaciones fricativas frente a oclusivas (69,5% y 29,5%, respectivamente). Sin embargo, y de nuevo con excepción de Huehuetengango, no solo se muestra un notable aumento de la oclusividad en el oriente del país, incluida la localidad de Salamá, sino que incluso dos informantes de esa parte del país realizaron la oclusiva sorda [k] ([ˈlaɾko]). Por otra parte, todos los casos de polifonía registrados en la investigación se centran en Jutiapa.

3.2.1.5. Síntesis

Al considerar lo dicho sobre la pronunciación de /b, d, g/ en Guatemala, se puede concluir con la siguiente observación: las oclusivas sonoras se realizan en Guatemala tanto con alófonos oclusivos como con fricativos, salvo en el caso de /d/ en el contorno /-ado/, donde se dan fricativos, aproximantes y elisión, y en el caso de /d/ tras /l/, donde prácticamente se da la variante oclusiva [d] en todo el país. Lo anterior da pie para inferir que, al menos para Guatemala, habrá que matizar la aseveración de Quesada (1998: 44-45) sobre la fortaleza de la oclusividad en los fonemas /b, d, g/ (visto en el apartado 3.2.1).

Por otro lado, se observa un notable aumento de la oclusividad en el oriente del país, lo cual podría dar pie para una subdivisión dialectal de Guatemala entre el oriente frente al resto del territorio nacional, lo cual reforzaría la aseveración de G. Herrera Peña (1993: 2-3) en cuanto a una división dialectal del país en dichas zonas.

3.2.2. *Fonemas fricativos*

3.2.2.1. Pronunciación de /f/

En términos generales, Quesada Pacheco afirma que el fonema fricativo labiodental sordo /f/ tiene dos alófonos en América Central. El primero es el fricativo bilabial sordo [ɸ], y el segundo, que se encuentra más en las zonas rurales, es el aspirado [h] (Quesada Pacheco 1996: 103). Sin embargo, también se encuentra la variante labiodental [f] en América Central (Quesada Pacheco 1998: 46).

Predmore, por su parte, asigna la pronunciación de /f/ a variables sociolingüísticas; las personas cultas realizan [f] labiodental fricativo sordo, mientras que las personas menos cultas en el habla coloquial aplican [ɸ] bilabial fricativo sordo o una "articulación mixta, bilabial y labiodental". Esto da, por ejemplo, en [ɸfacil] y [ɸfisjo] (Predmore 1945: 278).

Por otro lado, Alvar encontró una realización bilabial de /f/ en el suroccidente de Guatemala, sobre todo en posición inicial, como en "familia, fierro, fin, fue, flor y fulano" o en posición interior como en "delfín y difunto". También encontró casos de aspiración en algunos informantes en palabras como "fue, fuente, fulano y difunto". Cabe mencionar que sus informantes opinaban que la pronunciación de [ɸ] o [h] es un fenómeno de los estratos sociales bajos (Alvar 1980: 272).

En 1893, Karl Lentzner explicaba que el fonema /f/ no formaba parte del sistema fonológico de los lenguajes indígenas de Guatemala, lo cual implicaba que, al hablar español, cambiaban la /f/ por una /p/, con el resultado de que, por ejemplo, decían , decían "San Pelip" por "San Felipe", "pamilia" por "familia" y "pospor" por "fósforos". Por consiguiente, según él, era un problema cuando el indígena hablaba español como segunda lengua, y no como lengua materna. Sin embargo, muchos guatemaltecos con español como lengua materna confundían [x] por [f] en posición inicial, y podían decir "tengo *j*uego en la boca" en vez de "tengo *f*uego en la boca" (Lentzner 1893: 42). Alvar refuta esta observación de [p] por /f/, ya que ninguno de sus informantes del suroccidente del país realiza [p] en este entorno (Alvar 1980: 272).

3.2.2.1.1 /f/ ante vocales

Los alófonos del fonema /f/ encontrados ante vocal son el labiodental [f] y el fricativo bilabial sordo [ɸ][7].

---

[7] Se detectó una variante fricativa labiodental sonora [v] en un único informante mayor, procedente de Huehuetenango, en la pronunciación de la palabra *café* como [kaˈve].

Consultando los resultados, se advierte una diferencia en cuanto a la realización del fonema en cuestión, que tiene que ver con el lugar de articulación de cada vocal que sigue a /f/. Cuando el segmento vocálico que le sigue es central o posterior, como /a, o, u/, hay una presencia relativamente frecuente de la realización bilabial [ɸ] (17%, 11,3% y 18%, respectivamente). Sin embargo, cuando el segmento vocálico que le sigue es anterior, como /i, e/, no hay casi ningún caso de la variante bilabial (6,8% y 7,9% de realizaciones, respectivamente). De todas formas, hay que recalcar que esto es una tendencia leve, porque la pronunciación más común en todas las regiones es, con enorme distancia, la labiodental, con una media de 87,8% de realizaciones.

A grandes rasgos, geográficamente se encuentra más presente la variante bilabial en las zonas occidental, sureña y nororiental; no obstante lo anterior, no se podrían trazar fronteras dialectales claras debido a la intromisión u omnipresencia del alófono labiodental en todo el territorio nacional.

Para concluir, los datos permiten inferir que en Guatemala el fonema /f/ en el entorno ante vocal tiene en realidad solamente dos alófonos [f] y [ɸ]. Además, no se ha registrado lo descrito por Lentzner en 1893 en los informantes del presente estudio.

3.2.2.1.2. /f/ ante diptongos crecientes /je/ y /we/

El fonema fricativo labiodental sordo /f/ ante diptongo creciente /je/ o /we/ tiene tres alófonos en Guatemala: uno labiodental sordo [f], uno bilabial fricativo sordo [ɸ] y la aspiración [h]. El más frecuente es la realización labiodental (96,6% y 88,7%, respectivamente), seguida, sobre todo en la generación mayor, de la variante bilabial [ɸ] (3,4% y 7,9%, respectivamente). El alófono [h] es muy poco frecuente (3,4%).

Viendo el panorama con mayor detenimiento, se registra, tal como se puede observar arriba, principalmente el alófono [f] cuando /f/ está ante el diptongo creciente /je/, como en *fiel*. Tan solo se registraron tres casos del alófono bilabial [ɸ] y estos se hallan en Salamá, que se encuentra al norte de la capital de Guatemala, y Barillas, al noroeste. Estos informantes, todos de la generación mayor, tienden a utilizar [ɸ] en todos los entornos del presente estudio.

La situación es algo diferente cuando /f/ se encuentra ante /we/, como en *fuerte*, donde se puede observar más presencia de otras variantes, como la bilabial y la aspiración [h]; la última se halla particularmente en los hombres mayores de Livingston, Ocós y Jutiapa.

En cuanto a la variable geográfica, hay realización de la variante bilabial [ɸ] en la llanura costera del sur, más en el sur de la zona norte y, finalmente, en la costa caribeña, sin que por ello se puedan trazar fronteras dialectales nítidas.

Desde la perspectiva diacrónica, Lentzner escribe que muchos cambiaban la /f/ por *j*. El problema radica en la interpretación de j, ya que en su artículo utiliza dicho grafema sin explicar a qué sonido se refería: bien puede haber sido el fricativo velar [x], o bien el aspirado [h]. Esta es una interrogante que queda abierta.

3.2.2.1.3. /f/ ante /l/

El fonema/f/ ante /l/ se manifiesta en general en todo el país como fricativo labiodental sordo [f] (93,2% de realizaciones), como se observa en la palabra *flor*. Las excepciones se hallan en la costa caribeña, Barillas, Salamá y Retalhuleu, pronunciadas como fricativo bilabial o como polifonía entre las dos realizaciones. Además, estas excepciones son características de la generación mayor.

3.2.2.1.4. Síntesis

Para resumir el cuadro general de la realización de /f/ en todos los entornos de la presente investigación, se observa que /f/ labiodental fricativa sorda es sin lugar a dudas la más común, y que [ɸ] bilabial fricativa sorda se nota más en la generación mayor e igualmente entre los dos sexos. Puede ser que Predmore tenga razón en pensar que [ɸ] es un rasgo sociocultural, ya que los mayores tienen en general menos formación que los jóvenes, y es en ellos donde se detecta dicho alófono, pero no se pretende estudiar esta variable en el presente estudio. Por otra parte, no se cumple aquí lo dicho por Alvar, ya que la mayoría de los informantes de la encuesta realizan [f], también en la zona suroccidental. Tampoco se ha detectado ningún caso de articulación mixta [ɸf], como ha señalado Predmore.

3.2.2.2. Pronunciación de /s/

Según Antonio Quilis, /s/ es uno de los fonemas que tiene más variantes en español (Quilis 2002: 265), lo cual quizá se podrá observar en los mapas concernientes a este fonema en sus entornos fonéticos.

Diferentes autores han descrito la situación guatemalteca respecto de este fonema de las siguientes maneras: en 1950 Manuel Ponciano Lechuga escribe sobre la pérdida de /s/ en posición final en muchas partes hispanoamericanas, pero afirma que “En Guatemala no existe ese defecto” (Ponciano Lechuga 1950:

117). De la misma forma, D. Lincoln Canfield alega "que los guatemaltecos en general pronuncian su /s/ con claridad"[8] (Canfield 1967: 915).

Un autor más reciente, Lipski, dice que /s/ final en Guatemala puede tener rasgos retroflejos o apicales, pero que en general no sufre de elisión como en tantos sitios centroamericanos, salvo en lugares fronterizos con El Salvador y con Belice y en la costa pacífica (Lipski 2004: 284). Otro autor reciente, Quesada, recalca que /s/ alveolar predorsal se mantiene en las zonas internas, mientras que se aspira en las costas (Quesada 1996: 104; 1998: 47). Alvar describe la situación de /s/ en el altiplano occidental de Guatemala (Alvar 1980: 264-269), la cual se considerará en los entornos concernientes a cada sonido estudiado por él.

Finalmente, Guillermina Herrera Peña explica que la /s/ mantiene su valor predorsal, pero que hay aspiración o lenición de dicho fonema en el oriente del país (Herrera Peña 1993: 3).

Los resultados de la encuesta en Guatemala registran muchos ejemplos de *ceceo*[9] cuando /s/ está en diferentes entornos, como se verá más detenidamente en los siguientes apartados.

3.2.2.2.1. /s/ inicial

Hay dos alófonos de /s/ inicial: [s] y [ɵ] o ceceo, como se observa en la pronunciación de *sol*. El fricativo se realiza en general como alveolar fricativo sordo en todo el país. La mujer mayor de Zacapa es la única informante con la variante dentalizada [ɵ] como alófono singular a la /s/. Los demás informantes son polifónicos; o sea, son ceceantes. Éstos son de la zona norte, la cual específicamente comprende Flores, Barillas, Salamá y Livingston. En la región fronteriza con El Salvador hay dos casos, y lo mismo sucede en la costa pacífica, en Ocós y Retalhuleu.

No hay bibliografía, que sepa la investigadora, sobre /s/ en posición inicial, de manera que no se puede hacer comparaciones. Solo se puede confirmar que los informantes de esta encuesta pronuncian /s/ "con claridad", como afirmaba Canfield.

---

[8] Traducido por la investigadora.

[9] Ceceo es utilizar [ɵ̺] como alófono de /s/ o alternar entre [ɵ̺] y [s]. Este fenómeno se ve particularmente en Andalucía oriental y la pronunciación de "ce", "ci", "z" y "s" es [ɵ] (Bentivegna 1994: 22).

3.2.2.2.2. /s/ entre vocales

Es interesante la alta frecuencia de polifonía en la pronunciación de /s/ entre vocales que se aprecia en la pronunciación de la palabra *rosa*. De los 88 informantes, el 54,5% alterna entre dos o tres alófonos de /s/. Los alófonos presentes son [s] fricativo alveolar predorsal sordo, [z] fricativo alveolar predorsal sonoro y [ɵ] fricativo (inter)dental sordo. El tipo de polifonía más frecuente es el ceceo, y se encuentra sobre todo en la parte norteña, occidental y sur de Guatemala, además de la parte oriental, como en Jutiapa, Jalapa y Zacapa. Cabe destacar que, al hablar con los guatemaltecos sobre el tema, parecía que estaban conscientes de su existencia en algunas zonas orientales, como por ejemplo Zacapa. Así que la presencia de tal alófono se centra en las tierras bajas.

El alófono sonoro [z] también es bastante frecuente en casi todo el país, pero muy en particular en el altiplano, de manera que se podría pensar en una especie de división dialectal en distribución complementaria, de acuerdo con la cual, donde hay presencia de [z] no hay ceceo.

Como nota curiosa, se registraron casos de *heheo*, es decir, de la pronunciación de /s/ aspirada en posición prenuclear, en el informante joven de Ocós, en el occidente, frontera con México (por ejemplo, *podría ser* → [po'ðriaheɾ], *necesidad* → [nehesi'ðað]. Lo anterior da pie para pensar que el *heheo* puede ser un tema de interés para futuras investigaciones en Guatemala.

Alvar encuentra en sus informantes del suroccidente de Guatemala preservación de /s/ en posición intervocálica (Alvar 1980: 266), lo cual también ocurre, en cierta medida, en los informantes del presente estudio, ya que [s] está presente en todos los informantes. La diferencia radica en que, en esta parte del país, la mitad de los entrevistados alternaban con otro alófono; es decir, eran polifónicos.

3.2.2.2.3. /s/ final

La pronunciación de *los ojos* muestra las variedades de la /s/ final, donde el alófono fricativo alveolar predorsal sordo [s] sin duda es el más representado en todo el país (89,8% de las realizaciones). Sin embargo, en las dos costas hay algunos casos de presencia de la fricativa glotal sorda [h] o aspiración. O sea, según lo mencionado por Quesada, hay aspiración de la /s/ final en las zonas costeras, aunque no es un rasgo muy destacado en el habla a nivel general. También hay algunos casos de presencia de [z] y de [ɵ]. En todos los informantes con uno de los alófonos [h, z, ɵ] también se detecta el alófono [s], lo cual quiere decir que son polifónicos. Además, es interesante ver que estos informantes en general son hombres y pertenecientes a la generación mayor.

En el estudio sobre el suroccidente de Guatemala, de Alvar, los informantes mantienen la /s/ final, aunque hay algunos casos de elisión. Nadie aspira en esta posición (Alvar 1980: 265-266). En el presente estudio hay un caso de ceceo en Quetzaltenango, más uno de glotalización, en Sayaxché (al norte del país), donde la mujer mayor pronunció *las ocho* como [laʔˈotʃo].

Zamora Munné afirma que en Guatemala hay aspiración o pérdida de /s/ en posición final, salvo en las zonas occidental y central del país, donde se retiene como [s] (Zamora Munné 1993: 93), lo cual no es el caso de este estudio, ya que, en general se retiene el alófono fricativo alveolar predorsal sordo en posición final en todo el país.

3.2.2.2.4. /s/ ante oclusivas sordas /p, t, k/

Cuando /s/ se encuentra ante /p, t, k/, como en la pronunciación de *raspa*, *estados*, y *rasca*, lo común es que /s/ mantenga su valor de fricativo alveolar predorsal sordo [s]. Sin embargo, hay presencia de los alófonos [s], [ɵ] y [z], más [h] en el entorno de /s/ ante /k/.

En lo referente a /s/ ante /t/ se observa muy pocas variantes de [s]. Se hallan dos casos de /s/ interdental cerca de la frontera con México, en el oeste, y con Honduras en el este. Otros dos casos, esta vez de /s/ fricativo alveolar predorsal sonoro [z], se ven en la zona central: en Antigua y en la ciudad capital.

Algo similar se puede observar en el entorno /s/ ante /p/, solo que en en este caso hay más presencia de diferentes variantes. En el Occidente, todas las ciudades más cercanas a la frontera mexicana tienen al menos un informante que pronuncia [ɵ], al igual que los informantes del Oriente, en las localidades más cercanas a la frontera con Belice, Honduras y El Salvador. En la ciudad capital se ve presencia del alófono sonoro [z], lo cual calza con la observación hecha acerca de la distribución complementaria de [z] y del ceceo en el territorio nacional (apartado 3.2.2.2.2).

Como dato interesante, se observó una asimilación parcial de /p/ a [ɸ] en *caspa*, pronunciado como [ˈkasɸa], en los informantes varones de Cuilapa.

En cuanto al entorno de /s/ ante /k/, la situación es muy parecida a la del entorno anterior, salvo algunas excepciones. Por ejemplo, aunque no se observaron casos de ceceo ni en Huehuetenango ni en Puerto Barrios, sí se registraon en las demás zonas bajas del territorio nacional. Lo más notable de este entorno es la presencia de [h] en la costa caribeña; sin embargo, sólo hay un caso de este alófono.

Finalmente, cabe mencionar que M. Alvar observó el mantenimiento de /s/ ante las consonantes oclusivas sordas /p, t, k/ en el altiplano occidental de Guatemala (Alvar 1980: 266-267), lo cual es vigente también en el presente estudio. No obstante, se detecta ceceo en los hombres mayores de estas localidades, sobre todo cuando /s/ está ante /p/.

3.2.2.2.5. /s/ ante oclusivas sonoras /b, d, g/

En cuanto a /s/ ante oclusivos sonoros /b, d, g/, como se observa en la pronunciación de *las venas*, *buenos días* y *los gatos*, la situación es más divergente que cuando se encuentra ante oclusivas sordas. En este entorno casi no hay muestras del mantenimiento del [s], y los alófonos presentes más que nada son los siguientes: [s̞], [z], [z̞], [ɵ] y [ɵ̞]. Según Quilis, "[...] /s/ puede sonorizarse, sobre todo cuando se encuentra en contacto con una consonante sonora [...]" (Quilis 2002: 251).

En lo relativo a la pronunciación de /s/ ante /b/, como en *las venas*, se observa que en en todo el país el alófono sonoro [z], sea pleno o aproximante, es el más articulado (68,3% del total de realizaciones registradas), salvo en las localidades del extremo de esta zona que se encuentran en la llanura costera del Pacífico y en la selva tropical del Petén. A esta realización le sigue una variante más lenis de [s], el aproximante fricativo alveolar predorsal sordo [s̞] (27,2% del total de realizaciones de /s/), registrada mayormente en la costa pacífica, en el Petén y en la zona oriental de Guatemala, ya que la mitad de los informantes la pronuncian. El alófono menos representado es el fricativo interdental sordo [ɵ] (4,5% de realizaciones), y en este contexto el ceceo es prácticamente un rasgo característico de la generación mayor.

En cuanto a la pronunciación de /s/ ante /d/, como en *buenos días*, se registra mayoritariamente el alófono sonoro [z], tanto en su variante plena como aproximante (94,4% del total de realizaciones), además del interdental [ɵ] (4,5% del total), y un solo caso de [s]. El altiplano es la zona más destacada en cuanto a las realizaciones plenas de [z], mientras que la presencia del interdental se hace más patente en algunos informantes del resto del país, lo cual refuerza la presencia del ceceo en las partes bajas (ver apartado 3.2.2.2.2).

En lo tocante a la pronunciación de /s/ ante /g/, como en *los gatos*, son los alófonos sonoros [z] y su aproximante [z̞] los más representados en Guatemala (91% del total de realizaciones). Además, destaca la presencia del alófono sordo [s] (6,8%), y los informantes que la pronunciaron se encuentran esparcidos por casi todo el país; con lo cual, la /s/ no ha sufrido por la influencia sonora del sonido que le sigue. Por último, se registran dos casos de ceceo (2,2% del total), uno en Retalhuleu y el otro en Jutiapa.

En cuanto a la distribución geográfica de las realizaciones vistas, siguen el mismo patrón que en los entornos anteriormente mencionados.

Como especie de conclusión en relación a /s/ ante oclusivas sonoras, parece pertinente comentar que las variantes en estos entornos pueden crear una impresión de haber muchas diferencias en la realización del fonema /s/. Por esta razón, cabe dejar en claro que el alófono aproximante [z̞] es muy parecido al no aproximante [z], y que parece que la sonoridad de /b, d, g/ tiene influencia sobre la /s/ que los antecede. Por consiguiente, /s/ ante /b, d, g/ sufre asimilación parcial regresiva en casi todo el país[10], lo cual sigue los parámetros de la norma descrita por Quilis, antes mencionada.

Finalmente, es interesante ver los resultados de Alvar en el altiplano occidental del país, porque se oponen del todo a los encontrados en el presente estudio. En su investigación se observa que cuando /s/ se encuentra ante /b, d, g/ la /s/ sufre el mismo proceso en todos los casos: o la /s/ se mantiene, o desaparece, o bien, sufre de asimilación como, por ejemplo, en *lab bacas, dod días* o *dog gallinas*. Además, menciona que no hay casos ni de aspiración ni de ceceo (Alvar 1980: 266-267).

3.2.2.2.6. /s/ ante nasales /m, n/

El cuadro relativo a la pronunciación de /s/ ante /m/, como en *sismo* o *asma*, es un tanto colorido, ya que /s/ presenta varios alófonos: [s], [z] (y su variante aproximante), [h] y [θ][11]. Las variantes más representativas a nivel nacional son la fricativa alveolar predorsal sorda (37,5% del total de realizaciones), la cual se nota más a menudo en el centro del país y en la costa caribeña; pero todavía en mayor medida se observa la sonora (53.6%), cuya presencia es más fuerte en el altiplano occidental, en Puerto San José, en Zacapa y en el Petén. Además, merece mencionarse la presencia del fricativo interdental sordo [θ] (5,5%) y del fricativo glotal [h] (3,4%). El primero, el ceceo, se detecta en las dos costas (en Livingston y en Retalhuleu), mientras que el segundo, la aspiración, no se encuentra en ninguna de las costas, sino en las localidades interiores de Flores, Cobán y Zacapa. Esto se opone a lo que opina Quesada (en el apartado 3.2.2.2), cuando afirma que se puede encontrar /s/ aspirada en las costas de Guatemala, mientras que en el interior mantiene su valor fricativo alveolar predorsal sordo. Herrera Peña, por su parte, explica que hay presencia de [h] en el oriente del

---

[10] En realidad, la asimilación en muchos informantes es mutua. Esto quiere decir que /g/ después de /s/ también sufre de un debilitamiento, de modo que [g] → [ɣ] / s_. Nótese, sin embargo, que en este caso es la pronunciación de /s/ lo que importa, y no la de /g/.

[11] También hay presencia de [z̞], pero, ya que no hay tanta diferencia entre ellos, se ha elegido clasificarlo bajo [z] para facilitar el análisis y su lectura.

país; no obstante, tampoco concuerda del todo con esta encuesta, ya que también hay presencia de dicho alófono en Cobán y en Flores, ambos en el norte de Guatemala. Por último, Alvar ve en su estudio del suroccidente de Guatemala que sus resultados no divergen de la norma española (Alvar 1980: 274), la cual es que /s/ ante /m/ puede mantener su sordez o convertirse en una sonora [z] (Quilis, 2002: 251). Justamente, son los mecanismos que se observan en las realizaciones de /sm/ en esta parte del país (salvo en el hombre mayor de Retalhuleu, que ceceó).

Cuando /s/ está ante /n/, como en *buenas noches*, la gran mayoría de los entrevistados aplica la aproximante alveolar predorsal sonora [z̞] (92,1% del total). Las excepciones son pocas, pero dignas de comentar. Hay cuatro informantes (4,5%) que realizan el alófono aspirado [h]. Parece que, en este contexto, los resultados concuerdan con las teorías de Quesada y de Herrera Peña, porque todos los casos se dan en Livingston, en Puerto San José y en Zacapa, los cuales se ubican bien en las zonas costeras o en el oriente guatemalteco. Además, señalamos la presencia del ceceo, aunque solo se da en un caso, en el señor mayor de Retalhuleu. En este sentido, surge una pregunta: ¿será un caso de arcaísmo? Lo cierto es que tanto esta variante de /s/ como la variante aspirada es, en gran medida, fenómeno de la generación mayor.

3.2.2.2.7. /s/ ante líquidos /ɾ/ y /l/

En la respuesta correspondiente a *las rodillas*, la mayoría de los informantes realizó este segmento con el aproximante alveolar predorsal sonoro [z̞] (77.1% del total de realizaciones registradas). Esto sucede sobre todo en la zona occidental del país.

Le sigue la asibilada alveolar sorda [ɹ̥] (12,8% de realizaciones), alófono presente en casi todo el país, menos en las localidades de Retalhuleu, Puerto San José, Jutiapa y El Petén. Es curioso ver que es un alófono característico de los informantes mayores, especialmente en las mujeres.

En cuanto a la realización aspirada, hay un caso en la costa caribeña y cuatro en la localidad de Jutiapa en la zona fronteriza con El Salvador (5,6% del total).

El resto de las realizaciones (4,5% del total) están asociadas a pronunciaciones polifónicas de los alófonos mencionados.

M. Alvar encontró realización de [s], [z] o [ø] en el altiplano occidental cuando /s/ está ante /r/ (Alvar 1980: 268), mientras que los informantes del presente estudio realizan [z] o [ɹ̥].

En cuanto a la pronunciación de /s/ ante el fonema líquido /l/, como en *isla*, aquí es interesante estudiar tres rasgos de /s/: los dos primeros son sordez versus sonoridad, mientras que el tercero es la presencia de aspiración en Guatemala. En relación a estos aspectos, vemos que hay tanta presencia de alófonos sonoros (46,5% del total) como sordos (46,7%), pero que no se difunden igualmente por el país. Los alófonos sonoros, que son [z] y [z̦], se hallan más que todo en la zona occidental. En la zona oriental se nota más presencia del sordo [s] y dos casos de aspiración (2,7% del total de informantes). Además, siguiendo los resultados encontrados en este contexto, es pertinente incluir en la isoglosa de alófonos sordos las comunidades de Quiché, Cobán, Poptún y la costa caribeña, localidades en las que hay más presencia de [s] que de [z, z̦].

El resto de los informantes (4,1% del total) realiza pronunciaciones polifónicas entre [s] y [z].

3.2.2.3. Pronunciación de /x/

Como sucede con la fonética del español de Guatemala en general, tampoco hay mucha bibliografía sobre la pronunciación del fricativo velar sordo /x/. Quesada esboza brevemente la situación centroamericana diciendo que /x/ "se realiza en toda el área como faríngea o laríngea [h], menos en la parte central de Costa Rica, donde figura como fricativa velar lenis. Pero, debido a su realización tan débil, en todos los países tiende a veces a perderse: *trabajo* → [traβao]" (Quesada 1996: 104). El mismo autor también ha descrito que hay dos alófonos de /x/ en América, uno velar lenis [x] y otro laríngeo o faríngeo [h] (Quesada 1998: 50). Canfield menciona que /x/ en Guatemala se inclina más a ser [h] en vez de [x] (Canfield 1967: 915). Por su parte, Lipski explica que "la fricativa posterior /x/ es una [h] débil que suele caer" (Lipski 2004: 283), mientras que Zamora Munné sostiene que /x/ en América Central tiene una realización glotal [h] (Zamora Munné 1993: 93).

Debido a la similitud en las variantes de /x/ en todas las posiciones prevocálicas, se ha decidido estudiar los entornos relativos a este fonema conjuntamente, los cuales tratan /x/ ante [a, o, u, e, i] (pronunciación de *jabón*, *José*, *junio*, *gente* y *cajita*). En todos ellos se registran dos alófonos, [x] y [h], a la vez que hay presencia de polifonía. Sin embargo, la manera más común de realizar el fonema es a través de un fricativo velar sordo [x] (una media de 90% del total de las realizaciones observadas), siendo en general lenis o muy lenis.

En lo tocante a la distribución geográfica de los alófonos, en el altiplano occidental y en Cobán prácticamente no hay otras variantes que la velar, una situación que es muy característica de la zona occidental del país, ya que hay más presencia de [h] en la zona oriental y en la caribeña. Sin embargo, en estas localidades se encuentran varios informantes que alternan entre [x] y [h], de manera que [h] no es muy común en Guatemala (una media de 4,7% de apariciones de este alófono, además de una media de 3,6% de polifonía o alternancia entre velar y glotal).

Los casos registrados de pérdida del fonema en cuestión en Guatemala son escasísimos: uno en Ocós y otro en Poptún. Por consiguiente, estos resultados no concuerdan con la situación de América Central trazada por Quesada, Lipski, Canfield y Zamora Munné; más bien se acerca a la descripción de Quesada en relación con la parte central de Costa Rica y a la situación general de América, en cuanto a la pronunciación de /x/ de manera relajada o lenis. En este sentido, se nota una cierta tendencia de proceso de lenición de /x/ en la parte oriental del país, como mencionan Quesada y Lipski.

3.2.3. *El fonema africado /tʃ/*

Según A. Quilis, solamente hay un fonema africado en español, el linguopalatal sordo /tʃ/. También puede llamarse semioclusivo, porque es un fonema que se produce primero con un oclusivo y luego con un fricativo, los dos teniendo el mismo punto de articulación (Quilis 2003: 61). En América Central se realiza este fonema como africado, menos en Panamá, donde también se realiza como fricativo [ʃ], y en Costa Rica, donde se han detectado casos de fricativización en la zona noroeste del país (Quesada 1996: 104-105).

En toda la red de localidades entrevistadas de Guatemala solamente se detecta el africado linguopalatal sordo [tʃ] (pronunciación de *ocho*). Hay solamente dos casos de fricativización del fonema: en el informante masculino joven de Cobán y en la informante joven de Guastatoya. Sin embargo, ambos alternan con el alófono africado. De esta manera, se puede concluir que Guatemala sigue la tendencia general tanto de América Central como del español estándar en la realización africada de /tʃ/.

3.2.4. *Fonemas nasales. El fonema /n/ en posición posnuclear o final*

Toda la bibliografía sobre la fonética del español centroamericano, incluida Guatemala, señala la realización nasal velar en posición posnuclear final (Quesada 1996: 105; Canfield 1967: 915; Lipski 2004: 284; Herrera Peña 1993: 4; Fontanella de Weinberg 1992: 208; Moreno de Alba 1994: 166; Zamora Munné 1993: 93), salvo Lentzner, donde el autor afirma que un rasgo típico del habla guatemalteca es la pronunciación de /n/ final como "nge": *también* → "tambieng-*ge*" (Lentzner 1893: 41-43) y Alvar, quien encontró que la mayoría de sus informantes en el altiplano occidental realizaban una nasal velar relajada. Además, registró una resonancia nasal y desaparición de la consonante en muchos de ellos (Alvar 1980: 263).

En lo referente a la pronunciación de /n/ posnuclear, como en la palabra *canción*, hay dos variantes del fonema alveolar nasal en posición posnuclear final: [n] y [ŋ], más una presencia de polifonía. La gran mayoría de los guatemaltecos entrevistados (69,5% del total de entrevistados) tiene [ŋ] como única variante. Solamente hay seis informantes con el alófono [n] (6,8% del total), provenientes de la zona central, San Marcos y Retalhuleu. En este sentido, ocho encuestados (9% del total de entrevistados) pronunció la variante alveolar en el primer segmento silábico, pero velar en posición final: [kanˈsjoŋ], muy probablemente por influjo de la /s/.

Si bien se detectan casos de polifonía prácticamente en todo el país (14,7% del total de entrevistados), las zonas oriental y caribeña son las más firmes en el empleo de la variante velar [ŋ] (Jutiapa, Jalapa, Zacapa, Puerto Barrios y Livingston). En consecuencia, se puede trazar una isoglosa entre la zona occidental y la oriental. La parte occidental tiene cierta presencia del alófono alveolar nasal, mientras que en la parte oriental su presencia no es significativa, lo cual ninguno de los autores mencionados al inicio del apartado ha descrito antes. Tampoco se ha detectado, en ningún informante, presencia de "nge" señalado por Lentzner.

Finalmente, en este estudio se nota la velarización de [n] en la parte suroccidental del país, pero ningún caso de resonancia nasal y desaparición de la consonante, como señala Alvar.

3.2.5. *Los fonemas vibrantes*

El último estudio empírico concerniente a la pronunciación de las vibrantes simple /ɾ/ y múltiple /r/ en Guatemala fue uno de carácter sociolingüístico llevado a cabo en la ciudad capital por Ana Acevedo-Halvick (2005). El fin de su estudio era averiguar el uso de la fricativa asibilada sorda [ɹ̥] en las diferentes generaciones y medir las actitudes de los jóvenes hacia la pronunciación de dicho segmento consonántico. Sus resultados confirman que todavía se mantiene esta variante en todas las generaciones, pero sobre todo en las mayores. Entre los jóvenes ésta solo se mantiene en gente de clase baja, o cuando los jóvenes quieren mostrar afecto. Además, ellos opinan que no es una manera correcta de hablar, así que intentan corregir a los que lo utilizan bromeando con este sonido (Acevedo-Halvick 2005: 5). Lipski también menciona las diferencias entre las generaciones en cuanto a la representación de este segmento asibilado y comenta que no es tan común entre las generaciones jóvenes (Lipski 2004: 284). Otros autores como Fontanella de Weinberg, Canfield y Zamora Munné solo afirman que hay presencia de la asibilada en Guatemala, sin especificar más (Fontanella de Weinberg 1992: 208; Canfield 1967: 915; Zamora Munné 1993: 93), mientras que Alvar afirma que "Los grupos consonánticos con *r* no difieren del castellano normal, vayan en posición inicial o intervocálica" (Alvar 1980: 271).

La realización de /ɾ/ o /r/ es, sin embargo, la más discutida entre dialectólogos y lingüistas en todo el sistema fonológico guatemalteco, lo cual se comentará en los siguientes apartados, para así analizar cada realización en su entorno.

3.2.5.1. Pronunciación de /ɾ/ final

Acorde con Lipski, hay asibilación en la /ɾ/ final en Guatemala. Pero, como queda señalado anteriormente, "parece estar en retroceso entre las generaciones más jóvenes" (Lipski 2004: 284). Alvar, por otra parte, encuentra polifonía en sus informantes del altiplano occidental. La variante más detectada en su estudio es, sin embargo, la fricativa asibilada, seguida por la vibrante simple (Alvar 1980: 269).

Según Acevedo-Halvick, es el entorno /-aɾ#/ el que más favorece la fricativa asibilada sorda en la capital. También se detecta sobre todo en /-eɾ#/, /-iɾ#/ y /-eaɾ#/, pero respectivamente en menor grado. En el entorno relativo a la pronunciación de este fonema, no se ha diferenciado entre las vocales que están ante /ɾ/, pero en la mayoría de los casos se ha estudiado su pronunciación en palabras como *cocinar* o *ver* o en cualquier otra circunstancia en la que se encuentre este fonema en posición final, ya que se halla en abundancia.

Contemplando los resultados, se ve un paisaje muy colorido, lo cual significa que en Guatemala hay muchas maneras de realizar /-ɾ#/. Los alófonos encontrados son: vibrante simple [ɾ] (34% del total), vibrante múltiple [r] (11,2%), fricativa asibilada sorda [ɹ̥] (23,8%), y, en un caso, la aproximante retrofleja sonora [ɻ] (0,1%)[12]. Pero la presencia de tantas variantes esconde la uniformidad que hay en la articulación de este segmento, ya que todos representan la vibrante simple [ɾ] en alternancia con otro alófono, sea este un asibilado o un vibrante múltiple sordo o sonoro (31% del total). De modo que la variante más frecuente es [ɾ] en todas las localidades, menos en Barillas, San Marcos y Puerto Barrios. También es obvio que la tendencia a seguir la "norma" más que nada es notable en la genera-

[12] La joven de Huehuetenango alterna entre la vibrante simple sonora y la aproximante retrofleja sonora.

ción joven, porque mantiene [ɾ] en esta posición. Por consiguiente, parece que las palabras de Lipski, según las cuales los jóvenes ya no realizan este alófono en posición final también comulgan con los resultados del presente estudio.

En cuanto a la variable geográfica, se observa más tendencia a la polifonía en la zona occidental sureña que en el resto del país. Considerando las palabras de Alvar en el inicio del apartado, se observa que sus resultados calzan con los encontrados en los informantes del suroccidente de este estudio.

3.2.5.2. Pronunciación de /r/ inicial y entre vocales

Acevedo-Halvick señala que hay muestras de la fricativa asibilada sorda en la realización de /r/ en posición inicial en la Ciudad de Guatemala (Acevedo-Halvick 2005: 3). Los demás lingüistas solo afirman que /r/ en general puede fricativizarse (Fontanella de Weinberg 1992: 208; Canfield 1967: 915) de manera prepalatal o llegar a ser retroflejo (Lipski 2004: 284; Quesada 1996: 106). Canfield recalca que esto no sucede en posición intervocálica, donde mantiene su valor vibrante (Canfield 1967: 915), mientras que en el estudio de Alvar hay muestras en el altiplano occidental, donde se realiza /r/ intervocálica como vibrante múltiple en un 73% de los casos, y los restantes se realizan como relajada múltiple o asibilada. En el mismo estudio, se distingue la realización de /r/ como *rr* castellana, asibilada relajada, *rr* múltiple relajada y asibilada tensa en posición inicial. Las tres primeras variantes mencionadas son las más comunes en este entorno. Alvar también menciona que hay distribución libre entre los alófonos (Alvar 1980: 270-271).

Relativo a la pronunciación de este fonema, como en la palabra *rojo*, se observa que [r] es el alófono más común en todo el país en posición inicial, ya que un 35,2% de los entrevistados lo tiene como único alófono, en su mayoría de la generación joven. En cuanto a la realización de la fricativa asibilada sorda [ɹ̥] o sonora [ɹ], se halla en el 18,1% de los informantes, los cuales, salvo en seis ocasiones, pertenecen al grupo generacional mayor y casi siempre en la zona occidental del país.

Otro alófono registrado fue el vibrante sordo [r̥], además del asibilado africado sonoro [dɹ] o sordo [tɹ̥] en un 10,2% de los entrevistados: [ˈr̥oxo] ~ [ˈdɹoxo] ~ [ˈtɹ̥oxo], en los dos últimos casos debido quizás a que la palabra se pronunció después de pausa. Lo interesante de estas realizaciones es que, salvo la mujer mayor de Cuilapa, todas se registraron en la generación joven de Quiché, Ocós, Cuilapa y Jalapa.

Finalmente, en todo el país hay polifonía entre alófonos vibrantes y asibilados (13,6% del total de entrevistados), así como entre alófonos sordos y sonoros, sean vibrantes como asibilados (22,7% del total de informantes).

Tal como afirma Acevedo-Halvick, hay presencia del alófono fricativo asibilado en posición inicial, y solo llega a ser retroflejo en dos casos aislados, como mencionan Lipski y Quesada. De la misma manera, se observa que los resultados de Alvar concuerdan con los del presente estudio, solo que aquí no se ha tomado en cuenta la distinción entre vibrante múltiple tensa y relajada, ni entre asibilada tensa y relajada a la hora de transcribir el material recolectado.

En cuanto a los datos sobre la realización de /r/ entre vocales, como en *perro*, solamente hay dos alófonos, que son el vibrante múltiple [r] y el fricativo alveolar sonoro [ɹ]. Sin ninguna duda es [r] el más presente en los informantes de todo el país (80,7% del total de entrevistados). Tal como alegan Canfield y Alvar, en general, el fonema mantiene su valor de vibrante múltiple en esta posición. Por su parte, el alófono fricativo [ɹ] se encuentra en diez informantes (11,3%) en las dos costas, justo al sur de la franja transversal del norte y en Huehuetenango. Además, [ɹ] parece ser un rasgo típico de la generación mayor. Además, se registró u 6.8% de casos de alternancia entre vibrante [r] y asibilada [ɹ]. Como se puede observar, es algo frecuente la fricativización del fonema, como mencionan Lipski y Quesada.

Solamente se registró un caso de ensordecimiento asibilado [ɹ̥] en la informante mayor de Sayaxché, y en Cuilapa el informante mayor realizó la variante africada [dɹ]. No se registró ningún caso de /r/ en posición intervocálica como retrofleja.

3.2.5.3. Pronunciación de vibrante simple ante /k/

Quesada (1996: 108) comenta que hay presencia de [ɹ̥] sorda en posición posnuclear en Guatemala, y lo ejemplifica con la palabra [ˈpaɹ̥ke] *parque*. Sin embargo, en el presente estudio se observa que justamente la gran mayoría de los entrevistados (98% del total) se inclina por la pronunciación vibrante simple ante el oclusivo sordo /k/, como en *mercado*. El resto de los casos se reparte entre una pronunciación asibilada sorda, o bien, en alternancias entre dicha realización y la pronunciación estándar. Solamente un caso de retroflexión se registró, a saber, en la informante mayor de Cuilapa.

En cuanto a la distribución geográfica del fenómeno, los casos que se desvían de la norma se hallan más que todo en el centro del país.

3.2.5.4. Pronunciación de /ɾ/ ante nasales

En cuanto a /ɾ/ ante /n/ y /m/, como en *viernes* y *enfermera*, /ɾ/ mantiene su rasgo de vibrante simple alveolar sonoro en casi todos los informantes (91% del total ante /n/ y 99% ante /m/). Además, las variantes presentes de /ɾ/ también son sonoras, sea como vibrante múltiple [r] (3,4%) para /n/ (ningún caso para /m/) o como aproximantes retroflejas (5,6% ante /n/ y 1% ante /m/). De los cinco casos de retroflejas, dos casos son realizaciones aproximantes [ɻ], dos de oclusiva [ɖ] y uno de vibrante [ɽ]. Los informantes que realizan estas variantes pertenecen a ambos sexos y a ambos grupos etáreos. En cuanto a su distribución geográfica, el alófono vibrante [ɾ] se encuentra en todo el país, mientras que los alófonos retroflejos se registran más que todo en Quetzaltenango y localidades alrededor del altiplano central, como Huehuetenango, Quiché, Guastatoya, Zacapa y Puerto Barrios.

Alvar menciona que /ɾ/ ante /n/ sobre todo se realiza como vibrante múltiple [r] o asibilada [ɹ] en el altiplano occidental (Alvar 1980: 270), lo cual no es el caso en el presente estudio, dado que solo hay un ejemplo de la vibrante múltiple y ninguno del asibilado; al contrario, los informantes en esta parte del país también mantienen la vibrante simple como alófono de /ɾ/.

3.2.5.5. Pronunciación de /ɾ/ ante /l/

Respecto de /ɾ/ ante /l/ (pronunciación de *Carlos*), se observa el contexto de vibrante simple frente a alveolar sonoro /l/, y se destacan cuatro variantes de /ɾ/: vibrante simple sonora, como el mismo fonema, fricativa alveolar asibilada sorda [ɹ̥], vibrante retrofleja [ɽ] y aproximante retrofleja [ɻ].

Según los resultados de este trabajo de campo, se observa que la vibrante simple es, sin lugar a dudas, la más representada en Guatemala, ya que solo hay un 10% de los informantes con presencia de la asibilada sorda. Estos informantes son del centro del país, que comprende la ciudad capital, Guastatoya, Salamá y Cobán; también se reistran casos en en la costa caribeña (Puerto Barrios), y en las localidades noroccidentales de Barillas y San Marcos. Además, y excepto el caso de Barillas, pertenecen todos a la generación mayor.

Los alófonos de /ɾ/ ante /l/ son la vibrante múltiple y la asibilada en los informantes del estudio de Alvar sobre el altiplano occidental del país (Alvar 1980: 270); estos resultados no tienen ninguna relación con los del presente estudio, donde el único alófono encontrado en esta parte del país es la vibrante simple /ɾ/.

3.2.5.6. Pronunciación de /ɾ/ ante /s/

En lo relativo al fonema /ɾ/ ante /s/, como en *cárcel*, se muestra que hay presencia de [ɾ] en todos los entrevistados. Sin embargo, en tres casos aislados de Quetzaltenango, Cobán y Puerto Barrios los informantes son polifónicos, y alternan entre el alófono vibrante simple y el fricativo alveolar asibilado sordo. En ellos se observa un fenómeno que puede ser: a) una fusión de los fonemas /rs/ → [ɹ̥], o b) una pérdida de /r/ donde /s/ mantiene su rasgo de sordez, pero asimila el punto de articulación de /ɾ/, el cual es más postalveolar que alveolar.

3.2.5.7. Pronunciación de /tɾ/ en posición inicial y entre vocales

También en el entorno de /ɾ/ después del oclusivo sordo /t/, como en *tres*, se nota la presencia de [ɾ] en todos los informantes del estudio, con excepción de dos casos donde se ha detectado polifonía entre [ɾ] y [ɹ̥], y ambos en personas mayores de Cobán y de Jutiapa.

La existencia de [ɹ̥] en esta posición como rasgo presente en todo el país es un hecho bien señalado por lingüistas como Penny (2004: 243) y Quesada (1996: 58; 1998: 105). Además, estudiosos como Acevedo-Halvick (2005: 3) y Lipski (2004: 284) lo señalan como rasgo presente en zonas centrales del país. Sin embargo, y al contrario de lo afirmado por los investigadores consultados, el presente estudio reafirma la escasez de este alófono en todo el país. Ninguno de los dos casos, además, está en las zonas centrales.

Esta escasez de [ɹ̥] se da en menor escala cuando el grupo /tɾ/ está en posición intervocálica, al pronunciar el informante la palabra *cuatro*. En él, el 20,4% de los informantes tienen el alófono fricativo alveolar asibilado sordo [ɹ̥] como única realización de /ɾ/ y el 7,9% alterna entre los dos. Además, se registraron dos casos de pronunciación de vibrante simple sorda [ɾ̥] (2,2% del total).

Lo más interesante es que la presencia de [ɹ̥] se ve al menos en un informante de cada localidad, además de que todos los que lo realizan son del grupo generacional mayor, salvo en el hombre joven de Quetzaltenango. Por consiguiente, se nota claramente que se está frente a un cambio generacional en cuanto a la pronunciación de /tɾ/ en Guatemala.

3.2.5.8. Pronunciación del grupo /stɾ/

El alófono más representativo de toda Guatemala cuando sigue la secuencia /stɾ/, como en *maestra*, es [ɾ] (79,6% del total de entrevistados). En el oriente del país, en el Petén, en el altiplano occidental y en la costa pacífica es prácticamente la única variante. Le sigue la asibilada sorda [ɹ̥], con un 11,3% de realizaciones. Como en todos los mapas concernientes a la realización de /r/, vemos en este caso que la variante asibilada es meramente un rasgo de la generación mayor, y más de los hombres que de las mujeres.

Por último está la reducción del grupo a [sɾ] ([maˈesɾa]), con un 6,8% de realizaciones y el ensordecimiento de /ɾ/ a [ɾ̥] (2,2% del total).

3.2.5.9. Pronunciación de /ndɾ/ y /ldɾ/

En el Atlas Fonético de Guatemala se estudia /ɾ/ después de /nd/ y /ld/, como en *pondrá* y *hojaldra,* respectivamente. Estas secuencias consonánticas no son tan comunes en el habla española guatemalteca, algo que hizo difícil su recolección en las entrevistas. Pero tal situación no impide observar que estos segmentos, por cierto, tienen una clara tendencia a mantener /ɾ/ en todo el país. Solo se ven cuatro casos aislados, en los cuales se detecta la pérdida del oclusivo sonoro /d/, y la realización de /ɾ/ como asibilado sonoro [ɹ]. Estos informantes son todos de la zona occidental del país. No hay ningún caso de polifonía.

Quesada señala alguna presencia del alófono asibilado sonoro [ɹ] en Guatemala si /ɹ/ sigue a nasal o lateral, como en [anˈdɹes] por *Andrés* y [elˈdɹama] por *el drama* (Quesada, 1998: 58). Sin embargo, según la investigadora, se observa la pérdida de /d/ en dicha circunstancia solamente en cinco informantes (5,6% del total de entrevistados), como se ve en la articulación de [ponˈɹa] por *pondrá* y [oˈxalɹa] por *hojaldra.*

3.2.5.10. Pronunciación de /nr/

En cuanto a la secuencia /r/ después del nasal /n/, como en las palabras *Enrique* o *enredado*, se observa que la tendencia mayoritaria es mantener el fonema vibrante múltiple (72,8% del total). Este fenómeno se ve sobre todo en la zona oriental, en la zona norte, en la región caribeña, en la llanura costera del pacífico y en la zona noroccidental.

La otra variante significativa es la fricativa asibilada sonora [ɹ] (17% del total), y es muy interesante ver que en el contexto /nr/ hay seis casos de jóvenes con esta variante. Acevedo-Halvick describe que su pronunciación no es común en la generación joven, pero que, sin embargo, puede ser utilizado o para bromear con los que lo utilizan, o bien, para expresar afecto. Además, es una aplicación característica de todas las clases sociales, pero más de los hombres que de las mujeres (Acevedo-Halvick 2005: 5). Salvando las grandes diferencias metodológicas entre el presente estudio -de corte dialectal- y el de Acevedo-Halvick, sociolingüístico, los resultados de la presente investigación confirman en cierta medida las conclusiones de Acevedo-Halvick, ya que, de los 15 informantes que realizaron la variante asibilada, nueve son varones.

Por último, se registraron cinco casos del alófono asibilado sordo en Antigua, Salamá, Jalapa y Cuilapa (5,6%), más dos casos del aproximante retroflejo sonoro [ɹ] (2,2%) en Quetzaltenango (altiplano occidental) y en Poptún, al norte del país.

En síntesis, cabe destacar que las variantes más comunes de /ɾ/ y /r/ en todo el país son la vibrante simple sonora y la vibrante múltiple sonora. En algunos contextos hay bastante presencia del fricativo asibilado sonoro o sordo, pero normalmente en los informantes mayores. Finalmente, se observa que estos dos fonemas mantienen en mayor medida sus rasgos de vibrantes simple y múltiple en los grupos consonánticos tanto en el altiplano occidental, como afirma Alvar (véase el apartado 3.2.5), como a nivel estatal, estando el grupo consonántico en posición inicial o intervocálica.

3.3. Fonemas semivocálicos. Pronunciación de /ʝ/

Según la lingüista guatemalteca G. Herrera Peña, la articulación de /ʝ/ (transcrito también /y/) en diferentes entornos es la más notoria del habla española guatemalteca. Ella describe que se detecta el yeísmo en documentos de 1772, y que desde entonces se ha desarrollado hasta ser todavía más abierto y laxo como en las palabras inglesas *yes* y *you*. Esta tendencia es aún más fuerte cuando /y/ está en posición intervocálica y si está en contacto con /e/ o /i/. En esos casos tiende a perderse del todo: *silla* [ˈsia], *gallina* [gaˈina]. Herrera Peña recalca que este rasgo típico de Guatemala está cambiando por influencia del habla de los medios de comunicación, de manera que los jóvenes de todas las clases sociales tienden ahora a pronunciar /ʝ/ según la norma de la ciudad de México (Herrera Peña 1993: 4).

Alvar describe la situación de /ʝ/ en el altiplano occidental y primero señala que este fonema en general se realiza como [j] semivocal. Segundo, afirma que /ʝ/ en posición intervocálica tiende a perderse en todos sus informantes, menos en los de alta instrucción (Alvar 1980: 258-260).

Los demás autores no profundizan en el tema, solo describen que /ʝ/ en Guatemala tiene una pronunciación débil, la cual tiende a perderse en entornos específicos (Quesada 1996: 106; 1998: 51; Fontanella de Weinberg 1992: 208; Canfield 1945: 915) o, como Zamora Munné; que afirma que hay yeísmo en Guatemala (Zamora Munné 1993: 93).

3.3.1. */ʝ/ en posición inicial*

Se registra la lenición de /ʝ/ a [j] en posición inicial, como en *yegua*, en toda Guatemala (80,7% del total de casos), además de presencia de [ʝ] (12,5%) y alternancia entre ambas realizaciones (6,8%).

Se debe notar que la lenición de /ʝ/ no llega a la pérdida del fonema en ningún caso. Lo que se ve es la presencia o del alófono medio anterior [i] o el alófono semivocálico anterior distenso [j]. Además, solo en unos pocos casos aislados en el sur del país también se detecta polifonía entre estas dos realizaciones [i, j] y el alófono semivocálico anterior tenso [ʝ].

Respecto de la distribución geográfica del fenómeno, se observa que los casos registrados de ausencia de lenición, así como los casos de alternancia entre este y la pronunciación palatal como [ʝ], se esparcen por todo el país con excepción del altiplano y de la parte sur, en la costa pacífica, pero se intensifican los casos hacia la frontera con México, lo cual daría pie para pensar en una especie de continuum dialectal, donde la región que palataliza se podría marcar como una zona de transición entre la pronunciación palatal mexicana y la lenición guatemalteca.

Comparando los resultados del altiplano occidental con los de Alvar, los resultados del presente estudio no cuadran totalmente con los resultados de Alvar.

3.3.2. */ʝ/ entre vocales*

Se ha estudiado /ʝ/ en un entorno intervocálico, como en la palabra *amarillo*, donde se ve la lenición de /ʝ/ a [j] en el 39,7% de los informantes, y la pérdida del fonema en el 60,3%. Estos últimos informantes se reparten al igual por todo el país, menos en la costa caribeña y en el norte, donde la pérdida es algo menor.

En el altiplano occidental el rasgo más común es la pérdida del fonema, tal como sucede en el estudio de Alvar.

3.3.3. */ʝ/ después de /n/*

En el entorno de /ʝ/ después de /n/, cuando el informante pronuncia la palabra *inyección*, el alófono más frecuente es el semivocal anterior distenso [j] (51,4% del total de entrevistados). La variante tensa [ʝ] también está bastante representada, pero en menor grado que [j] (30,6% de casos).

Desde la perspectiva geográfica, se nota un descenso de los casos de pronunciación palatal [ʝ] en el altiplano y hacia la costa pacífica, regiones donde el alófono distenso es el más marcado.

Por último, el fenómeno más interesante cuando /ʝ/ se encuentra después de /n/, es el alófono [d]. Quesada escribe que se puede tener la siguiente situación: *inyección* → [indʝek'sjon] en algunas partes del sur de América Central, y es lo que sucede en el 9% de los informantes de Guatemala cuando articulan dicha palabra[13]. Estos informantes son de todos los extremos del país. Lo mismo pasa con las realizaciones de [ʝ], donde no hay diferencias ni de género ni de edad.

4. Conclusiones

Después de haber estudiado los 61 mapas de que se compone el Atlas Fonético de Guatemala a profundidad, se observa que no es posible dividir el país en zonas dialectales. Algunos mapas, como por ejemplo los relativos a la pronunciación de /-n/ y /r-/, muestran tendencias que dan pie para una cierta diferenciación entre las zonas, pero los resultados son tan divergentes, que hacerlo sería más una suposición tentativa que una afirmación del estado fonético de Guatemala. Además, no hay mapas en los que se observe un fenómeno fonético concreto típico de una zona del país. Se puede afirmar que, en general, todos los fenómenos se dan en al menos un informante en todas las partes del país. Nos atrevemos a calificar este resultado como sorprendente, ya que no conocemos otros atlas lingüísticos que no hayan podido dividir el área estudiada en zonas dialectales.

De todas formas, aunque no hay diferencias significativas que permitan trazar isoglosas dentro de Guatemala, se pueden utilizar los datos obtenidos para trazar isoglosas entre Guatemala y otras zonas hispanoamericanas. Por ejemplo, se ha refutado la descripción de Zamora Munné donde abarca Guatemala en la zona de América Central sobre la base de la pronunciación de /-s#/ y /x/. Una hipótesis que necesita de un estudio más profundo es que Guatemala pertenece a otro grupo dialectal, ya que no hay ni aspiración ni pérdida de /s/ en posición final ni casi realización glotal de /x/, según este estudio. Al considerar solo la realización de estos fonemas, creemos que Guatemala entraría mejor en la zona II de Zamora Munné, que engloba México con excepción de la costa oriental y las regiones limítrofes (Zamora Munné 1993: 93).

Aunque el cuestionario aplicado no ha sido la mejor herramienta para un estudio polifónico, los 61 mapas del Atlas arrojan también datos al respecto. Si se hace un cálculo aproximado de la polifonía en toda la muestra de los mapas, queda un porcentaje medio de 10%[14], lo cual quiere decir que el promedio es de cinco informantes polifónicos por cada mapa. Pero este porcentaje no está igualmente distribuido en todos los mapas, sino que algunos tienen mayor grado de

---

[13] En el estudio del suroccidente de Guatemala hecho por Alvar una informante joven analfabeta, que habla mal el español, realiza [indekˈsjon] (Alvar 1980: 273), lo cual es interesante porque aquí también hay un informante de Quetzaltenango con esta articulación, el hombre mayor.

[14] Cabe destacar que este porcentaje es aproximado.

alternancia entre varios alófonos. Así, hay tres mapas donde más de la mitad de los entrevistados son polifónicos, como los relativos a las realizaciones de /VsV/, /sl/ y /-ɾ#/. De la misma forma, hay bastantes casos detectados en los entornos /-o#/, en la terminación *-ado*, en /#r-/ y /#y-/. Por lo tanto, la polifonía se da en fonemas muy comunes en el habla guatemalteca.

Bibliografía

ACEVEDO-HALVICK, Ana (2005): "La /r/ fricativa sorda asibilada: creencias y actitudes de dos grupos generacionales hacia un fenómeno lingüístico en la ciudad capital de Guatemala", en: *Boletín de Lingüística y Educación* 19, 104.

ALVAR, Manuel (1969): *Estructuralismo, geografía lingüística y dialectología actual.* Madrid: Gredos.

— (1980): "Encuestas fonéticas en el suroccidente de Guatemala", en: *Lingüística Española Actual* 2, 245-298.

ANDRÉS, Ramón de (1997): "Lingüística y sociolingüística en el concepto de dialecto (I y II)", en: *Contextos* 29-30, 67-108.

AZORÍN FERNÁNDEZ, María D./JIMÉNEZ RUIZ, Juan L./MARTÍNEZ LINARES, María A. (eds.) (1999): *Estudios para un corpus del español hablado en Alicante.* Alicante: Instituto de Cultura Juan Gil Albert.

BENTIVEGNA, Siv Lyngstad (1994): *Fonética y fonología castellanas.* Bergen: Universitetet i Bergen.

CANFIELD, D. Lincoln (1967): "Trends in American Castilian", en: *Hispania* 50, 4, 912-918.

CHAMBERS, Jack/TRUDGILL, Peter (1994): *La Dialectología.* Madrid: Visor Libros.

CIA-The World Factbook- Guatemala: http://www.cia.gov/cia/ publications/factbook/print/gt: 30.04.2004.

FONTANELLA DE WEINBERG, María B. (1992): *El español de América.* Madrid: Editorial MAPFRE.

FRANCIS, W. N. (1983): *Dialectology. An Introduction.* London/New York: Longman.

GIMENO MENÉNDEZ, Francisco (1990): *Dialectología y sociolingüísticas españolas.* Alicante: Universidad de Alicante.

HECKT, Meike (2000): "Educación intercultural para todos en Guatemala: una posibilidad para el futuro de una sociedad multilingüe y pluriétnica". http://www.geocities.com/akkutan/articulo10.html 24.03.2004.

HERRERA PEÑA, Guillermina (1993): "Los idiomas hablados en Guatemala, notas sobre el español hablado en Guatemala", en: *Boletín de Lingüística y Educación* [Universidad Rafael Landívar] VII, 42; 1-4.

LENTZNER, Karl (1893): "Observations on the Spanish language in Guatemala", en: *Modern Language Notes* 8, 2, 41-43.

LIPSKI, John (2004): *El español de América.* Madrid: Cátedra.

LOPE BLANCH, Juan M. (1968): *El español de América*. Madrid: Ediciones Alcalá.

MONTES GIRALDO, José J. (1970): *Dialectología y geografía lingüística. Notas de orientación.* Bogotá: Instituto Caro y Cuervo.

— (1982): *Dialectología general e hispanoamericana*. Bogotá: Publicaciones del Instituto Caro y Cuervo.

MORENO DE ALBA, José G. (1994): *La pronunciación del español en México*. México, D.F.: El Colegio de México/Centro de Estudios Lingüísticos y Literarios.

PENNY, Ralph (2004): *Variación y cambio en español.* Madrid: Gredos.

PONCIANO LECHUGA, Manuel (1950): "Algunos vicios del lenguaje en Hispanoamérica", en: *Hispania* 33, 2, 116-118.

PREDMORE, Richard (1945): "Pronunciación de varias consonantes en el español de Guatemala", en: *Revista de Filología Hispánica* 7, 277-280.

QUESADA PACHECO, Miguel Ángel (1992a): "Pequeño atlas lingüístico de Costa Rica", en: *Revista de Filología y Lingüística de la Universidad de Costa Rica* 19, 2, 85-189.

— (1992b): *Atlas Lingüístico Etnográfico de Costa Rica. Cuestionario.* San José: Nueva Década.

— (1996): "El español de América Central", en: Alvar, Manuel (ed.): *Manual de dialectología hispánica. El español de América*. Barcelona: Ariel Lingüística, 101-113.

— (1998): *El español de América*. Bergen: Universitetet i Bergen, Institutt for lingvistikk og litteraturvitenskap.

QUILIS, Antonio (2002): *Tratado de fonología y fonética españolas*. Madrid: Gredos.

— (2003): *Principios de fonología y fonética españolas.* Madrid: Arco/Libros.

RADTKE, Edgar/THUN, Harald (1996): "Nuevos caminos de la geografía lingüística", en: *Aktens des Symposiums zur Empirischen Dialektologie*. Kiel: Westensee Verlag, 25-49.

SALAZAR Ttetzagüic, Manuel de Jesús (2003): *Culturas e interculturalidad en Guatemala.* Guatemala: Instituto de Lingüística y Educación, Universidad Rafael Landívar.

THUN, Harald (1993): "Theoretische Voraussetzungen, Methodologie und augenblicklicher Stand des 'Atlas Lingüístico Diatópico y Diastrático del Uruguay', en: Viereck, Wolfgang (ed.): *Historische Dialektologie und Sprachwandel. Verhandlungen des Internationalen Dialektologenkongresses*. Stuttgart: Franz Steiner Verlag, 499-518.

— (2001): "La pluridimensionalidad del *Atlas Lingüístico Diatópico y Diastrático del Uruguay* (ADDU)", en: Perdiguero, Hermógenes/Álvarez, Antonio (eds.): *Estudios sobre el español de América. Actas del Vo. Congreso Internacional de "El español de América"*. Burgos: Universidad de Burgos, 1279-1304.

UTGÅRD, Katrine (2006): *Fonética del español de Guatemala. Análisis geolingüístico pluridimensional.* Tesis de Maestría. Bergen: Universitetet i Bergen.

— (inédito): *Atlas lingüístico-etnográfico de Guatemala. Nivel fonético*. In fieri.

VARGAS VARGAS, Luis A. (2000): *Fonética del español de Costa Rica: Análisis geolingüístico pluridimensional.* Tesis de Maestría. Bergen: Universitetet i Bergen.

VERDUGO DE LIMA, Lucía (2003): "Situación lingüística en Guatemala", en: *Boletín de Lingüística y Educación* XVII, 98; 2-5.

VERDUGO, Lucía/LIMA, Ricardo (2005): "Análisis histórico de las políticas educativas de Guatemala, con respecto a la pertinencia lingüística y cultural en la educación", en: *Boletín de Lingüística y Educación* 19, 106; 1-8.

ZAMORA MUNNÉ, Juan C. (1993): "Las zonas dialectales del español americano", en: Francisco Moreno Fernández (ed.): *La división dialectal del español de América*. Alcalá de Henares: Universidad de Alcalá de Henares.

ZAMORA MUNNÉ, J. C./GUITART, J. M. (1982): *Dialectología hispanoamericana. Teoría-descripción- historia.* Salamanca: Ediciones Almar/Publicaciones del Colegio de España.

FONÉTICA DEL ESPAÑOL SALVADOREÑO

RAÚL ERNESTO AZCÚNAGA LÓPEZ

1. Introducción

El Atlas Lingüístico Pluridimensional de El Salvador (ALPES)[1] se está desarrollando bajo la perspectiva teórico-metodológica de la geografía lingüística pluridimensional propuesta por Radtke/Thun (1996) y aplicada en América Central por Quesada Pacheco en el Atlas lingüístico-etnográfico de Costa Rica (Quesada 1992) y el proyecto de Atlas lingüístico de América Central (Quesada/Martínez 2008).

En el ALPES se consideran las dimensiones diatópica y diastrática, mediante los parámetros diasexual y el diageneracional. Se trabaja con una red de puntos de 20 localidades de El Salvador; con un total de 80 informantes; los niveles de investigación son el fonético (ALPES-fon) y el morfosintáctico (ALPES-Morfosin). El cuestionario utilizado es fundamentalmente el propuesto por Quesada Pacheco (1992a) para el establecer el Atlas lingüístico-etnográfico de Costa Rica, con el objeto obtener una base teórica de conjunto y de una metodología común a trabajos similares en la región centroamericana. El ALPES busca dar respuesta a dos carencias centrales en El Salvador y en la región centroamericana: (1) la falta de definición de zonas dialectales en El Salvador, y (2) la necesidad de trabajos en el ámbito de la geografía lingüística que den cuenta de la variación del español América Central, como área dialectal.

En este artículo presento observaciones generales a la fonética del español salvadoreño a partir del corpus fonético del ALPES (Cf-ALPES), los hallazgos más relevantes y la caracterización fonética general de zonas dialectales en El Salvador.

En los distintos países centroamericanos existen estudios que tratan de dar cuenta de los rasgos que caracterizan sus respectivas variaciones dialectales,[2]

---

[1] La redacción del artículo tiene como fundamento el trabajo *Atlas lingüístico pluridimensional de El Salvador: nivel fonético (Alpes-Fon)*, por presentarse en calidad de Tesis Doctoral en la Universidad Nacional (Heredia, Costa Rica).

[2] Los estudios del español de cada país han privilegiado el tratamiento del nivel léxico, en la búsqueda de la definición de amplios catálogos de palabras que puedan considerarse nacionales: hondureñismos, costarriqueñismos, salvadoreñismos, etc. Se cuenta con diccionarios

pero en la mayoría de ellos no se cuenta aún con una delimitación de zonas dialectales[3], definida mediante la metodología de la geografía lingüística (Montes Giraldo 1995, Quesada Pacheco 2000, Lipski 1987), que contribuya al establecimiento de isoglosas, a la cartografía general de la región y a una explicación de conjunto en el español de la zona. Como señala Quesada Pacheco:

> El problema con los intentos por describir y explicar el español de América Central en calidad de una zona dialectal radica en que carecen de una base teórica de conjunto y de una metodología que los una, y por lo tanto deberán tenerse como meras hipótesis hasta tanto no se realicen trabajos generales y con un marco teórico-metodológico definido (Quesada Pacheco 2000:162-164).

En el caso particular de la fonética del español salvadoreño, esta ha sido centro de interés para distintos estudiosos desde finales del siglo XIX y principios del siglo XX. Los primeros trabajos de los que se tiene registro son investigaciones sobre la formación y significación de *topónimos precolombinos* (nombres de lugares) y palabras de uso general en nuestro español, principalmente nombres de plantas y animales de lenguas indígenas (náhuat, lenca, y cacaopera, básicamente). El atractivo de estas palabras se debió seguramente, tanto a su procedencia como a que son incorporaciones de las lenguas indígenas al español. Resultaban *exóticos* para los primeros investigadores los sonidos distintos al sistema fonológico del español, sus combinaciones y las transformaciones fonéticas y morfológicas al españolizarse.

Los trabajos de topónimos inician una línea de investigación en El Salvador, que con el paso de los años será uno de los fundamentos de la visión sustratista, la cual ha sido la tradición[4] más difundida en los estudios del español salvadore-

---

que dan muestra de esto en todos los países. Guatemala: Armas (1971); El Salvador: Salazar García (1906, 1910), Geoffroy Rivas (1975, 1987), Casalbé (2002), Romero (2003); Honduras: Membreño (1982); Nicaragua: Castrillo (1937), Castellón (1939), Valle (1948) Rabella y Pallais (1994), Van der Gulden (1995); Costa Rica: Gagini (1892, 1919); Quesada Pacheco (1992, 1996) y Panamá: Aguilera Patiño (1951), Alfaro (1968), Revilla (1976), entre otros por país.

[3] Existen propuestas de zonas dialectales en Costa Rica (Quesada Pacheco 1992b, Vargas 2000, Castillo 2000), Nicaragua (Rosales 2008), Guatemala (Utgård 2006) y El Salvador (Azcúnaga 2004a).

[4] A lo largo del siglo XX se construyen en los estudios del español salvadoreño, la *tradición sustratista* y la *normativa-academicista*, sin que llegue alguna de las dos visiones a generar una comunidad de académicos importante; por lo que Lipski, ya entrados al siglo XXI, define que "... dentro del ámbito centroamericano, el habla de El Salvador sufre de una crítica escasez de trabajos descriptivos y teóricos, ya que en las últimas décadas la dialectología en El Salvador no ha podido avanzar al compás de los trabajos comparativos en otras naciones his-

ño (Azcúnaga 2004b). Entre estos trabajos, el primero con un interés propiamente fonético hasta ahora conocido es el de Bonilla, quien publica los artículos *Necesidad de SH en nuestra lengua hispano-salvadoreña* (1903, 1950, 1975) y *La SH y la W* (1903). Contemporáneo a estos trabajos es el estudio de S. Salazar *Diccionario de Provincialismos y Barbarismos centroamericanos* (1910), quien con un afán didáctico y correctivo presenta un catálogo muy ilustrativo del habla popular salvadoreña de principios del siglo XX. Tanto la tradición sustratista, sustentada inicialmente en los estudios de toponimia y posteriormente en aspectos específicos de la fonética y otros niveles de la lengua, como los estudios normativo-academicistas, comparten el sentido y observan la existencia de caracteres propios del habla salvadoreña. Sin embargo, el primer intento sistemático por describir el español salvadoreño lo realiza Canfield con *Andalucismos en la pronunciación salvadoreña* (1953) y (1960); el lingüista estadounidense con la metodología descriptivista[5] revela aspectos de la fonética –área en la que tiene mayor éxito– de la morfología y del léxico del español salvadoreño.

Los estudios de Canfield se han vuelto un lugar común en las referencias de la fonética del español salvadoreño al tratar el tema del español de América (Lipski 1994, 2000, Quesada 1996, Vaquero 1996), y pese a que no han sido la base para la fundación de estudios descriptivos más detallados, pueden considerarse como un punto de partida para continuar la investigación en este campo. A los pioneros trabajos de Canfield les siguen los estudios de González Rodas (1963), Geoffroy (1969, 1978) –en la línea sustratista–, en los últimos años Max-

panoamericanas". (Lipski 2000: 65), y llega a concluir que las tareas de los estudios dialectales en el país son las siguientes: 1) delimitar zonas dialectales; 2) definir un perfil sociolingüístico del español salvadoreño; 3) describir de forma pormenorizada las variedades bilingües (náhuat-español/lenca-español); 4) un análisis de la interdentalización de /s/ y 5) un estudio exhaustivo del léxico campestre salvadoreño (Lipski 2000). En otras palabras, construirse en cuanto tales.

[5] Canfield realizó sus observaciones siguiendo el *Cuestionario lingüístico hispanoamericano* de Tomás Navarro; señala en su trabajo: "Estas observaciones se han hecho durante los veranos de 1951 y 1952, (...) el que se suscribe hizo más de cien grabaciones magnetofónicas para hacer más factible el examen detenido y para apoyar y subrayar los datos hechos en 1951 del habla de varios 'informantes' representativos regionalmente de la población salvadoreña". (Canfield 1960: introducción). Trabajó con 14 informantes que él denominó *sujetos consultados detenidamente,* de los departamentos o provincias de Santa Ana 3 (1 de Metapán, 1 de Santa Ana, 1 de Chalchuapa); Sonsonate 1 (Sonsonate); San Salvador 4 (2 San Salvador, 1 de Panchimalco y 1 de San Martín); La Paz 2 (1 San Pedro Masahuat y 1 Zacatecoluca); Cabañas 1 (Ilobasco); San Miguel 2 (San Miguel); y 1 que identificó de Santa Ana y San Salvador. Además, se refiere a otros muchos anónimos y grupos de estudiantes y residentes de asilos como informantes.

well (1980) y Lipski (1985, 1986, 1987, 1996, 2000) con un enfoque generativista, Vides (1996) y Henríquez (2001) con observaciones generales.

Las indagaciones hasta la fecha desarrolladas, aunque son un aporte relevante para el conocimiento del español salvadoreño, no buscan explicar las diferencias entre las distintas regiones del territorio, ni dan cuenta de la distribución geográfica de los fenómenos señalados[6], lo que llevó a plantear un estudio de geografía lingüística, con las características de un Atlas lingüístico[7]. Siguiendo a Coseriu (1977: 18), el único método enteramente adecuado para la dialectología es la geografía lingüística, que encara directa e inmediatamente la variedad idiomática.

2. Metodología

En atención a la línea temática propuesta para esta publicación se tratan sólo las variantes diatópicas y los hallazgos fonéticos. Se emplea el modelo fonemático clásico dado para el español de América (Quilis 1993) y se usa el sistema de signos del Alfabeto Fonético Internacional.

El ALPES es un estudio global del territorio salvadoreño, que comprende 21.040,79 km^2 con una población aproximada 5,7 millones de habitantes[8]. En consideración a los factores expuestos por Montes Giraldo (1995: 92-93) como son la distribución geográfica, la presencia de todos los departamentos (provincias) del territorio, la preferencia por el estudio de localidades urbanas, no de reciente formación, y en atención a la naturaleza nacional del estudio y de las características de la región, se formalizó la red de puntos que muestra el cuadro 1.

---

6 Sobre zonas dialectales en el país, sin embargo, ya hay una primera propuesta que no llega a presentarse en mapas, ni a utilizar las herramientas de la geografía lingüística, pero que da un primer acercamiento a la unidad y variación del español salvadoreño (Romero 2003: 29-30).

7 Tal interés o visión, aunque no llegó a su realización, está presente en: 1) Canfield, quien se propuso y anunció por primera vez la realización de un atlas lingüístico de El Salvador en su célebre *Andalucismos en la pronunciación salvadoreña* (1952: 2); 2) en Vides (1979), quien espera que su estudio sobre el léxico de los obreros de la construcción forme parte algún día de un atlas lingüístico de El Salvador y 3) en el trabajo de campo que dio pie a Maxwell a publicar su *El español en El Salvador* (1980).

8 Según el Censo de Población 2007, en El Salvador viven cinco millones 732 mil 348 personas; dos millones 723 mil 15 son hombres y tres millones nueve mil 33 son mujeres.

CUADRO 1
Red de puntos del ALPES

N	Localidad	Departamento	Símbolo
1	Metapán	Santa Ana	SA-01
2	Santa Ana	Santa Ana	SA-02
3	Ahuachapán	Ahuachapán	A-01
4	Sonsonate	Sonsonate	S-01
5	Acajutla	Sonsonate	S-02
6	Nueva San Salvador	La Libertad	LL-01
7	Quetzaltepeque	La Libertad	LL-02
8	Chalatenango	Chalatenango	CH-01
9	La Palma	Chalatenango	CH-02
10	San Salvador	San Salvador	SS-01
11	Panchimalco	San Salvador	SS-02
12	Cojutepeque	Cuscatlán	CU-01
13	Zacatecoluca	La Paz	LP-01
14	San Vicente	San Vicente	SV-01
15	Sensuntepeque	Cabañas	Sen-01
16	Usulután	Usulután	U-01
17	El Triunfo	Usulután	U-02
18	San Miguel	San Miguel	SM-01
19	San Francisco Gotera	Morazán	M-01
20	La Unión	La Unión	LU-01

De acuerdo con el enfoque pluridimensional del ALPES, los informantes no siguen la caracterización clásica NORM'S (*nonmobile, older, rural males*, según Chambers/Trudgill 1994: 56-59). Se mantiene únicamente las características de "nonmobilie" y se incorporan al estudio las variables diastráticas de sexo y generación. Se siguió el criterio de la pluralidad de informantes por cruce de variables, de la siguiente manera: una informante mujer-mayor (MM), un informante hombre-mayor (HM), una informante mujer-joven (MJ) y un informante hombre-joven (HJ)[9]. Sin embargo, para el presente artículo se tomará en cuenta únicamente la variable diatópica.

3. Análisis de los datos

3.1. Vocalismo

3.1.1. */a/ en posición final átona*

La vocal /a/ átona, en sílaba final absoluta, se realiza como [a], [ạ] ensordecida, [ə] y [ø]. La realización plena [a] presenta el porcentaje de 93,8 frente al 6,2 de las demás realizaciones: 3,8 para [ə] y el 1.2% tanto para [ạ] como para [ø].

La distribución diatópica de los alófonos presenta la realización plena [a] en todo el país desde el occidente al oriente; el alófono ensordecido [ạ] en el norte, en La Palma; [ə] en Santa Ana y Chalatenango y la elisión [ø] en Ahuachapán.

A estas realizaciones ensordecidas de la pronunciación salvadoreña ya se han referido Canfield (1953, 1960, 1962) y Quesada Pacheco (1996, 2000). Canfield (1953, 1960), Lope Blanch (1968) y Quesada Pacheco (1996, 2000) aluden a la elisión [ø], lo que Lope Blanch, al generalizar para las vocales en el castellano mexicano, llama *vocales caedizas*. En el *ALPES,* como en Maxwell (1980), se diferencia la pérdida de sonoridad -ensordecimiento- de la elisión.

La realización de /a/ como [ə] no se había registrado, sin embargo esta realización, con algún grado de avance frente al alófono ensordecido y a la elisión, está en la misma línea evolutiva de la reducción de /a/ átona, en sílaba final absoluta. Maxwell (1980) se refiere a un fenómeno parecido, señalando que en Usulután y cercanías las /a/ "suelen alzarse en la boca llegando a veces a la altura de /e/ y /o/, pero manteniendo su posición central", y que es una regla opcional entre los hablantes.

3.1.2. */e/ en posición final átona*

La vocal /e/ postónica en sílaba final se realiza como [e], [ẹ], [I] y [ø]. La realización plena [e] presenta el porcentaje de 82,5 frente al 2,5 de [ẹ], 10 de [I] y el 5,0 de [ø].

---

[9] Cuando las circunstancias lo requieran, se registrarán informantes secundarios, sobre todo en aquellos casos en que la información no sea en partes audible, o en que el informante no presente la fiabilidad requerida.

La distribución diatópica de los alófonos presenta la realización plena [e] en todo el país de forma regular; el alófono ensordecido [ẹ] se dio en Ilobasco y La Unión, en el oriente del país; la realización cerrada [I], en el occidente (Metapán y Ahuachapán), en el norte (Chalatenango), en el centro del país (Panchimalco y Cojutepeque) y en el oriente, en Puerto El Triunfo y San Francisco Gotera; la elisión [ø] se dio en Ahuachapán, Santa Ana, Quezaltepeque y Usulután.

Canfield (1960) identificó el ensordecimiento y la elisión de vocales átonas finales en el español salvadoreño y concluye: "(…) se nota la vocal ensordecida de *noche, casa, mucho* (...)" (Canfield 1960: 41).

Mawell (1980) identificó el cierre vocálico de /e/ como opcional en lo que llama *el salvadoreño laboral* (habla de campesinos y trabajadores no profesionales), en ejemplos como [čɛřčI][10] *cherche* 'pálido', y señala que en posición final llega a un 50% de los casos en unos hablantes. Lipski (2000) también registra este fenómeno y opta por tan la criticada tesis indigenista para explicarlo:

> En algunas áreas todavía se dan vestigios del interlenguaje hablado por los pueblos indígenas, donde se encuentran modificaciones fonéticas (...). El proceso más frecuente en la realización de /e/ como [i] y de /o/ como [u] (*tesoro* → *tisuru*, *Pedro* → *Pidru*, etc.), igual que en la zona andina y otros regiones en que el substrato indígena suele distinguir sólo tres fonemas vocálicos. (Lipski 2000: 78)

3.1.3. */o/ en posición final átona*

La vocal /o/ postónica en sílaba final absoluta, se realiza como [o], [ọ], [ʊ] y [ø]. La realización de [o] plena presenta el porcentaje de 61,3 frente al 13,8 de [ọ], 23,8 de [ʊ] y 1,3 de [ø].

La distribución diatópica de los alófonos presenta la realización plena [o] en todo el país; el alófono ensordecido [ọ] se dio en Metapán, San Salvador, Chalatenango, La Palma, San Vicente, Usulután y San Francisco Gotera; el alófono [ʊ] en Sonsonate, Santa Tecla, Quezaltepeque, San Salvador, Panchimalco, Chalatenango, Cojutepeque, Zacatecoluca, San Vicente, Ilobasco, Puerto El Triunfo,San Miguel, San Francisco Gotera, La Unión; [ø] en Metapán.

Canfield (1960), Maxwell (1980), Quesada Pacheco (1996, 2000) y Lipski (2000) se refieren a estos alófonos identificados en el corpus del *ALPES*.

---

[10] Respetando la trascripción fonética de la autora.

3.1.4. */a/, /e/ y /o/ átonas ante /s/*

La vocal /a/ postónica en sílaba final ante /s/ se identifica como [a], [ạ], [ə] y [ø]. La realización plena [a] presenta el porcentaje de 81,2 frente al 6.2 de [ạ], 8,8 de [ə] y el 3,8 de [ø].

Las realizaciones de /a/ como [ə] y [ø] en esta posición frente a los datos referidos de /a/ en posición final absoluta muestran el grado de avance de estas variantes frente al alófono ensordecido y el proceso de debilitamiento de /a/ átona.

Sin embargo, se destaca que estos datos reflejan tanto la regularidad de /a/ en el español salvadoreño como la mayor variabilidad de /a/ postónica en sílaba final ante /s/ que /a/ postónica en sílaba final absoluta; además, indican que los alófonos de /a/ en ambos contextos se mantienen ([a], [ạ], [ə] y [ø]), pero adquieren un mayor valor relativo las realizaciones no plenas de /a/ postónica en sílaba final, a saber 6,2 frente a 18,8.

La distribución diatópica se da [a] en todo el país; el alófono ensordecido [ạ] en la franja norte, en La Palma, Ilobasco, San Francisco Gotera y en San Miguel, este último ya en la zona oriental, no tan al norte; [ə] se distribuye en el área del centro del país y su periferia, en Quezaltepeque, San Salvador y Cojutepeque, en el norte en Chalatenango y en el oriente en Usulután y El Puerto El Triunfo, ya en el litoral pacífico; la elisión [ø] del occidente hacia el centro en Ahuachapán, en Metapán y Santa Tecla

La vocal /e/ átona en sílaba final frente a /s/, se realiza como [e], [ẹ], [I] y [ø]. La realización plena [e] presenta el porcentaje de 81,3 en oposición al 6.2 de [ẹ], 8,8 de [I] y el 3,8 de [ø].

La distribución diatópica de los alófonos de /e/ tiene [e] en todo el país; el alófono ensordecido [ẹ] se registra en Metapán, La Unión, San Francisco Gotera y Cojutepeque; [I] en Ahuachapán, Panchimalco, San Vicente, Santa Tecla, Puerto El Triunfo y Sonsonate; la elisión [ø] en el occidente, hacia el centro, en Santa Ana, Metapán y Zacatecoluca.

La vocal /o/ átonica en sílaba final frente a /s/, se realiza como [o], [ọ], [ʊ] y [ø]. La realización plena [o] presenta el porcentaje de 72,5 en oposición al 5,0 de [ọ], 20,0 de [ʊ] y el 2,5 de [ø].

La distribución diatópica de los alófonos presenta la realización plena [o] en todo el país; el alófono ensordecido [ọ] San Vicente, Zacatecoluca, Cojutepeque y San Francisco Gotera; [ʊ] Metapán, Sonsonate, Acajutla, Santa Tecla, Quezaltepeque, San Salvador, Panchimalco, Chalatenango, La Palma, San Vicente, Ilobasco, Usulután y San Francisco Gotera; [Ø] en Metapán y Ahuachapán.

Este fenómeno ha sido documentado por Canfield (1953, 1960), Maxwell (1980) y Henríquez (2001). Con respecto al ensordecimiento de vocal final tras sorda, acota Canfield: "No es tan marcada esta tendencia como en México ni en el Perú, pero se oye también como consecuencia de una *s* intervocálica aspirada o una *jota* aspirada" (Canfield 1960: 41).

3.1.5. *Conclusiones sobre el vocalismo*

El vocalismo del español salvadoreño en el *ALPES* presenta el sistema básico del español, como lo definen Tomás Navarro (1948) y Quilis (1993): /i, u, e, o a/.

La vocal baja /a/ y las medias /e, o/ átonas en los contextos particulares de posición final absoluta y posición final de sílaba ante -s se realizan principalmente con los alófonos que corresponden a [a], [e] y [o] respectivamente. La variación de estos segmentos, si bien se trata de hechos frecuentes en el habla salvadoreña, no alcanza niveles cuantitativos altos pero sí cualitativos de relevancia para la comprensión de los fenómenos del español en esta parte del mundo. Los principales fenómenos del vocalismo dialectal salvadoreño son el *relajamiento* y *pérdida* de vocales finales, que van según el corpus en un proceso de tres etapas: ensordecimiento, cierre vocálico y pérdida o elisión. En adición a estos tres fenómenos se dan los casos de nasalización de vocales en distintos condicionamientos (ver apartado 3.2.5 sobre consonantes nasales), asunto muy tratado en el español en general (Lope Blanch 1968). Diversos autores han mostrado ya estos alófonos en el vocalismo salvadoreño, con mayor o menor detalle: Salazar García (1906/1910), Canfield (1953, 1960, 1962), Maxwell (1980), Lipski (1994, 1987, 2000), Quesada Pacheco (1996, 2000), Vaquero (1996), Vides (1996) y Henríquez (2001).

El análisis de las vocales en posición final absoluta muestra que al ensordecimiento le siguen cambios de altura hasta llegar a la caída plena, proceso que va de manera sistemática.

De los tres segmentos en estudio, /o/ presenta más variación en los dos contextos, con mayores valores en el ensordecimiento y en el cierre; seguida por /e/ con mayor tendencia al cierre que al ensordecimiento y /a/, que alcanza mayor variación ante –s que en posición final. Los valores encontrados en la elisión colocan a /e/ como la más *caediza* –5% de todos los casos de estudio– seguida de /a/ y /o/, respectivamente.

En el análisis diatópico se observa que los casos de ensordecimiento persisten más en la franja norte del país hasta el oriente, en oposición al occidente y el centro, zonas en donde se registran más casos de elisión. No es tan marcada la frecuencia del cierre vocálico, pese a que se identifica más en el centro y su periferia, y su distribución es asistemática al comparar todos los casos de los dos contextos en los mapas. La oposición de ensordecimento/caída de vocales en dos regiones bien marcadas del país, que los mapas presentan, no dejan de ser aproximaciones que simplifican una realidad de polimorfismo evidente.

3.2. Consonantismo

3.2.1. *Fonemas oclusivos*

Al estudiar en el *ALPES* las oclusivas sonoras /b, d, g/ tras lateral, vibrante y diptongo decreciente, los datos que se encontraron reflejan un proceso marcado por polimorfismo de realizaciones oclusivas, fricativas y de alternancia [b ~ β] con tasas relativamente altas de emisiones oclusivas.

Los alófonos oclusivos de /b/ en los tres entornos estudiados presentan los índices más altos, seguidos de los de /d/ y /g/, respectivamente. Los fonemas /b/ y /g/ se muestran más oclusivos ante /ɾ/, /d/ y diptongo decreciente. Al comparar todas las emisiones en los entornos estudiados se establece que los alófonos oclusivos se dan en seis casos de cada diez posibles, como se muestra en el cuadro 2.

Canfield estudió las oclusivas sonoras y observó que /b/ se mantiene oclusiva no solo después de [m] o en posición inicial sino también después de *l*, *r* y *s*: *el biaje, hierba, lah bacas.* Sobre las /d/ y la /g/ señala que se mantienen oclusivas "bajo condiciones raras" para el español de los más países: *lah dos, hardiŋ, belga, largo, lah gaínas* (Canfield 1953: 33). El autor destaca la oclusividad de /d/ y /g/ después de *r*, *s*, *l* y *n*; para /d/, también después de *u* (de diptongo). Esto lo lleva a concluir que la oclusividad de esta serie es "uno de los rasgos más distintivos del español salvadoreño" (Canfield 1960). Lipski (1996) generaliza este rasgo señalando que /b/, /d/ y /g/ en el español salvadoreño suelen ser oclusivas tras consonantes no nasales, al punto que observa la realización de /b/ como oclusiva después de consonante en general (*ceiba*, *alba*, etc.) (Lipski 2000). Henríquez (2001) también identifica esta particularidad de /b/, /d/ y /g/ oclusivas tras /s/, /ɾ/ y /l/. En la misma vía, Quesada Pacheco (1996) señala que en el español de América Central /b, d,g/ se dan fricativas sólo en posición intervocálica, en los demás entornos pueden alternar, con mayor o menor grado según las zonas, realizaciones fricativas y oclusivas.

En los datos del *ALPES*, en la mayoría de los puntos de la red se identificó tanto emisiones oclusivas como fricativas en polimorfismo, y aún hubo casos en que en un mismo informante se reconoció la alternancia de estas emisiones, al contrario de la ubicación de las emisiones fricativas, solamente en el occidente del país, en la zona fronteriza con Guatemala, en comunidades como Metapán, estudiadas por Canfield (1960).

CUADRO 2
Realización de oclusivas sonoras en el español salvadoreño

Fonema	***Ejemplo***	**Número de informantes y porcentajes**		
		Realizaciones con alófono oclusivo	**Realizaciones con alófono fricativo**	**Polimorfismo**
/b/ tras /l/	*polvo*	52 (65%)	21 (26,2%)	7 (8,8%)
/b/ tras diptongo decreciente	*muy bueno*	45 (56,3%)	26 (32,4%)	9 (11,3%)
/b/ tras /ɾ/	*curva*	66 (82,4%)	9 (11,3%)	5 (6,2%)
/d/ tras /l/	*caldo*	45 (56,3%)	28 (35%)	7 (8,8%)
/d/ tras /ɾ/	*muerde*	41 (51,3%)	33 (41,1%)	6 (7,5%)
/d/ tras diptongo decreciente	*deuda*	52 (65%)	25 (31,2%)	3 (3,8%)
/g/ tras /ɾ/	*largo*	48 (60%)	25 (31,2%)	7 (8,8%)
/g/ tras diptongo decreciente	*muy grande*	36 (45%)	39 (48,8%)	5 (6,2%)
/g/ tras /l/	*salga*	44 (55%)	25 (31,2%)	11 (13,8%)

En el presente estudio se observa el predominio de la oclusividad en todo el país y los casos de fricatividad en el occidente y el centro.

3.2.2. *El fonema /d/ en la terminación /-ado/*

En este contexto la consonante /d/ se realiza como plena [d], fricativa [ð], en alternancia [d ~ ð] y en como variante lene [^{ð}]. La realización plena [d] presenta el porcentaje de 76,3 frente al 23,7 para las demás variantes. Lo anterior indica la fortaleza de la realización oclusiva, pues además del 23,7 de las demás realizaciones, más de la mitad corresponde a la alternancia [d~ð] y sólo el 8,7% corresponde a la realización fricativa, que se bifurca en [ð] muy clara y otra variante lene, que viene a completar un patrón fonético, el cual, si bien presenta la fortaleza de la oclusividad, muestra un avance hacia la reducción; es decir, completa la cadena de esta realización. En el español salvadoreño no se escucha en el habla regular [-ao] por [-ado]. Los datos descritos son los siguientes:

CUADRO 3
El fonema /d/ en la terminación /-ado/

Alófonos	**Veces**	**%**
[d]	61	76,3
[ð]	7	8,7
[d~ð]	11	13,7
[^{ð}]	1	1,3
TOTAL	80	100,0

Estos datos contradicen, en parte, lo indicado por Canfield, para quien "…d tiene grado avanzado de relajación entre vocales, a pesar de su índole tan marcadamente oclusiva en las circunstancias arriba citadas" (Canfield 1960: 44). Encontró este autor entre sus informantes: 76 casos de *[ađo],* 12 de *[ao]* o *[au].* Señala que "muy frecuente es la pérdida de la consonante de *de*: *[las sjete: la mañana].* Se ha registrado *[naye]* y *[e nočẹ]*" (1960:44*).* Sin embargo, los ejemplos considerados por Canfield, como se ve, no corresponden propiamente al entorno del sufijo *–ado.* Sí se observa en el español salvadoreño pérdida de /d/ en la fonotaxis de expresiones como [sieteˈnotʃe], [kaɾeˈloko] y en posición final absoluta: *pared* [paˈɾe], *lealtad* [lealˈta]. Este último caso ha sido presentado por González (1963) y por Maxwell (1980).

La distribución diatópica de los alófonos presenta la realización oclusiva [d] en todo el país de forma sistemática en las 20 comunidades de estudio; la fricativa [ð] en Ahuachapán, Santa Ana, Zacatecoluca y San Vicente de una forma dispersa, al igual que los casos de alternancia, ubicados en Santa Ana, Metapán, La Palma, Panchimalco, Zacatecoluca, Usulután y San Miguel. El caso de la variante lene [^{ð}] se registró en La Palma. Por lo que si bien las emisiones oclusivas y fricativas no son extrañas en todo el país, es en el occidente en donde se ubican más casos de fricativas.

3.2.3. *Las fricativas*

3.2.3.1. El fonema /f/

La realización de /f/ en el español salvadoreño se da como labiodental, bilabial, faríngea o glotal y en la alternancia de algunas de las tres o las tres en el mismo punto (Cuadro 4).

Estos datos muestran bastante uniformidad y predilección por la realización labiodental, estándar al español; sin embargo, las realizaciones no labiodentales alcanzan un promedio próximo al 20%, lo que implica una de cada cinco emisiones. En su orden, los informantes en el variacionismo optan por el alófono bilabial y por último por el glotal. Un grupo muy reducido prefirió alternar [f ~ ɸ]. A la luz de los datos, la labiodental /f/ en posición inicial es labiodental o bilabial y alcanza los niveles más altos de todo el corpus ante diptongo decreciente y ante /u/. El alófono glotal se da solamente en posición interna de palabra al contacto con la sibilante /s/ y ante diptongo creciente, mientras en posición inicial solamente ante la vocal /u/.

CUADRO 4
Realización de /f/ en el español salvadoreño

Entorno	***Palabra***	**Alófonos registrados por número de informantes y porcentajes**			
		Labiodental [f]	**Glotal [h]**	**Bilabial [ɸ]**	**Alternancia [f ~ ɸ]**
/f/ inicial ante /a/	*familia*	63 (78,8%)		15 (18,8%)	2 (2,4%)
/f/ intervocálica	*café*	62 (77,5%)		17 (21,3%)	1 (1,2%)
/f/ inicial ante /i/	*filo*	70 (87,5%)		10 (12,5%)	
/f/ después de /s/	*fósforo*	68 (85%)	2 (2,5%)	10 (12,5%)	
/f/ inicial ante /u/	*fútbol*	71 (88,8%)	5 (6,2%)	4 (5%)	
/f/ ante diptongo creciente	*fiesta*	72 (90%)		8 (10%)	
/f/ ante diptongo creciente	*afuera*	56 (70%)	13 (16,2%)	11 (13,8)	

Canfield identificó estos fenómenos en el español salvadoreño y señala que "La *f* es muchas veces bilabial y se confunde con la *j* ante u y o; siendo la *j* mera aspiración: *huerte*, *dihunto*" (Canfield 1953: 32). Además, destaca en sus informantes un carácter vacilante entre labiodental y bilabial en palabras como *fácil* y ante *ue* (*fue, afuéranos*) con más casos de bilabial. Ante *u* sus datos mostraron 56 casos de [f] y 38 de [ɸ]. (Canfield 1960: 41). Otros autores, también han destacado la realización de /f/ como velar o glotal frente a /w/ (Maxwell 1980; Henríquez 2001). Para Lipski (2000) la realización de /f/ como [h] ante la vocal /u/ y la semivocal [w], y aún en casos de grupos consonánticos (*jlores* [< *flores*]), puede relacionarse con una posible etapa de bilingüismo prolongada en zonas de fuerte presencia indígena. Sin embargo, los datos del *ALPES* confirman más bien lo planteado por Canfield sobre la alternancia [f ~ ɸ] pero con un avance notorio hacia el alófono labial; mientras, se da aparentemente una reducción de los casos de las realizaciones aspiradas, lo cual es explicable posiblemente porque Lipski (2000) identificó el fenómeno en la zona rural, en las cercanías de Panchimalco, y en la literatura costumbrista.

3.2.3.2. El fonema /s/

3.2.3.2.1. /s/ en posición prenuclear

El fonema /s/ en esta posición se mostró claramente como dorsodental, dentalizado y como alternancia de ambos. Como posición inicial absoluta, como es de esperarse, mostró más homogeneidad y la posición intervocálica mayor variación, conforme los datos siguientes:

CUADRO 5
Realización de /s/ inicial en el español salvadoreño

Entorno	***Palabra***	**Alófonos registrados por número de informantes y porcentajes**		
		[s] dorsoalveolar	**[ɵ] dentalizado (ceceo)**	**Alternancia [s ~ ɵ]**
/s/ inicial ante /a/	*sacar*	68 (83,3%)	6 (7,5%)	5 (6,2%)
/s/ inter-vocálica	*casa*	63 (78,8%)	8 (10%)	9 (11,2%)

Según Canfield (1953, 1960), en el español salvadoreño /s/ se articula como dorsodentoalveolar, tan cerca de los dientes que se hace muy a menudo corono-interdental "semejante, pero no tan fuerte como la *z* de España: ɵi, ɵeñor, caɵa" Canfield (1953: 32). Lipski identifica también este rasgo al señalar que en El Salvador es frecuente la realización interdental de /s/ en el habla rural. Y considera que

> Aunque se dan noticias esporádicas de una /s/ interdentalizada en otras regiones de Hispanoamérica, es en El Salvador donde existen las mayores posibilidades de una

> investigación pormenorizada, que aclare las múltiples facetas sociolingüísticas y geográficas de esta pronunciación (2000: 75).

Sin embrago, como el mismo autor reconoce, esta *ese ceceada* alcanza a toda la población y no se da sólo en el campo, como se demuestra en el *ALPES*.

En los datos de Canfield se muestra el alófono aspirado en posición inicial con valores muy reducidos (251 casos de [s], 55 de [ɵ] y 13 de [h]). En el *ALPES* no se registró de manera sistemática la aspiración. Sin embargo, otros autores como Lipski han destacado la aspiración de /s/ interior e inicial en el español salvadoreño: "en ninguna descripción tenemos noticias de un proceso tan avanzado en todos los niveles socioculturales como el que podemos observar en el español salvadoreño (y hondureño)" (Lipski 2000: 75). Agrega, como explicación de este fenómeno, que:

> La /s/ interior intervocálica también suele aspirarse el español salvadoreño, pero la mayoría de los casos se trata de un verdadero prefijo (p. ej. *presupuesto*) o una combinación fonética que presenta la forma de un prefijo (*presidente*), así que desde un punto de vista morfofonético podemos describir la aspiración de la /s/ intervocálica interior como una extensión –motivada por un proceso de analogía popular– de la reducción de la /s/ final de palabra/fin de morfema. (Lipski 2000: 75)

Sin embargo, la aspiración de /s/ se da también en palabras como: [ha'lu] *salud*, [en'tonhe] *entonces*, [dehan'tana] *de Santa Ana*, [lah'andɾita] *la Sandrita*, etc.

Geoffroy identificó la aspiración y la describe como: "...una j suave, que aún usamos al decir, por ejemplo, *nojotros*" (1978: 21). Quesada (1996) también la reconoce en posición prenuclear ['haŋta] en El Salvador y Honduras.

En el análisis dialectal se visualiza la zona del centro del país como más proclive al alófono dorso alveolar y la de mayor variación en las provincias periféricas, principalmente en el occidente, sin que alcance a ser productiva una diferenciación dialectal.

3.2.3.2.2. /s/ en posición postnuclear

Los datos recopilados ilustran la distribución de /s/ en posición postnuclear ante vocal, consonantes sordas y sonoras, ante nasales y ante líquidas, según se muestra en el cuadro 6.

Los alófonos de /s/ que se oponen en el español salvadoreño son el dorsoalveolar, dentalizado, aspirado y la elisión. La diferenciación de las primeras dos se vuelve compleja tanto por razones articulatorias como por lo asistemático en su realización. Lo más próximo a la realidad de esta pronunciación es una alternancia en la que se funden los alófonos dorsoalveolar y el dentalizado, incluso Canfield refiere la realización de /s/ entre los salvadoreños como dorsodentoalveolar (Canfield 1953), que estaría a medio camino en un *continnum* alveolar-dental. En un mismo informante, bajo las mismas condiciones fonéticas se puede escuchar [s] ~ [ɵ]. Los alcances del *ALPES* permiten identificar que los entornos de mayor productividad de [ɵ] son ante nasal bilabial y ante líquidas, sin que se pueda llegar por el momento a un planteamiento concluyente al respecto.

Lipski (1996) ubica el alófono dentalizado entre salvadoreños rurales, pero el fenómeno es más amplio y se manifiesta también en áreas urbanas, según se encontró en el *ALPES*. La fuerte nasalización que para Lipski acompaña a menudo este alófono no se registró, pero sí se reconoció el caso de la nasalización que sigue en algunas oportunidades a [s]. Articulatoriamente, una combinación [ɵn] parece contraria a la *simplicidad* fonética.

El alófono aspirado se opone a los primeros dos y tiene mayor productividad en la diferenciación dialectal, tanto vertical como horizontal. La aspiración es un rasgo marcado en la pronunciación salvadoreña y alcanza los niveles más altos ante nasales, lateral y oclusivas sordas. De la misma forma la elisión, sin que llegue a tener los valores de la aspiración, es un marcador dialectal relevante. Este variacionismo es coincidente con las observaciones de Canfield, quien lo explica en estos términos:

> la s salvadoreña tiende a ser de poca redondez en la corriente de aire y de poca distancia de difusión, resultando un sonido agudo y siseante. Siendo tan dental la articulación de esta s, pierde su carácter silbante una vez atenuada la tensión articulatoria tras vocal a fin de sílaba, y entonces tenemos la bien conocida s aspirada, la que corresponde a regiones de s de alta resonancia. Así es que acústicamente la sibilante salvadoreña se manifiesta de tres o cuatro formas: [s], [ɵ], [h], [ø], sin que la lengua varíe mucho su posición. (Canfield 1960: 41)

Maxwell (1980) reconoce la aspiración de *s* en posición final, lo mismo que Lipski, quien la registra en posición preconsonántica y prevocálica final de sintagma y de palabra, con mucha variación sociolingüística (Lipski 1996). Ambos autores también refieren el realineamiento silábico cuando /h/ final precede a una palabra que empieza con una vocal. Lipski, además, observa la aspiración de /s/, postconsonántica inicial de palabra en combinaciones como *El Salvador* y *un centavo,* así como en *entonhes* (Lipski 1996:276-277). En la misma vía, Quesada Pacheco (1996) postula [h] postnuclear en las partes costeras de Guatemala, en El Salvador, Honduras, Nicaragua, las partes noroeste y sur de Costa Rica y en Panamá. Lo mismo Henríquez (2001) de forma general señala como característico del español salvadoreño la aspiración de /s/ implosiva.

CUADRO 6
Realización de /s/ implosiva en el español salvadoreño

Entorno	*Palabra*	Alófonos registrados por número de informantes y porcentajes				
		[s] dorso-alveolar	[θ] dentalizada (ceceo)	[h] aspirada	alternancia [s ~ h]	[ø] elisión
/s/ ante vocal y final	*los ojos*	53 (66,3%)		21 (26,3%)	5 (6,2%)	1 (1,2%)
/s/ ante /t/ y final	*Estados Unidos*	35 (43,8%)	3 (3,7%)	39 (48,8%)	3 (3,7%)	
/s/ ante /p/	*caspa*	31 (38,8%)	3 (3,7%)	36 (45%)	10 (12,5%)	
/s/ ante /k/	*Francisco*	28 (35%)	1 (1,3%)	44 (55%)	7 (8,7%)	
/s/ ante /b/	*las venas*	13 (16,3%)	[z] 4 (5%)*	24 (30%)	2 (2,5%)	37 (46,2%)
/s/ ante /d/	*buenos días*	17 (21,2%)	[z]1 (1,2%)	43 (53,8%)	4 (5%)	15 (18,8%)
/s/ ante /g/	*los gatos*	11 (13,8%)	1 (1,2%)	24 (30%)	5 (6,2%)	39 (48,8%)
/s/ ante /m/	*asma*	11 (13,8%)	15 (18,7%)	51 (63,8%)	3 (3,8%)	
/s/ ante /n/	*buenas noches*	7 (8,8%)	1 (1,2%)	58 (72,5%)	5 (6,2%)	9 (11,3%)
/s/ ante /l/	*isla*	17 (21,2%)	12 (15%)	48 (60%)	3 (3,8%)	
/s/ ante /r/	*las rodillas*	4 (5%)	8 (10%)	14 (17,5%)	4 (5%)	50 (62,5%)

* Para efectos de presentación en la misma celda se presenta el alófono sonoro [z].

La elisión de /s/ en posición final absoluta fue identificada desde los trabajos de Salazar (1910: 19) (vicio = adió ó Dios; corrección = adiós) y de González (*adió, dificultá, pué*) (1963: 66-67). En el *ALPES* se registra este fenómeno tanto en posición absoluta y principalmente –por mucho– ante oclusivas sordas y ante vibrante.

Por último, agrega Lipski como *faceta* de la realización de /s/ implosiva en el país, /s/ como fricativa prepalatal, representada ortográficamente por *-sh*, realización que considera "de origen nahua-pipil, y que ocurre ocasionalmente en el habla campesina, y en tono semiserio, también en el habla urbana" (2000: 76). Sustenta tal origen en siete muestras de literatura costumbrista y en los indigenismos presentados por Bonilla (1975), en su propuesta de la necesidad de *sh* en el español salvadoreño para la escritura de términos de origen náhuat. Este sonido ha sido muy tratado en el fonetismo salvadoreño, pero no como una realización de /s/, sino como sustrato del pipil de El Salvador. Geoffroy sostiene la persistencia de este sonido en muchas expresiones de uso cotidiano en la población salvadoreña. Para el investigador, muchas palabras del español derivan por hibridación de términos náhuat españolizados, como en las que llevaban *ts, sh, tl* y terminaciones en *t*, en *tl*, o en *c*; en las que *sh* pasó a *j* y se produjeron, por ejemplo, palabras como *acajutla* en vez de *acashutla*, *ejote* por *eshut*, *jilote* por *shilut* (Geoffroy 1966).

Ya mucho antes, Bonilla (1903) había expuesto la necesidad de *sh* y *w* en el español salvadoreño en palabras provenientes del náhuat. González (1963) reconoce el sustrato indígena de carácter fonético *en sh.* Vides (1996) lo identificó como herencia del sistema fonético-fonológico del náhuat, en expresiones que han sobrevivido el idioma ancestral como [šúko], [šašáma], [kwéšte]. Considera Vides la persistencia de /š/ como característica *que no se puede dejar de mencionar* en el español dialectal salvadoreño, pero que *no ha tenido ni la fuerza, el coraje o la suerte de construir vocablos nuevos.* A lo que agrega que el sonido se encuentra en extinción, reemplazado por el africado palatal /č/ ([čúko], [čačáma]) resistiendo sólo en sílaba cerrada [kwéšte] (cfr.Vides 1996). El *ALPES* no registra este sonido, pero se confirma su estado moribundo en palabras de origen pipil.

En materia dialectal, el estudio de /s/ en el *ALPES* ubica la distribución de la aspiración en todo el país, pero con las realizaciones sibilantes con mayor frecuencia en los puntos del occidente y del centro. Por lo tanto, se da una clara delimitación de mayor aspiración y pérdida de /s/ implosiva en las comunidades del oriente y del norte del país, mayor retención de la sibilante y menor aspiración en el occidente y en el centro. Lo anterior confirma la observación de Lipski del territorio salvadoreño como zona de transición dialectal:

> En muchas dimensiones, el español salvadoreño representa una zona de transición entre el dialecto fonológicamente conservador de Guatemala (sobre todo en cuanto a la tenaz retención de la /s/ final de sílaba) y los dialectos más evolucionados de Honduras y Nicaragua (2000: 81).

3.2.3.3. El fonema palatal sonoro /ʝ/

En la pronunciación salvadoreña, el fonema palatal se manifiesta como [ʝ] fricativo palatal sonoro, [j] semivocal, como vocal [i] y en alternancia [ʝ ~ j]. Los datos que se obtuvieron fueron los siguientes:

CUADRO 7
Realización de /ʝ/ en el español salvadoreño

Entorno	***Palabra***	**Alófonos registrados por número de informantes y porcentajes**			
		[ʝ] fricativo palatal sonoro	**[j] semivocal**	**[i] vocal**	**Alternancia [ʝ ~ j]**
/j/ inicial	*yegua*	53 (66,3%)	20 (25%)	2 (2,4%)	5 (6,3%)
/j/ interna	*amarillo*	26 (32,5%)	30 (37,5%)	21 (26,2%)	3 (3,8%)

La /ʝ/ inicial absoluta se identifica en el *ALPES* principalmente con un alófono fricativo palatal sonoro, pese al debilitamiento que presenta entre vocales, entorno en el que sólo una de cada cuatro emisiones resultó fricativa palatal. La realización de este fonema muestra claramente un proceso de debilitamiento avanzado del fricativo palatal hasta el alófono vocálico, que da como resultado un contrasentido de la regla general del español en posición inicial.

Canfield describe el fonema /ʝ/ en sus datos como africado y con tensión rehilante:

> La fricación de esta consonante es muy suave, semejante a la de Nuevo México. No se hace rehilante entre vocales, y al contrario se suprime. Inicial de frase y tras s, r, n, l, y es africada fuerte (Canfield 1960: 50).

Por lo que el proceso de debilitamiento puede haberse iniciado pasando de africada a fricativa.

Lipski (2000) apunta que /ʝ/ intervocálica se elide en contacto con las vocales /e/ e /i/ (*Robertío*) y destaca además la presencia de [ʝ] ultracorrecta o antihiática en los hiatos que llevan como primera vocal /e/ o /i/ (*seya*); pero circunscribe el caso al habla rural inculta (1996). En el *ALPES* se registró este fenómeno en el área urbana, en expresiones como [ˈbwenosˈdijas] *buenos días* y [roˈdijas] *rodillas*, por lo que el caso es más general de lo que se cree. El debilitamiento de /ʝ/ intervocálica ha sido tratado, además, por Henríquez (2001).

A nivel dialectal, en el presente estudio se ubican los niveles de variación en el centro y en el occidente y mayor regularidad de /ʝ/ en el oriente. De veinte casos en La Unión, San Miguel, San Francisco Gotera, Usulután y El Triunfo, tres corresponden a la semivocal y el resto a la palatal, y de los cuatro puntos en el centro al oriente de San Salvador dos son de semivocal y catorce de palatal.

De San Salvador al occidente y al norte la variación es alta en función de la semivocal en San Salvador, Panchimalco, Santa Tecla, Quezaltepeque, Chalatenango y La Palma; mientras en cuatro de los cinco puntos del occidente se registran los casos del alófono vocálico y las alternancias de [i̯ ~ j], además de los predominantes palatal y semivocal.

3.2.3.4. El fonema velar /x/

En el *ALPES* se estudió del fonema velar /x/. Los alófonos que se observan son: [x] velar, [h] faríngeo y [ʰ] faríngeo lenis, con los resultados que se ofrecen a continuación:

CUADRO 8
Realización de /x/ en el español salvadoreño

Entorno	***Palabra***	**Alófonos registrados por número de informantes y porcentajes**		
		[x] velar	**[h] faríngeo**	**[ʰ] faríngeo lenis**
/x/ ante /a/	*paja*	5 (6,2%)	73 (91,3%)	2 (2,5%)
/x/ ante /o/	*abajo*	1 (1,2%)	44 (55%)	35 (43,8%)
/x/ ante /e/	*jeta*	8 (10%)	70 (87,5%)	2 (2,5%)
/x/ ante /u/	*junio*	4 (5%)	73 (91,2%)	3 (3,8%)
/x/ ante /i/	*cajita*	3 (3,8%)	70 (87,5%)	7 (8,8%)

La realización faríngea es la que predomina de manera muy notoria, con promedio general que sobre pasa el 80% de todas las emisiones. Cuantitativamente le siguen la realización faríngea lenis, que bien se puede tomar con un indicador de cambio de reducción en marcha avanzado, principalmente ante vocales menos media y cerradas. Canfield (1953, 1963) no identificó variación de vocal en vocal, pero destaca lo siguiente:

> En El Salvador este sonido ya no es [x] sino [h], y parece tener el mismo valor que la h antigua, la que se aspira todavía en las regiones rurales y que se confunde no sólo con la jota sino también con la f ante ue y con la s aspirada. En las palabras *bajan, paja, jueves, jabón*, todos los sujetos pronunciaron [h], menos tres que parecían pronunciar [x] en la palabra *bajan* (Canfield 1960: 49).

González (1963: 66-67) coincide con la aspiración en posiciones inicial y media en el habla rural, que lleva a casos de neutralización entre /x/, /f/ y la antigua /h/: *jedentina, jue, dijunto*. Henríquez (2001) también refiere la articulación de /x/ faríngea en el país.

En la distribución dialectal se observa en los mapas que si bien en todo el país la realización faríngea o glotal predomina, del occidente al centro hay más homogeneidad, mientras que al norte y al oriente los niveles de variación son mayores. Las frecuencias más altas de lenición, pero también de coservadurismo de velar, se ubican en estas zonas norteñas y orientales.

3.2.4. *El fonema africado* /tʃ/

Los datos de la realización de este fonema en el *ALPES* muestran dos alófonos: uno africado, que se vuelve norma en la pronunciación regular, y otro fricativo, apenas con fuerza entre los hablantes, y la alternancia de ambos. El polimorfismo es notorio y relevante.

CUADRO 9
Realización de /tʃ/ en el español salvadoreño

Entorno	***Palabra***	**Alófonos registrados por número de informantes y porcentajes**		
		[tʃ] africada	**[ʃ] fricativa**	**Alternancia [tʃ~ʃ]**
Intervocálica	*ocho*	54 (67,5%)	4 (5%)	22 (27,5%)

Este polimorfismo identificado en el *ALPES* es un fenómeno reciente, ya que Canfield (1960) no encuentra en sus datos mayores niveles de variación de [tʃ] con respecto al español de América.

Muchos autores han ubicado en la realización del fricativo palatal la principal herencia del pipil salvadoreño y la marca principal del español de El Salvador, no sin razón, en muchas palabras de esta procedencia. Sin embargo, como lo expresa Vides (1996), se ha dado una reducción importante de aquel fonema hacia el africado español y su vitalidad es ya muy relativa en nahuatismos, que día a día van cayendo en desuso y que solo se mantiene en lugares en donde de manera natural el español no presenta este sonido, es decir, en posición implosiva, en palabras como [alg'waʃte] *alguashte* e [iʃ'tulte] *ishtulte,* que alterna con [isˈtulte]. Para la comprensión de la realización de [tʃ] es pertinente deslindar los nahuatismos, por lo que las palabras para el sondeo fueron *ocho* y *chancho*.

Quesada Pacheco (1996) destaca que [tʃ] se realiza como africada palatal en toda Centroamérica, menos en Panamá, en donde alterna con [ʃ] y en jóvenes del noroeste de Costa Rica, por lo que lo define como un cambio en marcha en la región.

En el plano diatópico, el alófono [tʃ] se da en diecinueve de los veinte puntos de la red, con mayores concentraciones en siete puntos del occidente y del centro del país, como lo son Ahuachapán, Sonsonate, Santa Tecla, Quezaltepeque, La Palma, San Salvador y Cojutepeque; el alófono [ʃ] y la alternacia se da en mayor proporción del centro hacia el oriente, con un claro predominio de esta realización en la franja norte del país limítrofe con Honduras hasta llegar al oriental puerto de La Unión.

3.2.5. *Nasales: el fonema nasal /n/*

En el ALPES se estudió el fonema /n/ en posición final de palabra ante pausa o vocal. Los datos revelan que se realiza como velar [ŋ], velar lenis [ᵑ] y como elisión dejando el rasgo nasal en la vocal que le antecede. La realización velar se dio en un 63,7%, la velar lenis en un 12,5% y la elisión en un 23,8%. Sólo ante vocal su articulación es alveolar o dental.

Canfield observó la tendencia a la velarización de este segmento en el español salvadoreño en posición final si no le sigue elemento alveolar, dental o labial (1953: 32). Además, llega a la conclusión de que

> Tan fuerte es la tendencia a la articulación velar de este elemento que a veces velariza la *n* ante vocal de la misma palabra que en la etimología popular puede parecer final: anhelo [aŋelo]. En *jardín, pan*, etc., se oyó siempre [ŋ]: [hardíŋ], [paŋ] (Canfield 1960: 51).

Maxwell (1980), Lipski (1996, 2000) y Henríquez (2001) también destacan la velarización de /n/ final de palabra y sintagma. Quesada Pacheco (1996) agrega que /n/ se da como velar [ŋ] en posición final en todos los países de Centroamérica.

En el parámetro diatópico se da una distribución sistemática de la realización velar en casi todo El Salvador, en 18 de los 20 puntos de la red; la variación se da más bien en el alófono velar lenis y en la elisión. En las comunidades del occidente al centro se registran casos de lenición en cuatro de las cinco localidades del occidente y en dos del centro.

La elisión se registra de la misma forma en mayor proporción en estas comunidades, si bien el fenómeno no es extraño en Usulután, San Miguel y San Francisco Gotera, todas del oriente.

3.2.6. *Las vibrantes*

Uno de los rasgos más destacados del español salvadoreño es la pronunciación tan marcada de las vibrantes, al punto que la presencia de otras variantes es mínima.

En las líneas siguientes se analizarán las realizaciones más notorias de dichos fonemas.

3.2.6.1. La vibrante simple

Los alófonos identificados en los contextos estudiados son [ɾ], [r], [ɹ], [ᶦ] y la alternancia de vibrantes simples y múltiples. Los datos del *ALPES* son los siguientes:

CUADRO 10
Realización de /ɾ/ en el español salvadoreño

Entorno	***Palabra***	**Alófonos registrados por número de informantes y porcentajes**				
		Vibrante simple [ɾ]	**Vibrante múltiple [r]**	**Fricativa [ɹ]**	**Alternancia [r- ɾ]**	**Lene [ᶦ]**
ante /n/	*viernes*	62 (77,5%)	14 (17,5%)	4 (5%)		
ante /m/	*enfermera*	75 (93,8%)	5 (6,2%)			
ante /l/	*Carlos*	60 (75%)	13 (16,3%)	2 (2,2%)		5 (6,3%)
ante /s/	*almuerzo*	64 (80%)	11 (13,8%)	5 (6,2%)		
final	*dormir*	65 (83,1%)	2 (2,5%)	6 (7,5%)	7 (8,8%)	

Se observa de manera inequívoca la fortaleza de los alófonos vibrantes con relación a los fricativos, que no se dan en todos los contextos y que rondan en promedio el 4% de las emisiones. Las emisiones de /ɾ/ como vibrante múltiple llegan a un promedio del 11,2%, desarrollando ante /n/, /l/ y /s/ los valores más altos, datos que corroboran en lo sustantivo lo planteado por Canfield en cuanto a que en El Salvador /ɾ/ siempre es [ɾ], que la vibrante simple rara vez se fricativiza y más bien se *exagera* a veces o refuerza en posición final de sílaba y ante pausa (Canfield 1960).

Maxwell, también, constata este rasgo del español salvadoreño, por lo que formula dos reglas que dan cuenta de la realización de vibrante simple como vibrante múltiple (opcional) y la simplificación de la vibrante múltiple (opcional), que pueden explicarse perfectamente como consecuencia de una neutralización, principalmente en posición final.

La identidad tan marcada de la vibrante simple hace que los casos de sustitución de [ɾ] por lateral y los casos de elisión se den sólo en situaciones muy particulares y atípicas a la pronunciación general, tales como: *verdad* → *verdá* → *vedá, delantal, brasiel*. Henríquez llega a caracterizar la fonética salvadoreña sin confusión entre /l/ y /ɾ/ (Henríquez 2001).

Maxwell (1980) señala como regionalismos que en los alrededores de Santa Ana las líquidas /ɾ/ y /l/ tienden a desaparecer entre las consonantes dentales oclusivas /d/ y /t/ con alargamiento compensativo de la vocal que precede; y que en regiones cercanas a la frontera con Guatemala la vibrante simple se articula como fricativa retrofleja. No obstante, ninguno de dichos casos se registró en el *ALPES*, si bien se identificó un alófono vibrante sordo en estas comunidades, además del fricativo. Canfield registró la asibilación en informantes de Matapán (1960).

Henríquez (2001), por su cuenta, se refiere a la asibilación de vibrantes en posición final de palabras principalmente entre mujeres.

Los mapas del *ALPES* presentan la distribución dominante de la vibrante simple en todo el país, con énfasis en la parte central y oriental. La zona occidental muestra mayores niveles de variación, sin que llegue a modificarse drásticamente el predominio del alófono estándar del español.

La variación del occidente se da en que los casos identificados de realización fricativa, básicamente se ubican en puntos occidentales por la frontera con Guatemala y las vibrantes múltiples tienen mayor presencia, sin llegar a dominar, en el occidente y en la franja norte del país, en la frontera con Honduras.

En el estudio del fonema vibrante simple en grupos consonánticos como /tɾ/, /stɾ/, /ndɾ/ y /ntɾ/ se presentan datos que confirman la integridad fonética de /ɾ/ en el español salvadoreño. Sólo en el caso de *maestra* se dio casos de asibilada, en todos los demás no se registró variación alguna, como se ve en el cuadro 11.

3.2.6.2. La vibrante múltiple

En el caso de la vibrante múltiple, los datos son tan contundentes en mostrar que no manifiestan variación alguna en todos los puntos de la red. El fonema /r/ siempre se realizó como [r] tanto en posición inicial de palabra como interna.

CUADRO 11
Realización de /ɾ/ en grupos consonánticos en el español salvadoreño

Entorno	Palabra	Alófonos registrados por número de informantes y porcentajes	
		Pronunciación plena	Pronunciación asibilada
grupo /tɾ/	*tres*	80 (100%)	
grupo /stɾ/	*maestra*	75 (93,8%)	5 (6,2%)
grupo /ndɾ/	*saldrá*	80 (100%)	
grupo /ntɾ/	*pondrá*	80 (100%)	

CUADRO 12
Realización de /r/ en el español salvadoreño

Entorno	Palabra	Alófonos registrados por número de informantes y porcentajes
		[r] vibrante múltiple
Inicial	*rojo*	80 (100%)
Interna	*carreta*	80 (100%)

De acuerdo con los datos de Canfield, "Rara vez se pronuncia de otro modo que el 'normal'" (1960: 49). De 110 casos, dicho investigador encontró 96 de vibrante múltiple, 12 de vibrantes múltiples sordas y dos de asibiladas.

Quesada Pacheco observa que la vibrante múltiple en Guatemala y en la parte central de Costa Rica se asibila hasta llegar a un sonido fricativo, alveolar y retroflejo sonoro. En Costa Rica se da como africada después de pausa. En los demás países de Centro América se mantiene vibrante y en Nicaragua es fuertemente vibrante (Quesada 1996).

4. Zonas dialectales de El Salvador

El estudio de los mapas en el *ALPES* permiten concluir que el español salvadoreño presenta los siguientes rasgos dialectales en el nivel fonético:

1. Elisión de vocales finales en el occidente y centro de El Salvador.
2. Ensordecimiento de vocales en las zonas norte y oriental.
3. Retención de oclusivas sonoras /b d g/ tras vibrante simple, lateral y diptongo decreciente en todo el territorio salvadoreño, con casos de fricativización importantes en el occidente.
4. Resistencia de /d/ en la terminación /-ado/ en todo el país, con más casos de fricativas en el occidente.
5. Realización de /f/ como labiodental y bilabial en todo el país, con una reducción de los casos de las realizaciones aspiradas.
6. Presencia de ceceo en todo el territorio salvadoreño, con mayores concentraciones en el norte y el oriente de país.
7. Frecuente realización de /s/ como aspirada en todo el país en una oposición entre el centro y el occidente como menos aspirantes, y el oriente como más aspirante.
8. Realización faríngea o glotal predominante, con mayor homogeneidad de la zona occidental hacia el centro y con mayor variación al norte y al oriente, en donde se da mayores frecuencias de polimorfismo, conservadurismo de velar, realización faríngea o glotal y lenición.
9. Realización africada de /tʃ/ en todo el territorio nacional, del alófono fricativo [ʃ] y su alternancia, del centro hacia el oriente, con un claro predominio de la realización fricativa en la franja norte del país limítrofe con Honduras hasta llegar al oriental puerto de La Unión.
10. Velarización de /n/ en todo el territorio, con casos avanzados de lenición y elisión en las comunidades del occidente al centro del país.
11. Realización de vibrante simple en todo el país, con énfasis en la parte central y oriental. La zona occidental muestra mayores niveles de variación, sin que llegue a modificar drásticamente el predominio de la vibrante con casos de realización fricativa.
12. Predominio de la vibrante múltiple de forma homogénea en todo el territorio.

En principio, estas características, si bien corresponden a todo el territorio salvadoreño, se manifiestan de forma particular en las distintas zonas del país. Canfield, quien originalmente se propuso realizar un atlas lingüístico de El Salvador, llegó a la conclusión de que "...países (como), El Salvador, por ejemplo, son homogéneos en materia de pronunciación, y exhiben un patrón fonético bastante invariable de región a región" (Canfield 1962: 91). Sin embargo, medio siglo después ese patrón invariable presenta visiblemente divergencias que muestran niveles significativos de variabilidad. Esto lo observan de forma general Maxwell (1980) para quien son notables los regionalismos en Santa Ana y

ATLAS LINGÜÍSTICO-PLURIDIMENSIONAL DE EL SALVADOR. ZONAS DIALECTALES

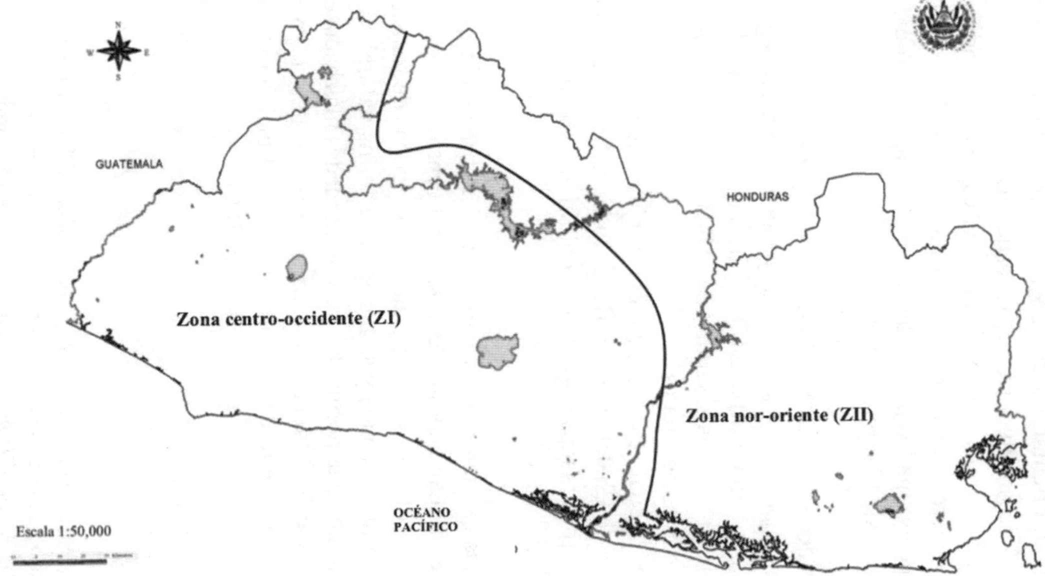

Parámetros lingüísticos	Z1	Z2	Parámetros lingüísticos	Z1	Z2
Elisión de vocales finales	+	-	Frecuente realización de /s/ como aspirada	-	+
Ensordecimiento de vocales	-	+	Realización faríngea o glotal de /x/	+	-
Retención oclusivas sonoras /b d g/	-	+	Realización africada de /tʃ/ en todo el territorio	+	-
Resistencia de /d/ en la terminación /-ado/	-	+	Realización velar de /n/ en el territorio.	+	-
/f/ como labiodental, bilabial y con menos aspiradas	+	-	Realización de vibrante simple en todo el país	-	+
Presencia de ceceo en el territorio	-	+	Predominio de la vibrante múltiple de forma homogénea	-	+

Usulután, y Lipski (1996, 2000), quien postula que la diferenciación es más a razón de la oposición campo-ciudad en el español salvadoreño.

Romero (2003), en la introducción al *Diccionario de Salvadoreñismos*, propone, a partir de observaciones generales de los regionalismos léxicos, cinco zonas (central, occidental, oriental, norte y costera), las cuales relaciona con la actividad económica y el desarrollo histórico de cada una.

Los datos del *ALPES* permiten identificar en el español salvadoreño dos zonas dialectales: la primera, que abarca las comunidades del occidente y del centro, y la segunda, que agrupa los puntos de la franja norte, limítrofe con Honduras y el oriente del país, de la siguiente forma:

1. Zona centro-occidente: abarca San Salvador como zona principal, la cual establece la norma nacional, y se extiende hasta el occidente, aglutinando a la capital con su periferia urbana (Quezaltepeque, Santa Tecla, Panchimalco y áreas circunvecinas), Santa Ana, Ahuachapán, Sonsonate y sus comunidades próximas no rurales.
2. Zona nor-oriente: la cual se extiende en la franja norte del país, limítrofe con Honduras, desde Chalatenango e Ilobasco hasta San Francisco Gotera, y los núcleos urbanos más importantes del oriente como lo son Usulután, San Miguel y La Unión.

Entre estas dos zonas existen puntos importantes de transición que le dan continuidad a la marcación dialectal que se mueve del centro al oriente. Puntos como San Vicente, Zacatecoluca y Cojutepeque, por ser zonas de transición, no desarrollan una identidad diferenciada y se agrupan de forma natural en la zona centro-occidente, la cual marca la norma. En las comunidades más hacia el extremo del occidente (Ahuachapán y Metapán) se dan marcas locales como la fricativización de la vibrante simple que no alcanzan vigor suficiente para diferenciarse de San Ana y San Salvador (ver mapa de la p. 109).

Bibliografía

Aguilera Patiño, Luisa (1951): *Diccionario de panameñismos*. Buenos Aires: Boletín de la Academia Argentina de la Lengua.

Alfaro, Ricardo J. (1968): *Panameñismos*. Panamá: Impresora Panamá.

Armas, Daniel (1971): *Diccionario de la expresión popular guatemalteca*. Ciudad de Guatemala: Tipografía Nacional.

Azcúnaga López, Raúl Ernesto(2004a): "Atlas Lingüístico Pluridimensional de El Salvador: Fonética" en <http://atlaslinguistico.blogspot.com/2004/06/atlas-linguistico-pluridmensional-de.html>.

— (2004b): Estudios canónicos del español salvadoreño. <http://www.emagister.com/uploads_courses/Comunidad_Emagister_59022_59022.pdf>.

BONILLA, C. (1975): "Necesidad de Sh en nuestra lengua hispano-salvadoreña", en: *La Universidad*. San Salvador: Imprenta Universitaria, 12-13.

CANFIELD, Delos L. (1953): "Andalucismos en la pronunciación salvadoreña", en: *Hispania* 36, 32-33.

— (1960): "Observaciones sobre el español salvadoreño", en: *Filología* 6, 29-76.

— (1962): *La pronunciación del español en América*. Bogotá: Instituto Caro y Cuervo.

CASALBÉ, Jim (2002): *Puro Guanaco. Diccionario de Salvadoreñismos*. San Salvador: Clásicos Roxsil.

CASTELLÓN, Hildebrando A. (1939): *Diccionario de nicaraguanismos*. Managua: Talleres Nacionales.

CASTILLO VENEGAS, María (2000): *Aspectos morfosintácticos del español de Costa Rica: análisis pluridimensional*. Tesis de Maestría. Bergen: Universitetet i Bergen.

CASTRILLO GÁMEZ, Manuel (1937): *Vocabulario de voces nicaragüenses y artículos históricos*. Managua: Asel.

CENTRO DE INVESTIGACIÓN LINGÜÍSTICA (2001): *Estudios sobre el español salvadoreño. Antología Lingüística* 9. San Salvador: Ediciones Maquilishuat.

COSERIU, Eugenio (1977): *El hombre y su lenguaje. Estudios de teoría y metodología lingüística*. Madrid: Gredos.

CHAMBERS, J. K./TRUDGILL, P. (1994): *La dialectología*. Madrid: Visor Libros.

GAGINI, Carlos (1892): *Diccionario de barbarismos y provincialismos de Costa Rica*. San José: Tipografía Nacional.

— (1919): *Diccionario de costarriqueñismos*. San José: Imprenta Nacional.

GEOFFROY RIVAS, Pedro (1969): *El español que hablamos en El Salvador*. San Salvador: Instituto Salvadoreño del Seguro Social.

— (1973): *Toponimia nahuat de Cuscatlán*. San Salvador: Ministerio de Educación.

— (1975): *El español que hablamos en El Salvador*. San Salvador: Dirección de Publicaciones e Impresos del Ministerio de Educación.

— ([2]1978): *La lengua salvadoreña*. San Salvador: Dirección de Publicaciones e Impresos del Ministerio de Educación.

— (1987): *La lengua salvadoreña*. San Salvador: Ministerio de Cultura y Comunicaciones.

GONZÁLEZ RODAS, P. (1963): *Jaraguá, una novela salvadoreña. Estudio fonológico*. San Salvador: Editorial Universitaria.

HENRÍQUEZ, J. R. (2001): "Observaciones generales del español en El Salvador", en: CIL: *Antología Lingüística* 9. San Salvador: Ediciones Maquilishuat, 29-48.

HERRANZ, Atanasio (1990): *El español hablado en Honduras*. Tegucigalpa: Guaymuras.

— (2001): "Formación histórica y zonas dialectales del español en Honduras", en: *II Congreso Internacional de la lengua española*. Valladolid. <http://cvc.cervantes.es/obref/congresos/valladolid/ponencias/unidad_diversidad_del_espanol/2 _el_espa nol_de_america/herranz_a.htm>.

LIPSKI, John M. (1985): "/s/ in Central American Spanish", en: *Hispania* 68, 143-149.

— (1986): "Central American Spanish in the United States: El Salvador", en: *Aztlán* 17, 91-124.

— (1987): *Fonética y fonología del español de Honduras*. Tegucigalpa: Guaymuras.

— (1994): *Latin American Spanish*. New York: Longman Linguistics Library.

— (1996): *El español de América*. Madrid: Cátedra.

— (2000): "El español que se habla en El Salvador y su importancia para la dialectología hispanoamérica", en: *Científica* 2, 1, 65-88.

LOPE BLANCH, J. M. (1989): *Estudios de lingüística hispanoamericana*. México, D.F.: Universidad Autónoma de México.

— (1968): *El español de América*. Madrid: Ediciones Alcalá.

MAXWELL, J. (1980): "El español en El Salvador", en: *Estudios Centroamericanos* (ECA) 386, 1152-1166.

MEMBREÑO, Alberto (1895/1982): *Hondureñismos*. Tegucigalpa: Guaymuras.

MONTES GIRALDO, José J. (1970): *Dialectología y geografía lingüística. Notas de orientación*. Bogotá: Instituto Caro y Cuervo.

— (1995): *Dialectología general e hispanoamericana. Orientación teórica*. Bogotá: Instituto Caro y Cuervo.

— (2000): *Otros estudios sobre el español de Colombia*. Bogotá: Instituto Caro y Cuervo.

NAVARRO, Tomás (1948/1974): *El español en Puerto Rico. Contribución a la geografía lingüística hispanoamericana*. Río Piedras: Universidad de Puerto Rico, Editorial Universitaria.

QUESADA PACHECO, Miguel Ángel (1992a): *Atlas Lingüístico Etnográfico de Costa Rica. Cuestionario*. San José: Nueva Década.

— (1992b): "Pequeño atlas lingüístico de Costa Rica", en: *Revista de Filología y Lingüística de la Universidad de Costa Rica* 18, 2, 85-189.

— (2000): *El español de América*. Cartago: Editorial Tecnológica de Costa Rica.

— ([2]1996): *Nuevo diccionario de costarriqueñismos*. Cartago: Editorial Tecnológica de Costa Rica.

— (en prensa): *Atlas Lingüístico-Etnográfico de Costa Rica*. San José: Universidad de Costa Rica.

QUESADA PACHECO, Miguel Ángel/MARTÍNEZ LÓPEZ, Juan Antonio (2008): "Atlas lingüístico-etnográfico de América Central: estado actual del proyecto", en: *Revista Internacional de Lingüística Iberoamericana* VI, N° 1 (11), 101-110.

QUILIS, Antonio (1993): *Fonética acústica de la lengua española*. Madrid: Gredos.

RABELLA, Joaquín/PALLAIS, Chantal (1994). *Vocabulario popular nicaragüense*. Managua: Editorial UCA.

RADTKE, Edgar/THUN, Harald (1996): "Nuevos caminos de la geografía lingüística", en: *Akten des Symposiums zur Empirischen Dialektologie*. Kiel: Westensee Verlag, 25-49.

REVILLA, Ángel (1982): *Lenguaje popular panameño*. Panamá: USMA.

ROMERO, Matías (2003): *Diccionario de salvadoreñismos*. Santa Tecla: Delgado.

ROSALES, M.ª Auxiliadora (2008): *Atlas lingüístico pluridimensional de Nicaragua: nivel fonético (análisis geolingüístico pluridimensional)*. Managua: PAVSA.

SALAZAR GARCÍA, Salomón (1907/1910): *Diccionario de provincialismos y barbarismos centroamericanos*. San Salvador: Tipografía La Unión.

SERRANO DE LÓPEZ, R. V. (1997): *Refranes, dichos y modismos salvadoreños*. Santa Tecla: Clásicos Roxsil.

UTGÅRD, Katrine (2006): *Fonética del español de Guatemala: análisis geolingüístico pluridimensional*. Tesis de Maestría. Bergen: Universitetet i Bergen.

VALLE, Alfonso (1948): *Diccionario del habla nicaragüense*. Managua: La Nueva Prensa.

VAN DER GULDEN, Cristina (1995): *Vocabulario nicaragüense*. Managua: Editorial UCA.

VAQUERO DE RAMÍREZ, M. (1996): *El español de América I. Pronunciación*. Madrid: Arco/Libros.

VARGAS, Luis (2000): *Fonética del español de Costa Rica: Análisis geolingüístico pluridimensional*. Tesis de Maestría. Bergen: Universitetet i Bergen.

VELÁSQUEZ, J. H. (2000): *Leperario salvadoreño*. San Salvador: edición del autor.

VIDES MEDRANO, Romeo Valmore (1979): *Variantes del español coloquial salvadoreño, con referencia específica al léxico de los obreros de la construcción*. Tesis de Licenciatura en Letras. San Salvador: Universidad de El Salvador.

— (1996): "La fonética del español", en: Henríquez, J. R. (comp.): *Lingüística, fonología y fonética*. San Salvador: Ediciones Maquilishuat, 65-74.

FONÉTICA DEL ESPAÑOL DE HONDURAS

RAMÓN AUGUSTO HERNÁNDEZ TORRES

1. Antecedentes

El español de Honduras ha sido muy poco estudiado; lo que existen son estudios muy generales en los que se describen algunos fenómenos marcados por las tendencias que sigue la lengua a nivel hispanoamericano. Por esto, justificadamente, Lipski (1990: 92) dice: "Típicamente, toda la región centroamericana ha sido descrita bajo la rúbrica de un solo esquema fonético/fonológico, con ligeros matices diferenciadores".

Aunque su enfoque es más sociolingüístico que puramente dialectológico, el estudio más completo que existe sobre el español de Honduras es el de John M. Lipski (1987), quien afirma:

> tenemos que definir las normas lingüísticas de Honduras, de todas las agrupaciones socioculturales, para así diferenciar las modalidades lingüísticas que imperan en Honduras de las que representan los demás países hispánicos (Lipski 1987: 10).

Consecuente con su idea, Lipski estudia lo que serían las características del español de Honduras a nivel de los rasgos que sigue la lengua en general como son las vocales, en las que destaca el ensordecimiento vocálico, sin aportar resultados satisfactorios; y las consonantes, en las que pone de relieve el caso de la velarización de la /n/ alveolar en posición final de palabra y la reducción de la /s/, tomando en cuenta las variables lingüísticas (contextos) y las variables sociales.

En un trabajo posterior, Lipski (1990) trata de caracterizar la realización del fonema /s/, señalado como particular del español americano desde Canfield (si se toma en cuenta sus primeros trabajos de 1962, así como la publicación original en inglés, 1981); por esto el autor dice:

> [E]l español hondureño pertenece a los dialectos que sufren una debilitación de la /s/ en muchas posiciones, pero las características realmente distintivas de la /s/ no se ponen de manifiesto sin que se lleve a cabo una investigación detallada con base en observaciones de índole cuantitativa (Lipski 1990: 93).

A partir de este argumento, su enfoque se torna más sociolingüístico que dialectológico, ya que toma en cuenta las variables de escolaridad y edad, a pesar de que realizó sus registros en todos los departamentos del país. En un intento por tratar de establecer zonas dialectales según sus datos, el mencionado autor concluye:

> Honduras realmente representa una zona de transición dialectal, con claras graduaciones lingüísticas según la región del país. Además, se observa la reducción más avanzada en las zonas costeras y la conservación más notable en los departamentos interiores (Lipski 1990: 106).

Atanasio Herranz (2003) plantea las zonas dialectales de Honduras a partir de las siguientes premisas:

a) formación histórico-cultural del país, siguiendo implícitamente la tesis del sustrato (de allí la importancia que tienen los grupos étnicos);
b) las condiciones geográficas del país, continuando con la caracterización general que se hace del español americano en zonas costeras y tierras altas (carácter diatópico).

En todo caso, su propuesta de las zonas dialectales no son definitivas, por cuya causa afirma:

> Para la delimitación provisional de las áreas dialectales del español de Honduras he tenido en cuenta variables históricas (asentamiento inicial de colonos y contacto sociocultural), fonético-fonológicas, morfosintácticas y léxicas (Herranz 2003: 6).

Además, la no utilización de isoglosas en la delimitación de zonas dialectales deja la impresión de que sigue una división político-administrativa del territorio nacional: zona sur-oriental, la costa norte, zona central, zona occidental y zona nororiental o de Olancho. Por otra parte, la presentación de los datos lingüísticos no es sistemática, sobre todo a nivel fonético-fonológico y morfosintáctico, aunque sí a nivel léxico, donde se hace evidente su conocimiento de primera mano.

En un trabajo de carácter monográfico, Ramón Augusto Hernández Torres (2006) estudia la realización fonética propia del fonema fricativo predorso-alveolar sordo /s/ del español estándar en dos municipios del norte del departamento de Olancho. Se establecen cuatro grados de pronunciación que van desde la /s/ más silbada, como S3, hasta la no silbada, la S0, la cual equivale a la del español estándar (fricativa alveolar sorda). Con esto se describe el contínuum de conservación de /s/, contrario a su proceso de reducción y pérdida, que sucede comúnmente como tendencia general del español. No hay duda de que ésta es una forma de hablar marginal propia de los lugares altos, rurales y aislados del país.

Por todo lo anterior, el presente trabajo es un primer esbozo de estudio dialectológico del español de Honduras, el cual toma en cuenta la totalidad del territorio nacional. Con esto se pretende dar una visión general, no exhaustiva, de los rasgos fonéticos que caracterizan el español hablado en este país centroamericano.

2. Metodología

El criterio seguido en la elección de localidades para la recolección de datos del ALPH-Fonética (Atlas Lingüístico Pluridimensional de Honduras, nivel fonético) fue seleccionar, en primer término, las localidades en su condición de cabeceras departamentales; en segundo, de acuerdo con la importancia sociocultural que puedan tener en la generación de cambios fonéticos en el país. Las localidades son las del cuadro 1.

El otro punto importante en la recolección de datos han sido los informantes, pues de su selección depende la confiabilidad y validez de la información. Para esto se seleccionaron un total de 84 informantes de todos los departamentos del país, dos del sexo masculino y dos del femenino por cada punto. Con relación a los grupos generacionales, se tomaron en cuenta dos grupos en edades comprendidas arriba de los 60 años (primera generación) y entre 30 y 45 años (segunda generación). La edad nunca fue inferior a 30 años.

Para el presente trabajo no se tomaron en cuenta las variables sociolingüísticas, lo cual quedará para la publicación del material en mapas pluridimensionales (trabajo *in fieri*)[1].

3. Análisis de los datos

3.1. Vocalismo

3.1.1. *El fonema /a/ en posición final átona*

El cuadro 2 presenta los resultados de la pronunciación de la vocal /a/ en posición final de palabra en sílaba átona (como en *masa* y *patas*):

[1] Esta investigación fue posible gracias al trabajo de campo realizado por los alumnos del Taller de Lingüística de la Carrera de Letras, UNAH, 2006: Erika Fúnez, Eva Castillo, Francis Mejía, José Guzmán, Johana Burgos, Maribel Osorto y Wendy Olivera. En 2007: Glenda Yolany Romero y la colega del Departamento de Letras, Lic. Mercedes Joya. A todos ellos mi más profundo agradecimiento.

CUADRO 1
Localidades del ALPH

Departamentos	Cabeceras departamentales
1. Atlántida	La Ceiba
2. Colón	Trujillo
3. Comayagua	Comayagua
4. Copán	Santa Rosa de Copán
5. Cortés	Puerto Cortés (San Pedro Sula)
6. Choluteca	Choluteca
7. El Paraíso	Yuscarán (Danlí)
8. Francisco Morazán	Tegucigalpa
9. Gracias a Dios	Puerto Lempira
10. Intibucá	La Esperanza
11. Islas de la Bahía	Roatán
12. La Paz	La Paz
13. Lempira	Gracias
14. Ocotepeque	Nueva Ocotepeque
15. Olancho	Juticalpa
16. Santa Bárbara	Santa Bárbara
17. Valle	Nacaome
18. Yoro	Yoro (El Progreso)[2]

Tal como se puede apreciar, /a/ en dicha posición no presenta cambios alofónicos significativos. Así, en el caso de *masa*, únicamente el 3,5% de informantes pronunció la variante abierta, y en cuanto a *patas*, el 4,81%. Respecto de la dis-

[2] Las ciudades que aparecen entre paréntesis son las que se agregan a cada cabecera departamental por ser de mayor importancia en el departamento.

CUADRO 2
Realizaciones de /a/ final átona

Contextos	Alófonos registrados por número de informantes y porcentajes		
	[a] plena	[a] debilitada	[ɐ] abierta
masa	81 (96,42%)		3 (3,57%)
patas	79 (95,18%)	1 (1,19%)	4 (4,81%)

tribución geográfica de las variantes, la abertura de la /a/ aparece en la pronunciación de los informantes del departamento de Colón, en el norte, y en oriente en El Paraíso, en la ciudad de Yuscarán (aunque no en Danlí).

3.1.2. *El fonema /e/ en posición final átona*

La vocal /e/ en posición final átona (en palabras como *once, doce, dientes*) presenta tres alófonos: [e] media o plena, que es la predominante (sobre un 90% de los entrevistados); [ᵉ] debilitada y [ɛ] abierta (como en [ˈonsɛ]) (ver cuadro 3). En cuanto a [ˈdientɛs], la abertura se nota un poco más, con el 7,14% de apariciones; esta tendencia se manifiesta por la presencia de la aspiración de /s/.

Dialectalmente, la abertura de [ɛ] se presenta con más claridad en la zona nor-oriental: en el departamento de Atlántida y en Colón. En cuanto al debilitamiento de /e/, es más notorio en *once* y *doce* (7,14% de informantes), y menos en el caso de *dientes* (3,57% del total de entrevistados). El debilitamiento aparece, aunque poco frecuente, en la zona central del país, concretamente en los departamentos de Yoro y La Paz.

CUADRO 3
Realizaciones de /e/ final átona

Contextos	Alófonos registrados por número de informantes y porcentajes		
	[e] plena	[ᵉ] debilitada	[ɛ] abierta
once, doce	76 (90,47%)	6 (7,14%)	2 (2,36%)
dientes	75 (89,28%)	3 (3,57%)	6 (7,14%)

3.1.3. *El fonema /o/ en posición final átona*

El fonema /o/ en posición átona y final de palabra es el que más cambia respecto de las vocales anteriores, con los siguientes alófonos: pronunciación de [o] plena, debilitamiento [º] y [ɔ] abierta. La [o] plena es la predominante, pues se registró en más de la mitad de los entrevistados (cuadro 4). En cuanto al debilitamiento, se da en 11,25%, aunque mucho menor en *huevos*, con el 2.43% de los entrevistados. Este debilitamiento se presenta más en la zona central, departamentos de Francisco Morazán, Comayagua, La Paz y Yoro, y en la zona oriental, en el departamento de El Paraíso en la ciudad de Danlí (muy poco en Yuscarán). Por su parte, la [ɔ] abierta mantiene la tendencia de las vocales precedentes, con el 4,87%, y se da como resultado de la aspiración o supresión de /s/. La abertura se sigue presentando en los departamentos del norte, Atlántida y Colón, pero muy poco en La Paz y en Francisco Morazán.

CUADRO 4
Realizaciones de /o/ final átona

Contextos	**Alófonos registrados por número de informantes y porcentajes**		
	[o] plena	**[º] debilitada**	**[ɔ] abierta**
pasto	68 (85%)	9 (11,25%)	3 (3,75%)
huevos	76 (92,68%)	2 (2,43%)	4 (4,87%)

3.2. CONSONANTISMO

3.2.1. *Fonemas oclusivos*

En el ALPH se presentan nueve preguntas dedicadas a determinar los posibles cambios fonéticos de las oclusivas sonoras /b, d, g/ tras lateral, vibrante y diptongo decreciente. Siguiendo la tónica del español general, se han resgistrado dos alófonos: uno oclusivo y otro fricativo para dichos fonemas, tal como se aprecia en el cuadro 5.

En cuanto al fonema bilabial sonoro /b/, y según se puede observar, el alófono oclusivo [b] se mantiene ostensiblemente después de la vibrante /ɾ/ con el 94,04% de apariciones, seguido de /b/ después de /l/, con el 84,70%. Como era de esperarse, la /b/ después del diptongo decreciente /ui̯/ sería fricativa, según la regla del español estándar; al contrario, se mantiene la oclusividad en un 60,71%

de los entrevistados. No obstante, se ha observado que la variante fricativa aumenta conforme se acelera el tempo de la conversación.

CUADRO 5
Realizaciones de los fonemas oclusivos

Fonema	*Contextos*	**Número de informantes y sus porcentajes**	
		Realizaciones con alófono oclusivo	**Realizaciones con alófono fricativo**
grupo /tɾ/	*tres*	80 (100%)	
/b/ tras /l/	*polvo*	72 (85,71%)	12 (14,28%)
/b/ tras /ui̯/	*muy bueno*	51 (60,71%)	33 (39,28%)
/b/ tras /ɾ/	*curva*	79 (94,04%)	5 (5,95%)
/d/ tras /l/	*toldo*	82 (97,61%)	2 (2,38%)
/d/ tras /u/	*deuda*	53 (63,09%)	31 (36,90%)
/d/ tras /ɾ/	*muerden*	78 (92,85%)	6 (7,14%)
/d/ en la terminación /-ado/	*cansado*	3 (3,57%)	81 (96,42%)
/g/ tras /l/	*nalga*	78 (92,85%)	6 (7,14)
/g/ tras /ui̯/	*muy grande*	65 (77,38%)	19 (22,61%)
/g/ tras /ɾ/	*largo*	80 (95,23%)	4 (4,76%)

Respecto del fonema dental d/, se mantiene la oclusividad cuando va seguido de la lateral (como en *polvo*) con el 85,71% de los entrevistados, y de la vibrante (*muerden*) en el 92,85%. Sin embargo, la oclusividad disminuye tras diptongo decreciente (en el caso de *deuda*), con el 63,09% de entrevistados. Aun así, una evidencia encontrada en cuanto al mantenimiento del alófono oclusivo es el hecho de que en algunos casos fue notoria la pronunciación de la velar sonora antes de la d, así: [ˈdeu̯gda].

En cuanto a la terminación /-ado/ (como en la palabra *cansado*), el alófono [ð] en posición intervocálica es notoriamente fricativo (96,42%), aunque no se registraron casos de pérdida total, como sucede en otras regiones del mundo hispanohablante.

En lo referente al fonema /g/, el alófono oclusivo [g] también se sigue la misma tendencia de los alófonos oclusivos anteriores, ya que se mantiene cuando va seguido de los fonemas líquidos, tanto la lateral /l/ (en *nalga*), en un 92,85%, como con la vibrante simple (*largo*), en el 95,23% de los entrevistados; sin embargo, se mantiene menos la oclusividad cuando el alófono va precedido de diptongo (como en *muy grande*), en el 77,38%.

Visto desde la perspectiva dialectal, las localidades que mantienen más la pronunciación de las oclusivas /b, d, g/ son Copán, en la frontera con Guatemala; Olancho, en la parte oriental; Intibucá, en frontera con El Salvador, y Cortés en el litoral atlántico. En Santa Bárbara, frontera con Guatemala, se conservan más los alófonos oclusivo dental [d] y velar [g], y en el departamento de Gracias a Dios se conserva solamente el alófono oclusivo [g]. Por su parte, la fricativización aumenta en Islas de la Bahía: el alófono bilabial sonoro [β] se registra en un 66% de los informantes, y el interdental sonoro [ð] en un 41,66%, pero en el caso del alófono fricativo velar sonoro [ɣ], apenas el 8,33% de los entrevistados lo reproduce. En el departamento de Colón, el 58,33% pronuncian [ɣ] y en Lempira la totalidad de los informantes.

Como se puede inferir de los datos, y aunque parece existir un proceso de fricativización, este no se manifiesta de manera pareja en todos los contextos, ni tampoco parece ser muy evidente, con lo cual la siguiente afirmación de J. Lipski confirma lo anterior: "Difícilmente se identifican algunas isoglosas definidas que pudieran tomarse en cuenta en un futuro estudio dialectológico." (Lipski 1987: 132). Por su parte, A. Herranz (2003: 14) opina que "las oclusivas sonoras (b, d, g) se conservan como tales en posición intervocálica y después de varias consonantes, cuando el español general las hace fricativas."

3.2.2. *Los fonemas fricativos*

3.2.2.1. El fonema /f/

El cuadro 6 muestra la distribución de los alófonos del fonema /f/.

Como se aprecia en el cuadro anterior, el alófono labiodental [f] únicamente se pronuncia con alguna ligera ventaja en [aˈfweɾa] con un 65,47% y en [kaˈfe] con un 57,14%; sin embargo, el alófono bilabial [ɸ] lo pronuncian más los informantes en la palabra [ˈɸosɸoɾo] con 69,04%, en [ˈɸutbol] con el 59,52%, seguido de [ɸaˈmilja] con el 57,14%. Esto hace que el segundo alófono tenga una media porcentual mayor del 52,42% frente al 46,72% del alófono labiodental. Los otros casos registrados, el alófono fricativo velar [x] y el aspirado [h] no fueron significativos.

CUADRO 6
Realizaciones del fonema labiodental sordo /f/

Contexto	Alófonos registrados por número de informantes y porcentajes			
	Labiodental [f]	**Bilabial [ɸ]**	**Velar [x]**	**Aspirado [h]**
familia	36 (42,85%)	48 (57,14%)		
café	48 (57,14%)	36 (42,85%)		
filo	37 (44,04%)	47 (55,95%)		
fósforo	26 (30,95%)	58 (69,04%)		
fútbol	32 (38,09%)	50 (59,52%)		2 (2,38%)
fiesta	39 (46,42%)	45 (53,57%)		
afuera	55 (65,47)	26 (30,95%)	2 (2,38%)	1 (1,19%)

Existe una zona de mantenimiento del alófono labiodental [ɸ] ubicada en la región central en los departamentos de La Paz con el 90,62%, Comayagua con el 87,5% (aquí se pronuncia el alófono aspirado con un 3,12%), El Paraíso con las ciudades de Yuscarán y Danlí, ambas con el 75%, y únicamente Atlántida en el litoral atlántico con el 71,42% (aquí se pronuncia el alófono velar en un 3,57%).

En cambio, se presenta una zona dialectal más extendida donde se pronuncia el alófono bilabial [ɸ], representada principalmente por los departamentos de Lempira e Intibucá en la frontera con El Salvador, ambos con el 100%, y se extiende hacia al nor-occidente, frontera con Guatemala, con Santa Bárbara y Copán, con el 74,07% y 67,85%, respectivamente, subiendo hacia el norte con Cortés, en las ciudades de San Pedro Sula con 78,57% y Puerto Cortés con 60,71%, y abarcando parte del departamento de Yoro con la Ciudad del Progreso, menos la cabecera Yoro, donde prevalece más el alófono labiodental (68,75%). Además de esta zona, estaría la oriental con los departamentos de Gracias a Dios con el 92,85% y Olancho con 71,42%. La zona de transición estaría ubicada en la zona sur con los departamentos de Valle y Choluteca y parte del centro con Francisco Morazán, y la nor-oriental con el departamento de Colón, el occidental departamento de Ocotepeque y el departamento insular de Islas de la Bahía en el Atlántico.

3.2.2.2. El fonema /s/

3.2.2.2.1. /s/ en posición prenuclear

El fonema dorso-dental /s/ se mantiene en la pronunciación de los informantes sin cambios significativos, como es de esperarse según la tendencia del español general en posición inicial de palabra, ya que el 98,80% la pronuncia plenamente (como en *sacar*), aunque en menor grado en posición prenuclear de sílaba (como en *casas*), con un 94,04%, donde se aprecia un porcentaje, aunque bastante bajo, del alófono dentalizado [ɵ].

CUADRO 7
Realizaciones de /s/ prenuclear

Contextos	**Alófonos registrados por número de informantes y porcentajes**		
	[s] dorso-dental	**[ɵ] dentalizada**	**Alternancia entre los dos alófonos**
sacar	83 (98,80%)	1 (1,19%)	
casa	79 (94,04%)	2 (2,38%)	3 (3,57%)

3.2.2.2.2. /s/ en posición postnuclear

En posición postnuclear de sílaba y final de palabra es donde más cambios se presentan en la realización de /s/ (ver cuadro 8).

Se registraron varios alófonos que van desde la plena [s], la sonora [z], la silbada [s^1][3], la dentalizada [ɵ], la relajada [^{s}], la aspirada [h] y la suprimida [ø]. La [s] plena la pronuncian los informantes ante /k/ (como en [moɾˈdisko]), con un 78,57%, seguido por el 76,19% en [ˈkaspa], 78,57% en [ˈisla], 76,19% en [ˈasma], 53,57% en [bwenosˈdias] y el 69,04% en [lasˈbenas].

Aunque en el caso de la silbada [s^1] los datos registrados no son altos, sí son significativos por cuanto, sumados a los anteriores, apuntan hacia el manteni-

---

[3] Este alófono fue utilizado para identificar el estado de pronunciación previo a la [s] del español estándar. Utilizo los siguientes símbolos para representar los distintos niveles de /s/, así: s^3 = + silbada (conservada), s^2 = silbada (inicio del desplazamiento), s^1 = –silbada (término del desplazamiento) y s0 = no silbada (o sea la fricativa predorso alveolar del español estándar) (Hernández Torres 2006; 93-116).

CUADRO 8
Realizaciones de /s/ posnuclear

Posición	*Contextos*	Alófonos registrados por número de informantes y porcentajes						
		[s] plena	[z] sonora	[s¹] silbada	[θ] dentalizada	[s] relajada	[h] aspirada	[ø] elisión
Ante vocal y final	*los ojos*	66 (78,57%)		5 (5,95%)		8 (9,52%)	5 (5,95)	
Ante /t/ y final	*Estados Unidos*	32 (38,09%)		4 (4,16%)	24 (28,57%)	6 (7,14%)	12 (14,28%)	6 (7,14%)
Ante /p/	*caspa*	64 (76,19%)		1 (1,19%)		3 (3,57%)	16 (19,04%)	
Ante /k/	*mordisco*	66 (78,57%)		2 (2,38%)		3 (3,57%)	11 (13,09%)	2 (2,38%)
Ante /b/	*las venas*	58 (69,04%)		2 (2,38%)		6 (7,14%)	11 (13,09%)	7 (8,33%)
Ante /d/	*buenos días*	45 (53,57%)		3 (3,57%)		8 (9,52%)	17 (20,23%)	11 (13,09%)
Ante /g/	*los gatos*	42 (50%)		4 (4,76%)		6 (7,14%)	19 (22,61%)	13 (14,57%)
Ante /m/	*asma*	64 (76,19%)	7 (8,33%)	1 (1,19%)		5 (5,92%)	13 (15,47%)	1 (1,19%)
Ante /n/	*buenas noches*	41 (48,80%)		1 (1,19%)		3 (3,57%)	23 (27,38%)	16 (19,07%)
Ante /r/	*las rodillas*	35 (41,66%)		1 (1,19%)		5 (5,74%)	34 (40,47%)	9 (10,71%)
Ante /l/	*isla*	66 (78,57%)					18 (21,42%)	

miento del fonema /s/; para el caso, la pronuncian los informantes en posición final de palabra en un 4,16%, como en [e^{s1}ˈtaðosuˈniðos], en [los^{1}ˈoxos] en un 5,95% y ante /g/, como en [los^{1}ˈgatos] con un 4,76%. El alófono dentalizado [ɵ] se presenta más que todo cuando precede a un sonido alveodental (como en [eɵˈtaðosuˈniðos]), con un 28,57% de casos registrados.

La realización de la relajada [^{s}] es igual a la asibilada, y aunque no se registren porcentajes altos, sí dicen mucho respecto de la pérdida de /s/, porque seguramente con este eslabón se inicia el proceso de reducción de /s/: este alófono lo pronuncian los informantes en posición final de palabra (como en [e^{s}ˈtaðosuˈniðos]) con el 7,14%, [la^{s}ˈbenas] con el 7,14% y [lo^{s}ˈoxos] con el 9,52% de apariciones.

La mayor frecuencia del alófono aspirado [h] se produce ante /r/ (como en [lahroˈðijas]) con 40,47%, seguido de 27,38% de /s/ ante /n/ como en [bwenahˈnotʃes], /s/ ante /l/ como en [ˈihla] con 21,42% y /s/ ante /g/ como en [lohˈgatos] con 18,91%. En la supresión de /s/ los datos registrados son menores, como cuando precede a la nasal /n/ en [bwenaøˈnotʃes] 16,98%, ante /g/ como en [loøˈgatos] con 22,61%, y ante /d/ como en [bwenoøˈdias], con 10,28% de casos registrados.

Sumados y promediados los porcentajes de todas las realizaciones fonéticas, sería difícil establecer conclusiones, por lo que ya advertía Lipski:

> Honduras realmente representa una zona de transición dialectal, con claras graduaciones lingüísticas según la región del país. Además, se observa la reducción más avanzada en las zonas costeras y la conservación más notable en los departamentos interiores (Lipski 1990: 106).

Aun así, los datos permiten agruparse en dos bloques: el de mantenimiento de la /s/, con la plena [s], la asilbada [s^{1}] y la dentalizada [ɵ], cuya suma porcentual es de 65,59%, frente al bloque del proceso de pérdida de /s/ con la relajada [^{s}], la aspirada [h] y la suprimida [ø], cuya suma porcentual es de 34,64%. En consecuencia, vemos que es notable la conservación de /s/, pero también se ve un proceso avanzado hacia la pérdida, marcado principalmente por la aspiración.

Las zonas dialectales en relación a las realizaciones fonéticas de /s/ en posición posnuclear son las siguientes:

a) Zona de conservación de /s/, la cual es la más extensa de todas, y comprende los siguientes departamentos con sus porcentajes de conservación:

- El Paraíso, con las ciudades de Yuscarán (95,19%) y Danlí (69,31%);

- Olancho (33,33% de [s] plena más 50% de [s1] asibilada)[4];
- Gracias a Dios (71,15%), en la zona oriental del país;
- La Paz (88,09%);
- Comayagua, al cual, aunque sólo contabiliza 73,80% de [s] plena, se debe agregar el 20,23% de [s1], con lo cual totaliza el 93% de conservación de /s/;
- Intibucá (75%) y Lempira (75%);
- Cortés (ciudades de Puerto Cortés con 92,15% y San Pedro Sula con 84,90%);
- Islas de la Bahía (77,77%);
- Santa Bárbara (84,61%);
- Copán (67,30%) y Ocotepeque (71,15%), frontera con Guatemala, que conformarían la zona de conservación de /s/.

b) Zona de transición: únicamente el Departamento de Francisco Morazán con 62,5% de [s] plena frente a 7,14% de [^{s}] relajada, además de un 19,64% de [h] aspiración y 5,35% de [ø] supresión, con lo cual totaliza u 32,13% en el proceso de reducción de /s/.

c) Zonas de pérdida de /s/, donde se pronuncia relajada, aspirada y suprimida, y comprende dos subzonas:

- Yoro, en el cual se incluye la ciudad del mismo nombre con 29,54% y 27,27% respectivamente, y El Progreso, con 18,88% relajada y 28,88% aspirada;
- Atlántida, con un 26% que pronuncia el alófono relajado, 34% lo aspira y 24% lo suprime;
- Colón, con 17,02% que pronuncia el alófono relajado, 17,02% que lo aspira y 36,17% lo elide.

Los departamentos mencionados se ubican en el norte del país, con excepción del departamento de Cortés, cuyas ciudades, San Pedro Sula y Puerto Cortés, aspiran /s/ en un 15,09% y un 7,84%, respectivamente, pero no la relajan ni eliden.

La segunda subzona comprende los siguientes departamentos, hacia el sur del país:

[4] Este dato confirma los resultados de mi estudio anterior y puede generalizarse en el sentido de considerar al departamento de Olancho como zona de transición entre asibilación a no asibilación (Hernández Torres 2006).

- Departamento de Choluteca, con 26,56% de aspiración y 23,43% de supresión;
- Departamento de Valle, con 7,93% de relajación, 39,68% de aspiración y 11,11% de supresión.

Como se aprecia, ambas subzonas están bien definidas por la contigüidad de tres departamentos, aunque sólo dos son costeros, excepto Cortés, en el caso de la primera, y en la segunda, dos departamentos ubicados en la zona sur fronterizos con Nicaragua y El Salvador. Lo anterior confirmaría en parte lo expresado por Lipski, en cuanto a la primera subzona, aunque aclara más con relación al resto del país: "La /s/ alcanza su máxima reducción en los departamentos norteños de Cortés (...) Atlántida (...) y Colón (...), mientras que en las otras regiones del país se presenta una perspectiva variable" (Lipski 1984: 114).

3.2.3. *El fonema palatal /ʝ/*

Para el fonema /ʝ/ se registraron tres alófonos: el aproximante palatal [j], el africado postalveolar [dʒ] y la vocalización (cuadro 9).

CUADRO 9
Realizaciones de /ʝ/

Posición	***Contextos***	**Alófonos registrados por número de informantes y porcentajes**		
		Aproximante palatal [j]	**Africado postalveolar [dʒ]**	**Vocalización [i̯]**
Inicial	*yegua*	71 (83,33%)	12 (14,28%)	1 (1,19%)
Interna	*amarillo*	71 (83,33%)	12 (14,28%)	1 (1,19%)
Tras /n/	*inyección*		83 (98,80%)	1 (1,19%)

El alófono aproximante palatal es el que más pronuncian los informantes, sobre todo en posición inicial (como es el caso de [ˈjeɣwa] y [amaˈrijo]), con 83,33%, En cambio, el alófono africado postalveolar se produce después de la nasal /n/ (98,80%), aunque también se registra en posición inicial (14,28%).

La zona donde se conserva el aproximante palatal estaría constituida por los siguientes departamentos, con sus respectivos porcentajes:

- El Paraíso con sus dos ciudades, Yuscarán y Danlí, en la zona oriental, con un porcentaje de 66,66%, respectivamente;
- Cortés con las ciudades de San Pedro Sula con 66,66% y Puerto Cortés con el 58,33%, en el litoral atlántico;
- Santa Bárbara (66,66%), Copán (60%) y Ocotepeque (66,66%), en la frontera con Guatemala;
- Lempira (58,33%), La Paz y Valle, estos últimos con el 66,66%, en la frontera con El Salvador;
- La Paz (66,66%), Comayagua y Francisco Morazán, con igual porcentaje (58,33%), en la zona central.

Sin embargo, no se puede hablar de una zona dialectal propiamente dicha respecto de la pronunciación del fonema fricativo palatal.

3.2.4. *El fonema velar /x/*

Para el fonema /x/ se registraron tres alófonos: el velar [x], el velar aspirado [x^h], y el glotal [h], que intentan reflejar un contínuum en la pronunciación de los informantes (cuadro 10).

CUADRO 10
Realizaciones de /x/

Posición	***Contextos***	**Alófonos registrados por número de informantes y porcentajes**		
		[x] velar	**[x^h] velar aspirada**	**[h] glotal**
Ante /a/	*paja*	34 (40,47%)	42 (50%)	8 (9,52%)
Ante /o/	*abajo*	43 (51,19%)	37 (44,05%)	4 (4,76%)
Ante /u/	*junio*	51 (60,71%)	32 (38,09%)	1 (1,19%)
Ante /e/	*jeta*	21 (25%)	63 (75%)	
Ante /i/	*cajita*	7 (8,53%)	72 (85,71%)	5 (5,95%)

Según los datos, se puede constatar este aserto al observar que se pronunciaron las palabras *junio* y *abajo* con el alófono velar [x] antes de las vocales posteriores, mientras que el fonema /x/ antes de las vocales anteriores se pronunció con el alófono velar aspirado [x^h]; en cuanto al alófono glotal, su presencia es poco significativa en los datos recopilados.

Respecto de la distribución geográfica de las realizaciones, en el departamento de El Paraíso, con las ciudades de Danlí (85%) y Yuscarán (75%), representa la zona oriental donde se mantiene con mayor fuerza el alófono velar [x], seguido por el departamento de Lempira (75%) y Ocotepeque (55%), en la frontera con El Salvador. El departamento de Gracias a Dios, en el extremo oriente del país, aparece como una región aislada.

Sin embargo, la zona donde la aspiración empieza a tener consistencia es la constituida por el Departamento de Colón, con la pronunciación del alófono aspirado velar (50%) y del glotal [h] (11,11%), junto con el departamento colindante de Atlántida (50% del alófono velar aspirado [x^h] más el 12,5% del alófono glotal [h]), ambos en el litoral atlántico. El departamento sureño de Valle, si bien no pronuncia el alófono aspirado [h], estaría ubicado dentro de esa misma zona porque el 90% pronunció el alófono velar aspirado, lo mismo que la ciudad de El Progreso (75%).

Un caso especial, por sus características alofónicas típicas de una zona de transición, es la ciudad de Yoro en el departamento del mismo nombre, la cual pronuncia el 40% tanto del alófono velar [x] como del aspirado velar [x^h], al igual que el departamento de Islas de la Bahía (30% del alófono velar [x], 30% del velar aspirado [x^h] y 30% del alófono glotal [h]).

3.2.5. *El fonema africado palatal /tʃ/*

En el fonema africado no existe ningún cambio, ya que se mantiene con un 94,04% en la pronunciación de los informantes. Solamente el 5,96% pronunciaron el alófono fricativo [ʃ] (cuadro 11).

CUADRO 11
Realizaciones del fonema africado palatal /tʃ/

Contexto	**Alófonos registrados por número de informantes y porcentajes**	
	africado [tʃ]	**fricativo [ʃ]**
ocho	79 (94,04%)	5 (5,96%)

Respecto de la distribución geográfica de las realizaciones, la zona central, con los departamentos de Francisco Morazán y Comayagua, la oriental, con el

Departamento de Olancho, Intibucá en la zona suroccidental e Islas de la Bahía, presentan la pronunciación del alófono africado [tʃ] en un 75%, y el fricativo en un 25%.

3.2.6. *El fonema nasal alveolar /n/*

En la pronunciación del fonema nasal alveolar /n/ predominó más el alófono velar [ŋ], sobre todo en posición final de palabra (cuadro 12).

CUADRO 12
Pronunciación del fonema nasal alveolar /n/

Contexto	Alófonos registrados por número de informantes y porcentajes	
	Nasal alveolar [n]	**Nasal velar [ŋ]**
canción	31 (36,9%)	53 (63,09%)

Es importante señalar que el informante que lo pronuncia en esa posición por lo general también lo hace en medio de palabra en posición postnuclear, lo que duplica el promedio porcentual de 65,83% frente al 34,61% del alófono alveolar [n]. Esto trae como consecuencia que el alófono alveolar [n] se pronuncie muy poco y quede reducido a pequeños enclaves en la geografía hondureña: dos localidades del departamento de Yoro, El Progreso (100%) y Yoro (87%), mantienen la pronunciación de la nasal alveolar en la zona norte, pero no en la costera, y dos ciudades del departamento de El Paraíso, Yuscarán (87%) y Danlí (62,5%), en el oriente del país, además del departamento de Lempira, frontera con El Salvador.

En cambio, la pronunciación del alófono velar [ŋ] se extiende con claridad y cubre la mayor parte del territorio nacional. Así, se registra en Occidente (departamentos de Intibucá, Ocotepeque, frontera con El Salvador, Copán y Santa Bárbara, frontera con Guatemala, todos con 100%); continúa hacia el norte con el departamento de Cortés (las ciudades de San Pedro Sula y Puerto Cortés, todos con 100%) y sigue por todo el litoral atlántico por los departamentos de Atlántida, Colón y Gracias a Dios (todos con 100%, así como por el oriental departamento de Olancho y la zona central (Francisco Morazán con el 87,5% y Comayagua con el 100%), Choluteca y Valle, en la zona sur, con el 87,5% y 75% respectivamente.

El descubrimiento anterior contrasta con lo expresado por Lipski, de acuerdo con el cual, “la resistencia de /n/ es tanta que la velarización y la elisión no pueden cobrar fuerza suficiente como para ramificarse en subdivisiones más finas" (Lipski 1987: 70).

Únicamente los departamentos de Islas de la Bahía y Lempira representan una zona de transición, donde alterna la pronunciación de ambos alófonos.

3.2.7. *Los fonemas vibrantes*

Respecto de las realizaciones fonéticas del fonema vibrante simple /ɾ/, se registran como variantes la vibrante simple [ɾ] y la aproximante alveolar [ɹ] (ver cuadro 13).

El alófono vibrante simple registró el 54,76% en posición postnuclear de sílaba antes de la lateral /l/; en cambio, predomina más la pronunciación de la aproximante cuando va ante las nasales, como sucede ante /m/ (84,2%) y /n/ (82,14%), seguido del 75% cuando va ante la alveolar /s/. Lo anterior indica que la aproximante se pronuncia más con un promedio porcentual del 72,46%.

CUADRO 13
Pronunciación de la vibrante simple ante consonante

Posición	***Contextos***	**Alófonos registrados por número de informantes y porcentajes**	
		Vibrante simple [ɾ]	**Aproximante alveolar [ɹ]**
Ante /n/	*viernes*	15 (17,85%)	69 (82,14%)
Ante /m/	*enfermeras*	13 (15,47%)	71 (84,52%)
Ante /l/	*Carlos*	46 (54,76%)	38 (45,23%)
Ante /s/	*almuerzo*	21 (25%)	63 (75%)
Final	*dormir*	3 (3,57%)	81 (96,42%)

La zona en la cual se conserva la pronunciación de la vibrante simple está reducida geográficamente, y está representada por los departamentos de Yoro con ambas ciudades, El Progreso (78,94%) y Yoro (70,58%), el departamento de El Paraíso, más con la ciudad de Yuscarán (75%), y en menor grado Danlí (55,55%) y el departamento insular de Islas de la Bahía (59,09%). Por su parte, la zona de pronunciación de la aproximante alveolar está más extendida y consolidada, empezando con los departamentos sureños de Choluteca y Valle (con igual porcentaje de 100%), los departamentos centrales de Comayagua (100%), Francisco Morazán (91,66%) y La Paz, fronterizo con El Salvador (83,33%), Lempira (75%), y continúa hacia la frontera con Guatemala en Ocotepeque (95%) y Copán (100%).

CUADRO 14
Comportamiento de la vibrante simple en grupos consonánticos

Posición	***Contextos***	**Alófonos registrados por número de informantes y porcentajes**	
		Pronunciación plena	**Pronunciación asibilada**
Grupo /tɾ/	*tres*	84 (100%)	
Grupo /stɾ/	*maestra*	84 (100%)	
Grupo /ndɾ/	*pondrá*	84 (100%)	
Grupo /ldɾ/	*saldrá*	83 (98%)	1 (1,19%)

En cuanto al comportamiento del fonema vibrante simple dentro de los grupos consonánticos, no presenta resultados significativos, ya que en todas las palabras se pronuncia de manera plena; es decir, como vibrante simple (*tap*). Solamente en algunos casos se realizó como asibilada (cuadro 14).

En lo que respecta al fonema vibrante múltiple /r/, tampoco presenta cambios significativos, ya que, tanto en posición inicial como en media de palabra, los informantes pronuncian la vibrante múltiple: *rojo* [ˈroxo], *carreta* [kaˈreta] (98,75% y 97,5%, respectivamente). Salvo en algunos casos, la realizan como vibrante simple [ɾ], sobre todo cuando va en posición intervocálica, como en *carreta* [kaˈɾeta] (cuadro 15).

CUADRO 15
Pronunciación de la vibrante múltiple /r/

Posición	***Contextos***	**Alófonos registrados por número de informantes y porcentajes**	
		Vibrante múltiple [r]	**Vibrante simple [ɾ]**
Inicial	*rojo*	83 (98,80%)	1 (1,19%)
Interna	*carreta*	82 (97,61%)	2 (2,38%)

4. Zonas dialectales de Honduras

Las realizaciones fonéticas estudiadas en el presente trabajo permiten dividir el territorio hondureño en zonas dialectales, tomando en cuenta los siguientes rasgos fonéticos y su distribución geográfica (ver mapa adjunto):

1. La abertura vocálica se presenta en la zona nororiental en Atlántida y Colón y en la zona oriental en El Paraíso, en la ciudad de Yuscarán. El debilitamiento de las vocales finales se presenta más en Atlántida y Colón y en la zona central en Yoro, La Paz y en El Paraíso, en Danlí más que en Yuscarán.
2. Aunque se manifiesta la fricativización de las oclusivas sonoras /b d g/ en el norte del país en Islas de la Bahía y Colón y en Lempira, frontera con El Salvador, las oclusivas parecen mantenerse más en Copán, frontera con Guatemala, Cortés en el litoral atlántico y Olancho en la zona oriental, lo cual plantea la dificultad de establecer con claridad una zona de fricativización de las oclusivas.
3. Creciente bilabialización de la labiodental en la mayor parte del territorio nacional: en Lempira e Intibucá, frontera con El Salvador; Santa Bárbara y Copán, en la frontera con Guatemala, siguiendo ese corredor hacia el norte con Cortés y Yoro, menos la ciudad de Yoro; la zona oriental con Gracias a Dios y Olancho. Pero se mantiene la labiodental en la zona central, en La Paz y Comayagua; en oriente, en El Paraíso y en el norte, en Atlántida.
4. El proceso de reducción de /s/ se manifiesta en el norte del país, concretamente en Atlántida, Colón y Yoro (con excepción de Cortés), y en la zona sur, frontera con Nicaragua, en Choluteca y su área de influencia, además de Valle, en la frontera con El Salvador; sin embargo, se mantiene como alveolar fricativa sorda en la zona oriental en Gracias a Dios, Olancho y El Paraíso, en la zona central en La Paz y en Comayagua, lo mismo que en la frontera con El Salvador en Intibucá, Lempira y Ocotepeque, más los fronterizos departamentos con Guatemala, cuales son Copán y Santa Bárbara. Únicamente Francisco Morazán, en el centro, constituiría una zona de transición.
5. El fonema palatal /ʝ/ se conserva en todo el territorio nacional, aunque parece existir una tendencia –por ahora no significativa– a la fricativización.
6. El fonema velar /x/ se mantiene en zonas enclaves como en El Paraíso, frontera con Nicaragua, y en la frontera con El Salvador en Lempira y Ocotepeque; además, en oriente en Gracias a Dios; en cambio, parece

Zonas dialectales de Honduras

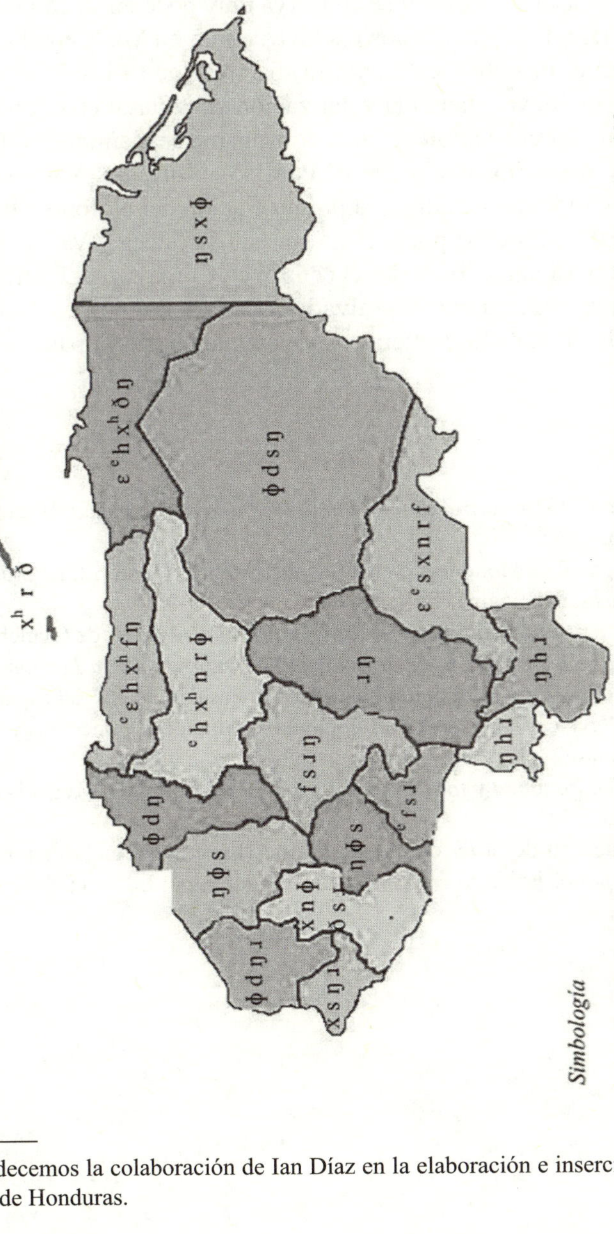

Simbología

Los siguientes símbolos marcan los departamentos donde predomina la pronunciación de uno u otro alófono

ε Vocales abiertas **ᵉ** Vocales debilitadas — **d** Consonantes oclusivas **ð** Consonantes fricativas — **f** Labiodental **ɸ** Bilabial

s Plena **h** Reducción de s — **x** Velar **xʰ** Velar aspirada — **n** Alveolar **ŋ** Velar

r Vibrante simple **ɹ** aproximante

---

[5] Agradecemos la colaboración de Ian Díaz en la elaboración e inserción de los símbolos en el mapa de Honduras.

extenderse más la aspiración de la velar en el litoral atlántico, Colón, Atlántida, Islas de la Bahía y Yoro, más en El Progreso y su área de influencia (la ciudad de Yoro), con una zona de transición amplia en el resto del país.

7. El fonema nasal alveolar /n/ se conserva muy poco en su calidad de alveolar (por ejemplo, en pequeños enclaves como en Yoro, en el norte, en El Paraíso en el oriente y en Lempira, frontera con El Salvador); pero se extiende con mayor fuerza la velarización de la nasal en el resto del país.
8. El fonema vibrante simple /ɾ/ ante consonante se mantiene como vibrante simple en pequeños enclaves: El Paraíso en oriente, Yoro e Islas de la Bahía en el norte; en cambio, la pronunciación del alófono vibrante aproximante [ɹ] se extiende por la zona sur en Choluteca y Valle, frontera con Nicaragua y El Salvador, y por el centro, en Comayagua, Francisco Morazán, y en la frontera con El Salvador (La Paz, Lempira y Ocotepeque), incluyendo parte de la frontera con Guatemala hasta Copán.

Bibliografía

CANFIELD, Lincoln (1962): *La pronunciación del español en América*. Bogotá: Instituto Caro y Cuervo.

— (1990): "El español de Honduras", en: Herranz, Atanasio (comp.): *El español hablado en Honduras*. Tegucigalpa: Editorial Guaymuras, 89-90.

HERNÁNDEZ TORRES, Ramón Augusto (2006): "La /s/ ápico alveolar de Olancho: Un estudio dialectológico", en: *Revista de la Academia Hondureña de la Lengua* 15, 93-116.

HERRANZ, Atanasio (2003): "Formación histórica y zonas dialectales del español de Honduras". <http://cvc.cervantes.es/obref/congresos/valladolid/ ponencias/unidad_diver sidad_del_espanol/2_el_espanol_de_america/herranz_a.htm>.

LIPSKI, John (1987): *Fonética y fonología del español de Honduras*. Tegucigalpa: Editorial Guaymuras.

— (1990): "Reducción de la /s/ en el español de Honduras", en: Herranz, Atanasio (comp.): *El español hablado en Honduras*. Tegucigalpa: Editorial Guaymuras, 91-112.

EL ESPAÑOL DE NICARAGUA

María Auxiliadora Rosales Solís

1. Introducción

Los estudios dialectológicos publicados hasta la fecha, sobre la fonética del español de Nicaragua, son mínimos y la mayoría carece de una metodología lingüística en la recogida de datos. Muchas veces son sobre la base de la observación de la confrontación con la competencia lingüística del autor, no indican las fuentes, presentan fenómenos aislados y una tendencia a generalizar los fenómenos con el resto de Centroamérica.

En Nicaragua, el fenómeno fonético más estudiado ha sido la realización de /s/; sin embargo, a excepción de Lacayo (1977) y Lipski (1984), no se especifica una metodología lingüística ni criterios de selección, ni se ha tomado en consideración la perspectiva diatópica mucho menos las variables sociales. Y al igual que muchos países de Centroamérica, se observa la abundancia de trabajos lexicográficos a diferencia de la mínima presencia de investigaciones fonético-fonológicas. En general, se ha adolecido de un trabajo sistemático, coherente y homogéneo que dé una visión global de todos los niveles de la lengua.

El Atlas Lingüístico de Nicaragua (ALN) presenta el estado actual de los fenómenos fonéticos en Nicaragua (Rosales 2008). Para el desarrollo de este trabajo se siguieron básicamente los postulados metodológicos de la dialectología, y en particular de la geografía lingüística. Igualmente, se aplicó la misma guía de entrevista utilizada para el Atlas Lingüístico-Etnográfico de Costa Rica (ALECORI), dirigido por Quesada Pacheco (1992 y en prensa), con la finalidad de establecer conexión con un cuestionario común para Centroamérica.

Para elaborar el Atlas Lingüístico de Nicaragua (ALN) en su nivel fonético se seleccionaron todos los quince núcleos departamentales, que constituyen los principales puntos urbanos y corresponden a los centros con mayor densidad poblacional, de mayor importancia comercial y de comunicación. Además, se incluyeron los núcleos respectivos de las dos regiones autónomas multilingües del Atlántico Norte y Sur, en donde predominan lenguas como el miskito y el inglés criollo, respectivamente, pero para las entrevistas solo se tomaron en cuenta los hispanohablantes monolingües, con el fin de evitar interferencias.

En el siguiente cuadro se presentan los diecisiete puntos encuestados.

CUADRO 1
Regiones nicaragüenses entrevistadas

N.º	Departamentos	Puntos encuestados
1	Chinandega	Chinandega
2	León	León
3	Managua	Managua
4	Masaya	Masaya
5	Carazo	Jinotepe
6	Granada	Granada
7	Rivas	Rivas
8	Estelí	Estelí
9	Madriz	Somoto
10	Nueva Segovia	Ocotal
11	Jinotega	Jinotega
12	Matagalpa	Matagalpa
13	Boaco	Boaco
14	Chontales	Juigalpa
15	Río San Juan	San Carlos
16	Región Autónoma del Atlántico Norte	Puerto Cabezas (Bilwi)
17	Región Autónoma del Atlántico Sur	Bluefields

2. Alófonos del español de Nicaragua

2.1. Vocalismo

Generalmente, en Nicaragua las vocales finales /a/, /e/ y /o/ se pronuncian plenas. Sin embargo, aunque no es un fenómeno sistemático, encontramos casos donde algunos informantes realizaron cierto grado de abertura de las vocales finales /a/, /e/ y /o/, sobre todo de la vocal /e/ ante /s/ en posición final de palabra. Si observamos los datos correspondientes a este entorno, notamos que esta tendencia, generalmente, está favorecida por el contexto CVS (aspirada o cero fonético), como en [ˈpatɒh ~ ˈpatɒø] *patas*, [ˈdjentɛh ~ ˈdjentɛø] *dientes* y [ˈweβɔh ~ ˈweβɔø] *huevos*.

2.1.1. */a/ en posición final átona*

La realización plena de /a/ átona en posición final de palabra como en [ˈmasa] *masa* se recoge en casi todo el país. Esta variante representa el 92% de los puntos encuestados, a excepción de Matagalpa, donde se muestra una pronunciación polifónica[1], es decir, que alterna [ɐ] abierta con [ɒ] cerrada en tres informantes. Además, documentamos un caso de ensordecimiento en Jinotepe y un dato de /a/ más abierta ([ˈmasɐ]) en Juigalpa.

2.1.2. *Vocal /a/ final de sílaba átona ante /s/*

El ALN muestra que el 97% de los informantes realizaron una pronunciación plena de la vocal /a/. Entre los posibles alófonos, solamente registramos la realización de [ɐ] más abierta en posición final como en [ˈpatɐh ~ ˈpatɐø] *patas*, documentada en León y Chinandega (occidente del país).

2.1.3. *Vocal /e/ en posición final de palabra*

El ALN ilustra la realización del fonema /e/ en final de palabra, por ejemplo en *doce*. A juzgar por los datos, mantiene su realización plena en la mayoría de los puntos entrevistados (93%). Se pronuncia ensordecida [e̥] ([ˈdose̥]) *doce*), aunque en un porcentaje muy bajo (7%), en León y Jinotepe (zona del Pacífico), Somoto y Jinotega (zona norte).

2.1.4. *Vocal /e/ final de sílaba átona ante /s/*

Al analizar la realización de /e/ en el entorno de *dientes*, encontramos que en Nicaragua se pronuncia plena en casi todos los niveles (88%). También se recoge

[1] Concurrencia de dos o más formas fonéticas, para desempeñar una misma función tanto dentro de un sistema dialectal como en un sistema idiolectal. Todo polifonismo puede estar condicionado por factores lingüísticos o socioculturales; o puede ser enteramente libre no condicionado por parte del hablante (Lope Blanch 1989: 174).

el alófono más abierto [ɛ]. Esta variante se detectó en cuatro localidades de la zona del Pacífico: Chinandega, Managua, Granada y Rivas; y en Ocotal, zona norte.

Si comparamos la frecuencia de [ɛ] cuando va en posición final absoluta como en [ˈdose] *doce* y antes de la sibilante /s/ en posición final de palabra, v. gr. [ˈdjentɛh] *dientes*, se puede observar que hay más tendencia a realizarla abierta antes de consonante /s/ en final de palabra, aunque cabe señalar que esa realización no es sistemática[2] porque aparece plena en contextos fonéticos similares. Es decir, que de manera general hay tendencia a aspirar y suprimir la consonante sibilante /s/ en todos los entornos analizados: [ˈpatɒh ~ ˈpatɒø] *patas*, [ˈdjentɛh ~ ˈdjentɛø] *dientes* y [ˈweβɔh ~ ˈweβɔø] *huevos,* pero esta situación no condiciona la aparición de variantes vocálicas más abiertas.

Según nuestros datos, esta variante no ha sido descrita hasta ahora en el español de Nicaragua. Lipski (1987: 34) recoge la variante [ɛ] en Honduras y señala que suele abrirse en posición final de palabra, aunque reconoce que nunca ocurre con una frecuencia suficiente como para incluirla dentro de los fenómenos característicos del español de ese país centroamericano. En Nicaragua la pronunciación de la variante [ɛ] representa un significativo 12%[3].

2.1.5. *Vocal /o/ en posición final de palabra*

En posición final de palabra, la vocal /o/ se pronuncia plena en la mayor parte del territorio nicaragüense. Según nuestras encuestas, en Estelí, Jinotega y Matagalpa (región central norte) existe la tendencia a cerrar /o/ en posición final de palabra. Este fenómeno lo encontramos en la pronunciación de [kaˈnastʊ] *canasto*. En Juigalpa identificamos una [o̥] ensordecida (como en [kaˈnasto̥] *canasto*),

[2] Han sido muchos los que se han dedicado a estudiar la abertura de las vocales finales desde que N. Tomás habló de la abertura vocálica en posición final en el andaluz. De acuerdo con los datos del ALEA, esta distinción ha servido para caracterizar a la Andalucía oriental frente la occidental. Según Alvar, en la Andalucía oriental la diferenciación entre singular/plural se resuelve mediante la oposición vocal cerrada/vocal abierta respectivamente, oposición que para muchos autores tiene valor fonológico. No obstante, también se encuentran trabajos sobre esta oposición fonética derivadas de la diferenciación sexual hombre/mujer en algunos lugares de Andalucía Oriental (Nuño, 2000: 124).

[3] D'Introno (1995:142), López (2000:24), Quesada (2000:67), Quilis (1999:73), Salvador (1977:144) y Vaquero (1996:21) destacan que en los dialectos donde se elide /s/ en final de palabra se puede producir una compensación de la longitud o abertura de la vocal precedente, sin que esto condicione, tal como afirmara Tomás Navarro Tomás (1948), que la abertura de las vocales es para diferenciarlas del plural.

realizada en Juigalpa y Chinandega. En Managua y Granada se registraron casos de polifonía entre [o] plena y cerrada [ʊ], por ejemplo, [ka'nasto ~ ka'nastʊ].

2.1.6. *Vocal /o/ ante /s/ en final de sílaba átona ante /s/ implosiva*

Se observa la tendencia a realizar plena la vocal posterior media sonora como en ['weβoh] *huevos*, lo que representa el 90%. Se escucha en toda la Costa del Caribe, en Somoto y Ocotal, y en gran parte de la zona del Pacífico. Sin embargo, en Jinotega, Matagalpa y Chinandega, se reconoce la aparición de [ʊ] como en ['weβʊh] *huevos*. La variante [ɔ] se presenta en Managua, Rivas y Juigalpa.

2.1.7. *La nasalización vocálica*

Otro fenómeno fonético, derivado de las respuestas de nuestros informantes, es la tendencia a la nasalización vocálica en unión con la velarización de /n/. En el español de Nicaragua encontramos casos en que llega a desaparecer la nasal implosiva y queda nasalizada la vocal anterior como en [kan'sjõ] *canción*. En la región del Pacífico: León, Managua, Masaya, Granada y Rivas; y en la zona sur del Atlántico, se escucha nasalización de /a/ por supresión de una velar nasal sonora; por ejemplo, en la articulación de *alemán* registramos [ale'mã]. Particularmente, Lipski (1996: 312) ya había reconocido esta pronunciación en Nicaragua.

2.2. Consonantismo

2.2.1. *Oclusivas sonoras*

2.2.1.1. Los fonemas /b, d, g/

Para recoger la realización de las oclusivas se realizaron nueve preguntas dedicadas al estudio de las oclusivas /b, d, g/ tras lateral, vibrante y diptongo decreciente, con el fin de medir el grado de oclusividad de dichos fonemas.

En Nicaragua se ha destacado la tendencia a mantener el rasgo de oclusividad después de líquidas y diptongos (Canfield 1962: 77; Lacayo 1977: 5; Lipski 1987: 49 y 1996: 276; Quilis 1999: 221; Quesada 2000: 71). Lacayo menciona que en Nicaragua ocurren las oclusivas sonoras no solo en posición intervocálica, sino después de cualquier consonante. Por el contrario, Lipski (1996: 312) considera que "actualmente esta pronunciación no prevalece tanto en el español de Nicaragua debido a que este país se ha ido urbanizando, aunque la oclusión se oye en las regiones rurales y la Costa Caribeña del país". De acuerdo con el ALN, los resultados obtenidos destacan que la realización oclusiva domina en casi todos los puntos encuestados. Encontramos predominio de las oclusivas sonoras no sólo en la Costa Caribeña, como señaló Lipski, sino a lo largo de todo el país. En menor porcentaje, se identificó la realización fricativa distribuida en la región central que incluye a Ocotal, Somoto, Estelí, Jinotega y Matagalpa.

Porcentualmente, el fonema velar /g/ tiene el mayor porcentaje de conservación de la oclusividad (75%), en relación con las otras variantes oclusivas sonoras: /b/ (73 %) y /d/ (61%).

2.2.1.2. El fonema /d/ en la terminación /-ado/

En el estudio de /d/ intervocálica, particularmente en la terminación *-ado*, como en [kanˈsaðo] *cansado*, reconocemos tres variantes: dental fricatizada [ð], aproximante [ð̞] y cero fonético [ø]. El ALN recoge la realización aproximante relajada en la zona Central del Pacífico y la Costa Atlántica (79%). El debilitamiento es menor en Somoto, Ocotal y Estelí (zona norte); en esta zona se realizan algunas articulaciones fricativas. En la mayoría de los informantes no se registran índices significativos de elisión de /d/. Este fenómeno es una solución minoritaria, sólo representa el 3%[4].

Tradicionalmente se ha señalado a Nicaragua como una zona que elide /d/ en esa distribución (Caravedo 1992; Lope Blanch 1990b; Quesada 1990 y Vaquero 1996). Particularmente, Lipski (1996: 311-312) afirma que en Nicaragua la /d/ intervocálica se elide en una amplia variedad de contextos y que solamente la retienen en la zona caribeña donde su realización se asemeja a [ɾ]. Sin embargo, este fenómeno no se documentó en nuestras grabaciones[5]. Más bien, en ese entorno fonético, se escucha /d/ aproximante, muy relajada entre vocales, pero sin llegar a la elisión. Esta situación la vemos confirmada por Quilis (1999: 220) quien reconoce que la /d/ intervocálica en *-ado* se conserva en Nicaragua.

---

[4] Solamente se evidencia en dos hombres jóvenes de Granada y San Carlos, respectivamente. Ambos informantes presentan bajo nivel académico.

[5] Se duda de esta afirmación, a menos que Lipski haya considerado informantes bilingües y no monolingües.

2.2.2. *Fricativos*

2.2.2.1. El fonema fricativo labiodental sordo /f/

2.2.2.1.1. /f/ inicial ante vocales

El fonema /f/ se realiza generalmente en Nicaragua como labiodental fricativo sordo [f][6]. En relación con los entornos fonéticos analizados de /f/ ante /a, e, i, o, u /, vemos que la tendencia general es mantener la forma plena. Este comportamiento se repite en casi todos los informantes, por lo que no hay grandes diferencias entre los porcentajes.

Encontramos la tendencia en todos los niveles a la realización de /f/ labiodental fricativa sorda en contextos como [faˈmilja] *familia,* [ˈfjesta] *fiesta*. Los datos correspondientes presentan un número reducido de casos de bilabialización de /f/ en la zona norte del país: Ocotal, Estelí y Juigalpa; y un solo dato en Masaya, que corresponde al Pacífico Central.

2.2.2.1.2. /f/ ante diptongo [we]

Al analizar el contorno de /f/ ante el diptongo [we], como en *afuera*, observamos un incremento en la aparición de la variante bilabial [ɸ] ([aˈɸweɾa]) y de la aspirada [h] ([aˈhweɾa]). Esta última representa el 16%, y abarca toda la región Central y Pacífica, que incluye a Chinandega, León, Masaya y Granada, a excepción de Managua y Rivas[7]. El contexto fonético señala que la probabilidad máxima de aparición de la bilabial [ɸ] y la aspirada [h] tiene lugar cuando /f/ precede al diptongo creciente [we].

2.2.2.2. El fonema fricativo alveolar sordo /s/

El fonema alveolar fricativo sordo es el que presenta más variantes en el español de Nicaragua. Según nuestros resultados, la pronunciación de /s/ en Nicaragua tiene en general seis realizaciones fonéticas: [s], [ɵ], [z], [h], [ʔ] y [ø][8].

---

[6] Al igual que en Costa Rica, que se manifiesta plena en la mayoría de informantes de ambos sexos y generaciones en todo el país, ante las vocales /a, e, i/ (Vargas 2000: 26).

[7] En varios informantes que habían pronunciado [f] durante la respuesta al cuestionario, en conversación libre, se escuchó [ˈhweɣo] *fuego*. Se dan casos de ultracorrección en Costa Rica, Perú y Chile: /f/ por /x/ [fuˈɣar] por [xuˈɣar] *jugar* (Quesada 2000: 73).

[8] Al finalizar nuestros registros identificamos esporádicamente una variante de /s/ que se realiza en final absoluta de palabra y se refuerza con un sonido nasal que se podría representar

2.2.2.2.1. /s/ inicial

La variante [s] se presenta sobre todo en posición inicial absoluta. Los resultados de este estudio son coincidentes con los de Lipski (1984), quien afirma que, a diferencia de Honduras y El Salvador, en Nicaragua no se presenta la aspiración de /s/ en posición intervocálica interior e inicial de palabra.

Esta aseveración coincide con los datos recogidos en la presente investigación, ya que los datos correspondientes indican, de manera clara, la conservación de /s/ alveolar, fricativa sorda en posición inicial, como en [saˈkar] *sacar*, en todos los puntos entrevistados.

Encontramos sólo un caso de realización aspirada en posición inicial, [haˈkar], en Jinotega, zona norte de Nicaragua.

2.2.2.2.2. /s/ entre vocales

En Nicaragua se demuestra la tendencia a la realización fricativa alveolar sorda en posición intervocálica, como en [ˈkasa] *casa*, en la zona del Pacífico, Centro y Costa Caribe. Lipski (1984/1989: 171-181) también recoge la coronal o apical y dental [ɵ] en Nicaragua y señala que se realiza en una minoría de la población, entre la clase baja[9]. El ALN también recoge este alófono [ɵ] apicodental plano concentrado en las localidades que conforman la zona norte del país: Estelí, Somoto y Ocotal. Continuando con la región Pacífico Norte, registramos un caso en Chinandega, ciudad cercana a Honduras, y otro caso en Puerto Cabezas (Atlántico Norte). Asimismo, documentamos un caso en Rivas, localidad fronteriza con la región de Guanacaste en Costa Rica. También escuchamos variantes polifónicas, donde alternan [s] y [ɵ] en Matagalpa y en Granada.

2.2.2.2.3. /s/ ante consonante y en posición final ante pausa

En la pronunciación de /s/ en posición final ante pausa del segmento [losˈohoh] *los ojos,* existe variedad de /s/: [s], [h], [ʔ] y [ø]. Consideramos que la conserva-

así: [sⁿ], como en *entonces* [enˈtonsesⁿ]. Se escuchó en dos informantes de zonas rurales de Juigalpa y Puerto Cabezas. Asimismo se ha registrado en Honduras (Herranz 2001 y Canfield 1960: 31-35), en Guadalajara, México; Santander y Tolima en Colombia (Montes Giraldo: 1995: 168).

[9] Lipski realizó el estudio de /s/ desde una perspectiva sociolingüística, y no incluyó la variable diatópica.

ción de [s] se ve favorecida por su situación lingüística: ante pausa y entre vocales se produce una resilabificación[10] al pronunciar [lo-ˈso-hoh], con tendencia a la aspiración final absoluta. Se presenta el fenómeno contrario cuando la oclusión glotal separa las palabras, con lo que se escucha [loʔˈohoh] y no [lo- ˈsohoh]. Al realizarlo aspirado se ordenan las sílabas así: [lo-ˈho-hoh] y cuando hay ausencia de /s/ en posición final ante pausa se percibe una fusión de las vocales idénticas en contacto y en consecuencia se presenta un alargamiento vocálico: [ˈlo: hoø], generalmente con aspiración o pérdida también de /s/ en posición final absoluta.

En el ALN se muestran las zonas con mayor retención de [s] que corresponden a la Costa Atlántica, y Somoto (zona norte). La aspiración [h] se presenta en este entorno con menos incidencia en su aparición en la región centro-norte. El corte glotal [ʔ] adquiere en este contorno mayor porcentaje de aparición; lo documentamos en la zona norte y en el oriente del país, con excepción de Rivas.

En Nicaragua documentamos la pérdida total de /s/ en posición implosiva preconsonántica y en final de palabra. Los entornos que más favorecen el cero fonético son ante oclusiva dental sorda /t/ en la articulación de [eøtaðouˈniðoh] *Estados Unidos*, con un porcentaje del 24%, y ante consonante nasal /n/ en la realización de [bwenaøˈnotʃeh] *buenas noches*, con un porcentaje del 21%.

Muy pocas veces escuchamos en nuestras grabaciones casos de sonorización de /s/, y se presenta solamente ante nasal sonora /m/; por ejemplo, en [ˈazma] *asma*[11]. Podemos afirmar que, en la muestra recogida, la sonorización de /s/ es un hecho lingüístico esporádico y representa solamente el 3%.

Tanto Lipski (1984) como Penny (1984) anotan que la aspiración de /s/ en final de sílaba y final de palabra es mayor en Nicaragua que en cualquier otra variedad centroamericana. A este respecto, Lipski encontró que en el español de Nicaragua el condicionamiento lingüístico es importante para que se produzca la aspiración.

Los resultados obtenidos en el ALN confirman lo anterior. Observamos que ante sonidos sonoros como /b, d, g, m, n, r, l/ la aspiración es mayor, [lahˈbenah] *las venas* 74%, [bwenohˈdiah] *buenos días* 78%, [lohˈgatoh] *los gatos* 62%, [ˈasma] *asma* 66%, [bwenahˈnotʃeh] *buenas noches* 72%, [lahroˈdiyas] *las rodi-*

[10] En este contexto, Lipski (2000) plantea que la resilabificación natural del español coloca la /s/ aspirada en posición inicial de sílaba, y por lo tanto la reducción de /s/ no se puede atribuir al desmantelamiento de gestos articulatorios en un contexto desfavorable. Más bien se trata de una extensión analógica.

[11] D'Introno (1995: 144) plantea que esto generalmente se debe a que en los dialectos que tienen aspiración de /s/ la sonora /z/ no se da, en su lugar se da la sorda o una [s^{z}]; es decir, una levemente sonora.

llas 87%, [ˈihla] *isla* 74%. Moreno de Alba (2002: 91) documenta resultados similares en el Atlas Lingüístico de México (ALM), en donde el entorno que más favorece el debilitamiento de –s implosiva es la presencia inmediata de una consonante sonora y sobre todo nasal.

En suma, la variante de /s/ con mayor porcentaje de realización es la aspirada [h], la cual aparece en los entornos ante oclusivas sordas con un porcentaje del 55% y se incrementa ante sonoros con un total del 74%. Quilis (1999: 276) afirma que la aspiración de /s/ incluye a toda Centroamérica y está condicionada por factores lingüísticos y sociales. Sin embargo, no llega a especificar las condiciones extralingüísticas que favorecen la aspiración. En nuestros datos, recogimos el alófono de /s/ oclusivo, glotal, sordo [ʔ] ya registrado en Nicaragua por Lipski (1996: 313) y Quesada, (1996: 548, 2002: 76)[12]. Lipski (1996: 314) afirma que en Nicaragua el corte glotal no presenta ninguna variedad geográfica significativa. Sin embargo, nuestros resultados nos presentan un punto de vista opuesto a sus planteamientos.

Encontramos corte glotal en la articulación del segmento /los ˈohos/ y se escucha [loʔ ˈohoh]. Esta variante representa el 21% de realización y aparece principalmente en la zona norte del país y en el pacifico central. No encontramos esta realización en la Zona Atlántica ni en el sur del país (mapa 1).

2.2.2.3. El fonema fricativo palatal sonoro /ʝ/

En Nicaragua, al igual que en toda América Central, como es consabido, el sonido palatal lateral /ʎ/ no se registra; por tanto, existe nivelación de /ʎ/ y /ʝ/, llamada comúnmente yeísmo. Se puede decir que, de conformidad con los resultados, en Nicaragua se distinguen los siguientes alófonos: [ʝ] fricativa palatal, [j] semiconsonante, [ø] eliminada y [d] dentalizada. Si se consultan los mapas correspondientes, se podrán distinguir las zonas del Pacífico y zona central donde se relaja el fonema palatal. En la costa caribe puede apreciarse que la articulación plena es más frecuente.

---

[12] Quesada (1990: 74) lo ha documentado en Costa Rica, específicamente en la provincia de Guanacaste, frontera sur con Nicaragua. La variante [ʔ] se realiza en posición final de palabra y frente a una vocal tónica del segmento siguiente. Los ejemplos que presenta Quesada son: *los otros* [loʔˈotroh]; *las once* [laʔˈoŋse] y ante sonora: *mismo* [ˈmiʔmo], pero en el caso de la realización de [lohaniˈmaleh] *los animales* no se presenta la glotal sino la aspirada, porque no sigue una vocal tónica.

MAPA 1
Isoglosas de /s/ final de palabra, seguida de consonante sonora

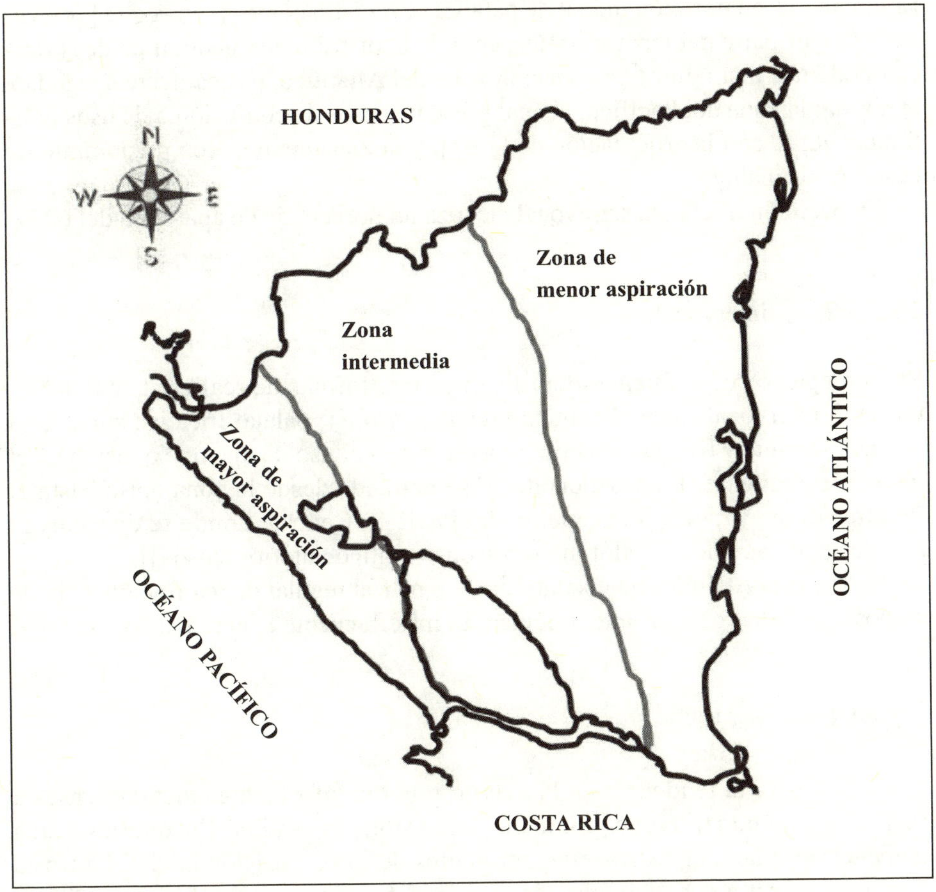

Canfield (1960) y Lipski (1990) reconocieron la tendencia a realizar /ʝ/ como una semiconsonante en general, muy débil, tanto que a veces sufre vocalización, hasta el punto de eliminar la /ʝ/ en contacto con las vocales /e/ e /i/[13].

[13] Además, en el habla nicaragüense se presenta una [ʝ] ultracorrecta o antihiática en los hiatos que llevan como primera vocal una /e/ o /i/: *tostaduría* [tohtaðuˈɾiʝa], en el hombre mayor de Ocotal; *batea* [baˈteʝa] en la mujer mayor de Bluefields, y *habían* [aˈβiʝan], en el hombre mayor de Boaco. Este mismo fenómeno se presenta en Guatemala, El Salvador, Honduras y zona noroeste de Costa Rica (Quesada Pacheco 1996:103).

2.2.2.3.1. /ʝ/ posición inicial de sílaba y de palabra

El fonema /ʝ/ en posición inicial de palabra se registra como [j] en *yegua* [ˈjeɣwa] en la mayor parte del territorio. Respecto de la distribución geográfica de /ʝ/ inicial podemos distinguir tres zonas: la zona del Atlántico, básicamente apegada a la norma; la zona del Pacífico, la cual presenta casos de confusión o de usos polifónicos junto con la articulación de [ʝ ~ j], y la zona central, con predominio de la semiconsonante.

En posición inicial, la semivocal alcanza un porcentaje de aparición del 62 %.

2.2.2.3.2. /ʝ/ intervocálica

En el mapa correspondiente identificamos tres formas de realizar la palatal en posición intervocálica en el contexto de *amarillo*: [ʝ] palatal fricativa sonora, [j] semiconsonante y [ø] cero fonético. La elisión es el uso de mayor extensión en el habla nicaragüense. La ausencia de /ʝ/ se extiende desde la zona norte hasta el Pacífico de Nicaragua, a excepción del Pacífico Central, donde se distribuyen algunas realizaciones del alófono semiconsonántico anterior tenso [j].

En la Costa Atlántica no encontramos un patrón regular de realización, aunque en posición intervocálica ante /i/ tónica, es más frecuente la pérdida, con un 60%.

2.2.2.3.3. /ʝ/ tras /n/

El ALN ilustra la tendencia en la mayoría de los informantes nicaragüenses a realizar /ʝ/ como [j] tras /n/ como en [injegˈsjoŋ] *inyección*. Encontramos una tendencia similar a la distribución por puntos de /ʝ/ en posición inicial. La Costa Caribeña muestra concentración de la palatal fricativa sonora. El resto del país tiende al debilitamiento consonántico con articulaciones dispersas de la variante cercana a la norma. Entre estos puntos destacamos la zona central del Pacífico y el norte del país. En ese mismo contexto se da la asimilación de /ʝ/ por /d/, por lo que se escucha [indegˈsjoŋ] *inyección* en dos informantes, distribuidos uno en Jinotega (norte del país) y otro en Granada (zona sur).

2.2.2.4. El fonema fricativo velar sordo /x/

Las variantes del fonema fricativo velar sordo que se recogen en Nicaragua son: [x], [h], [ˣ] y [ø]. La velar es una solución que se presenta esporádicamente. Predomina la realización muy parecida a la aspiración de /s/, como fricativa laríngea o glotal sorda [h], muy relajada[14]. Este alófono se ve favorecido en todos los entornos y en las localidades entrevistadas.

En rango menor, pero de frecuencia significativa, encontramos una realización [^{x}] bastante debilitada, lenis, localizada en Managua y San Carlos, zona fronteriza con Costa Rica.

La pérdida de /x/ se registra particularmente en posición inicial de sílaba ante /u/ [ˈunjo] *junio* y en sílaba tónica ante /e/ [kaˈeta] *cajeta*. Las localidades donde se produce la pérdida son las mismas donde se debilita: Managua y San Carlos.

2.2.3. *El fonema africado palatal sordo /tʃ /*

La distribución geográfica muestra que predomina la pronunciación africada palatal sorda [tʃ] (66%) en la zona norte y central del país. Además, documentamos alternancia entre la africada y la fricativa: [tʃ] y [ʃ] (21%) con una concentración en la zona del Pacífico Central[15]. El alófono [ʃ] se presenta en cinco puntos de la red: Chinandega, Rivas, Somoto, Estelí y Puerto Cabezas, lo cual suma en total el 13%.

2.2.4. *El fonema nasal alveolar sonoro /n/ en posición final de palabra, ante pausa o vocal*

Uno de los alófonos de /n/ es [ŋ] que, además de darse ante consonante velar, como es la regla del castellano (Quilis 1999: 55), figura en posición posnuclear ante cualquier consonante y en posición final. Canfield (1960: 32) destaca que en Nicaragua, al igual que en el resto de Centroamérica, se velariza /n/ en final de palabra y frase.

En Nicaragua, encontramos que en el 81% de los casos se realiza como nasal velar en posición final, [kanˈsjoŋ] *canción*. Esta variante se registra en la zona norte y central (Ocotal, Estelí, Jinotega, Matagalpa, Boaco y Juigalpa). También sc rcgistra la pérdida dc /n/ cn posición final absoluta o de palabra, manteniéndose el rasgo de nasalización en la vocal precedente; tal es el caso de *canción*

---

[14] Con respecto a h conviene señalar que su presencia implica intersección fonemática en los dialectos con /h/ en los que también se aspira /s/, por ser igualmente alófono de este último fonema.

[15] Cabe señalar que este fenómeno está predominado particularmente en la generación joven.

[kan'sjõ], sin llegar a la pérdida total de /n/. Esta variante representa el 17% y predomina en la zona del Pacífico de Nicaragua.

2.2.5. *Vibrantes*

2.2.5.1. El fonema vibrante múltiple /r/

2.2.5.1.1. /r/ en posición inicial

En el ALN se ilustra el fonema /r/ en posición inicial como en *rojo*. En Nicaragua se pronuncia alveolar vibrante múltiple en todo el territorio. En pocos casos registramos, en esta posición, el sonido prepalatal bastante relajado [ʴ], en tres informantes distribuidos en Bluefields, Chinandega y Granada. También documentamos sólo un caso de alternancia de [r ~ ɹ] en un informante de Boaco.

2.2.5.1.2. /r/ en posición intervocálica

En posición intervocálica, como en el contexto de *carreta,* se conserva vibrante en casi todo el territorio. La [ɹ] fricatizada y su realización lenis [ʴ] es un fenómeno incipiente en el español de Nicaragua. Sin embargo, resulta interesante la evidencia de pequeños brotes de esta variante en Managua, en la zona oriental del Pacífico y en Boaco (zona central). Como muestra su bajo índice de probabilidad (3%), la solución fricativa apenas tiene incidencia en Nicaragua, pues solamente documentamos dos casos distribuidos en Managua y Rivas.

La realización de /r/ tanto en inicio de palabra como en posición intervocálica no sufre modificaciones articulatorias relevantes. Para el primer caso, el 93% de los informantes la mantiene en posición inicial y el 97% en posición intervocálica, donde se observa un leve aumento en los porcentajes.

2.2.5.2. El fonema vibrante simple /ɾ/

2.2.5.2.1. /ɾ/ final de palabra

En la mayoría de las regiones de Nicaragua la vibrante simple /ɾ/ se conserva plena, nunca se pierde en final de palabra. Aparece en refuerzo postnuclear como en [dor'mir] *dormir.* En Chinandega, Estelí, Somoto, Ocotal y Puerto Cabezas, se encuentran casos donde tanto en posición final absoluta como en final de sílaba interior de palabra se refuerza ante nasales, como en [enferˈmeras] *enfermeras* y [ˈbjernes] *viernes*.

2.2.5.2.2. /ɾ/ ante consonantes

En Nicaragua, la vibrante simple /ɾ/ ante consonante se mantiene en todas las posiciones, aunque ante /m/ y /l/, por ejemplo en [enfeɹˈmeɾa] *enfermera* (3%) y [ˈkaɹlos] *Carlos* (23%), se realiza como aproximante bastante lenis en Managua, Masaya y Jinotepe (Pacífico Central). Cabe destacar que ante este último entorno se elevan los porcentajes de debilitamiento.

Lipski (1996: 315) afirma que en la Costa Atlántica /ɾ/ se realiza retrofleja, pero no describe el entorno de aparición. Esta observación de Lipski no concuerda con el análisis de las grabaciones del ALN, donde no encontramos ningún alófono retroflejo [ɻ].

3. Zonas dialectales de Nicaragua

Para establecer las zonas dialectales de Nicaragua, en el presente estudio, previamente se seleccionó un grupo de mapas del ALN, donde se concentran las isoglosas que determinan las fronteras dialectales.

Sobre la base de los resultados fonéticos que se producen en las diecisiete localidades, podemos establecer tres zonas:

a. La zona del Pacífico, que comprende las localidades de Chinandega, León, Managua, Masaya, Granada, Jinotepe y Rivas. Esta zona presenta tendencia a la abertura de las vocales, alternancia entre la oclusividad y fricatización de las oclusivas sonoras, mayor aspiración de /s/ ante fonemas sonoros como en [bwenohˈdiah] *buenos días* y [lahroˈdiʝah] *las rodillas*, relajamiento o aspiración de /x/, como en [ˈhunjo] [ˈunjo], y preferencia por la articulación polifónica: [ˈotʃo ~ ˈoʃo] *ocho*.
b. La zona central, la cual integra Ocotal, Somoto, Jinotega, Matagalpa, Estelí, Boaco, Juigalpa y San Carlos, presenta polifonía vocálica, es decir, que alterna [a] abierta con [ɒ] cerrada, como en [ˈmasa ~ ˈmasɒ] *masa*, inclusión de /g/ epentética en [ˈdeu̯gda] *deuda*, aspiración hasta llegar a la pérdida de /s/ ante /t/, como en [eøtaðosuˈniðoh] *Estados Unidos*, debilitamiento de /x/ junto con realización polifónica, como en [kaˈhita ~ kaˈˣita] *cajita*.
c. La zona Caribe sur y norte, compuesta por Bluefields y Bilwi (Puerto Cabezas), registra la realización plena de las vocales finales, predominio

MAPA 2
Zonas dialectales de Nicaragua

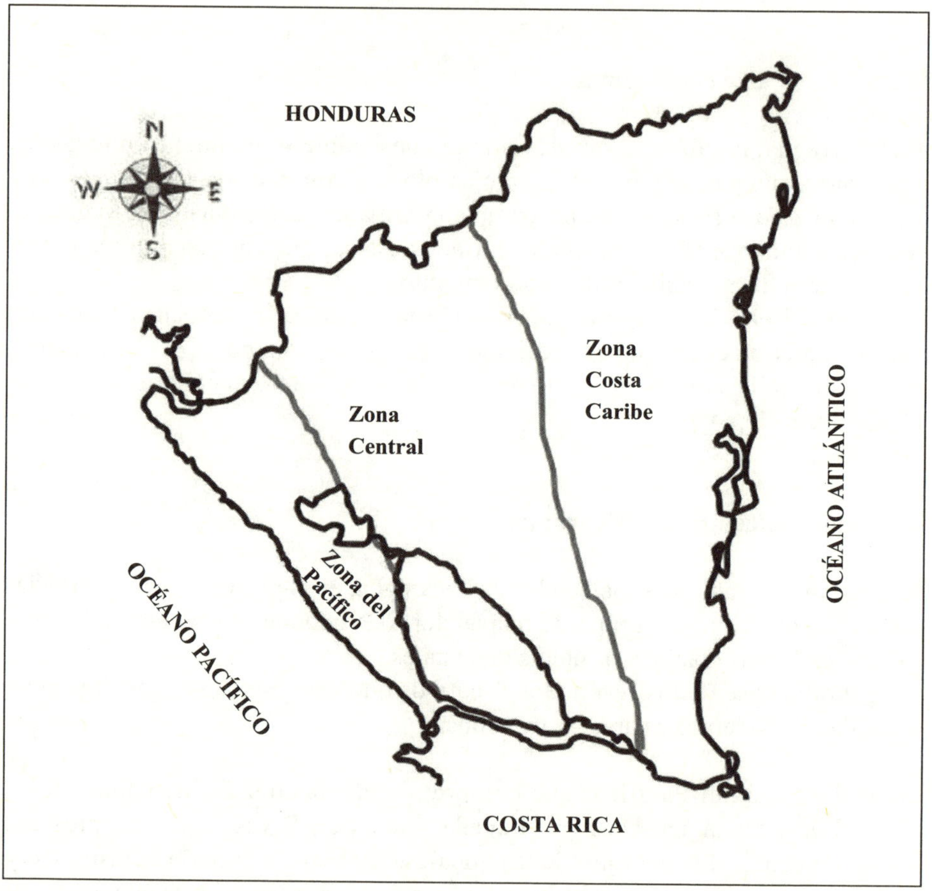

de la realización oclusiva y se registran los mayores niveles de concentración de /s/ ante sonidos como /p/ y /k/, rasgos esporádicos de la velar, reforzamiento de /ɾ/ en [r], posición final de sílaba y final de palabra, realización fricativa del fonema africado palatal sordo en posición intervocálica como en [ˈoʃo] *ocho*.

Bibliografía

ALVAR, Manuel (1983): *Estructuralismo, geografía lingüística y dialectología actual.* Madrid: Gredos.

CANFIELD, Lincoln (1960): "Observaciones sobre el español salvadoreño", en: *Filología* 6, 29-76.

— (1962): *La pronunciación del español en América.* Bogotá: Instituto Caro y Cuervo.

CARAVEDO, Rocío (1992): "El atlas lingüístico hispanoamericano en el Perú: observaciones preliminares", en: *Lingüística Española Actual* 16, 2.

D'INTRONO, Francisco et al. (1995): *Fundamentos de Lingüística Hispánica.* Madrid: Playor.

HERRANZ, Atanasio (2001): "Formación histórica y zonas dialectales del español de Honduras". <http://cvc.cervantes.es/obref/congresos/valladolid/ponencias/unidad_diversidad_del_espanol/2 _el_espanol_de_america/herranz_a.htm> (última consulta: 22 de enero de 2002).

LACAYO, Heberto (1977): "Pronunciación y entonación del español de Nicaragua", en: *Boletín Nicaragüense de Bibliografía y Documentación* 19, 112.

LIPSKI, John (1984): "/s/ in the Spanish of Nicaragua", en: *Orbis* 33, 12, 171-181.

— (1987): *Fonética y fonología del español de Honduras.* Tegucigalpa: Editorial Guaymuras.

— (1990): "Elision of Spanish intervocalic /y/: toward a theoretical account", en: *Hispania* 73, 797-804.

— (1996): *El español de América.* Madrid: Cátedra.

— (2000): "El español que se habla en El Salvador y su importancia para la dialectología hispanoamericana". <www.personal.psu.edu/jml34/salvador.pdf> (última consulta: 7 de septiembre de 2009)

LOPE BLANCH, Juan M. (1989): *Estudios de lingüística hispanoamericana.* México, D.F.: Universidad Nacional Autónoma de México.

LÓPEZ, Humberto (2000): *La aventura del español de América.* Madrid: Ariel.

MONTES GIRALDO, José Joaquín (1995): *Dialectología general e hispanoamericana. Orientación teórica, metodológica y bibliográfica.* Bogotá: Instituto Caro y Cuervo.

MORENO DE ALBA, José (1993): *El español en América.* México, D.F.: Fondo de Cultura Económica.

— (2002): *La pronunciación del español en México.* México, D.F.: El Colegio de México.

NAVARRO, Tomás (1948): *Cuestionario lingüístico hispanoamericano.* Buenos Aires: Instituto de Filología.

NUÑO, María P. (2000): "El Atlas lingüístico y etnográfico de Andalucía y la dialectología española", en: *Estudios dialectológicos dedicados a Manuel Alvar, con motivo del XL aniversario de la publicación de "El español hablado en Tenerife".* La Laguna: Instituto de Estudios Canarios, 113-129.

PENNY, Ralf J (1984): "Esbozo de un atlas de Santander", en: *Lingüística Española Actual* 6, 2, 123-181.

QUESADA PACHECO, Miguel Á. (1990): *El español de Guanacaste*. San José: Universidad de Costa Rica.

— (1992): "Cuestionario", en: *Atlas lingüístico etnográfico de Costa Rica*. San José: Nueva Década.

— (1996): "El español de América Central", en: Alvar, Manuel (dir.): *Manual de dialectología hispánica*. Barcelona: Ariel, 100-115.

— (2002): *El español de América*. Cartago: Editorial Tecnológica de Costa Rica.

— (coord.) (en prensa): *Atlas lingüístico y etnográfico de Costa Rica* (ALECORI). San José: Universidad de Costa Rica.

QUILIS, Antonio (1999): *Tratado de fonología y fonética españolas*. Madrid: Gredos.

ROSALES, María A. (2008): *Atlas lingüístico pluridimensional de Nicaragua: nivel fonético (análisis geolingüístico pluridimensional)*. Managua: PAVSA.

SALVADOR, Gregorio (1977): *Estudios dialectológicos*. Madrid: Paraninfo.

VARGAS, Luis (2000): *Fonética del español de Costa Rica: Análisis geolingüístico pluridimensional*. Tesis de Maestría. Bergen: Universitetet i Bergen.

VAQUERO DE RAMÍREZ, María (1996): *El español de América I (Pronunciación)*. Madrid: Arco Libros.

ZAMORA, Juan/GUITART, Jorge (1982): *Dialectología hispanoamericana. Teoría, descripción e historia*. Salamanca: Ediciones Almar.

RASGOS FONÉTICOS DEL ESPAÑOL DE COSTA RICA

MIGUEL ÁNGEL QUESADA PACHECO
LUIS VARGAS VARGAS

1. Introducción

Los estudios que se han encargado de la variación fonética del español de Costa Rica son de dos clases, generales y específicos (Quesada Pacheco 1992c). En los primeros se da una visión global del inventario fonemático ya sea desde una perspectiva estructural (Chavarría 1951), normativa (Agüero 1962; Arroyo 1971), generativo-transformacional (Wilson 1980) o dialectológica. Por su parte, los estudios de carácter más específico se caracterizan por ser investigaciones más bien de corte sociolingüístico, las cuales tocan algún fonema o serie de fonemas tomando como fuente hablantes de la parte central (Gaínza 1976; Berk-Seligson 1978; Sánchez 1986; Fernández 1982/1985; Quesada 1984; López 1987; Umaña 1990) o bien, de otras regiones del país (Chavarría et al. 1977; Cowin 1978; Solano 1986; Jaén 1989; Rodríguez 1992)[1].

El presente estudio se enmarca dentro de la tradición dialectológica general (Quesada Pacheco 1992a y 1996) y ofrece un análisis de conjunto, no exhaustivo, de ciertos rasgos fonéticos del español costarricense, tomando como base los datos recopilados en el nivel fonético del Atlas Lingüístico-Etnográfico de Costa Rica (en adelante ALECORI), tal como están planteados en L. Vargas (2000) y Quesada Pacheco (en prensa). Con esto se ofrece una profundización al conocimiento general de las características dialectales de esta variedad de español centroamericano. Al igual que en otro estudio anterior (Quesada Pacheco 1996), no se tiene en mente tratar de teorizar sobre el sistema fonológico del español costarricense, o de discutir acerca del estatus fonológico de algunas variantes fonéticas[2], sino de describir las variantes de sus fonemas según regiones, siguiendo el modelo fonológico clásico dado para el español de América (Quilis 1993),

---

[1] La única excepción es el estudio sobre el español de Guanacaste, donde Quesada Pacheco (1990b) toca el tema fonético desde una perspectiva dialectológica.

[2] Nos referimos a casos como los tratados por Chavarría (1951) respecto del estatus fonológico de [ŋ], por Gaínza (1976) sobre las vibrantes o por Sánchez (1986) acerca de /r/.

enmarcado dentro del sistema de signos del Alfabeto Fonético Internacional, y tratando de vislumbrar divergencias intradialectales en el país.

2. Método

El criterio que se siguió para la escogencia de la red de puntos fue la equidistancia de los puntos en cada una de las siete provincias en que se divide el país, de modo que se escogieron 36 localidades (Cuadro 1).

Tal como se ha aplicado en todo el istmo centroamericano, en cada localidad se entrevistaron a cuatro informantes según criterios sociolingüísticos, con un total de 144 informantes, pero para efectos del presente trabajo no se tomarán en cuenta dichos criterios, dada la perspectiva meramente dialectológica que se está manejando por el momento.

Las entrevistas que sirvieron para el presente estudio se llevaron a cabo entre 1999 y 2002.

3. Análisis de los datos

3.1. Vocalismo

3.1.1. */a/ en posición final átona*

Se hizo una pregunta para averiguar el comportamiento de /a/ en posición final átona, y un 18% de los informantes entrevistados muestra debilitamiento (*masa* → [ˈmasᵃ]), frente a los que la pronunciaron plena ([ˈmasa]). El debilitamiento se observa con mayor intensidad en la parte central del país. En una investigación anterior, Quesada Pacheco (1996: 546) observa el mismo fenómeno y en la misma zona del país.

3.1.2. */e/ en posición final átona*

En el mapa correspondiente a la pronunciación de /e/ en posición final átona (por ejemplo, en *doce*), se observó que ciertas zonas de la parte interior de Costa Rica muestran un cambio en el timbre de dicha vocal. Los datos emanados muestran un 13% de los informantes alternaron entre [e] e [i]: [ˈdose ~ ˈdosI].

El fenómeno se registra con mayor intensidad en las secciones norte y occidental del Valle Central, y ya había sido observado y analizado en estudios anteriores (Solano 1986; Quesada Pacheco 1996).

CUADRO 1
Localidades costarricenses encuestadas

Provincia	Localidad
Guanacaste	La Cruz Liberia Bagaces Cañas Las Juntas Tilarán Santa Cruz Nicoya
Alajuela	Los Chiles Upala Ciudad Quesada Grecia Palmares San Ramón Atenas Orotina
San José	Moravia Santiago San Isidro Pejibaye
Cartago	Turrialba Orosi Tierra Blanca
Heredia	Puerto Viejo Barva San Antonio
Puntarenas	Esparza Puntarenas Quepos Ciudad Cortés Buenos Aires Golfito Ciudad Nelly
Limón	Guápiles Limón Bribri

3.1.3. */o/ en posición final átona*

Se hizo un mapa con la pronunciación de /o/ en posición final átona (palabra *pasto*), y, al igual que el fenómeno anterior, un 13% de los informantes entrevistados mostró debilitamiento, el cual se mostró en dos modalidades: a) cambio en el timbre y su correspondiente alternancia con grado pleno: [ˈpastu ~ ˈpasto]; y b) debilitamiento de /o/ a grado casi de elisión: [ˈpast^{o}].

El debilitamiento se nota con mucha frecuencia en los informantes provenientes de las zonas interiores (Valle Central), y había sido observado entre los "aldeanos" del país; es decir, en las zonas rurales a principios del siglo XX por Carlos Gagini (1919/1975: 13).

3.1.4. */a/, /e/ y /o/ átonas frente a /s/*

En los mapas correspondientes a la posición de la vocal átona frente a /s/ (palabras *patas, dientes, huevos*), un porcentaje bastante bajo de informantes debilitó la vocal.

El debilitamiento se muestra más intenso ante /a/: *patas* → [ˈpats] (9,2%); luego, ante /e/ (7,6%) en palabras como *dientes* → [ˈdients] y finalmente ante /o/: *huevos* → [ˈweb^{o}s] (6,2%), y es, al igual que los fenómenos anteriores, más frecuente en las regiones interiores del país y en las zonas donde se ha propagado esta habla, como en el valle de El General, al sureste de la provincia de San José. Este debilitamiento no se había observado sino en un estudio reciente (Quesada Pacheco 1996: 539-541).

3.2. Consonantismo

3.2.1. *Fonemas oclusivos*

En el ALECORI hay nueve preguntas dedicadas al estudio de las oclusivas /b, d, g/ tras lateral, vibrante y diptongo decreciente, con el fin de medir el grado de oclusividad de dichos fonemas. Los resultados obtenidos se ofrecen en el cuadro 2.

Como es de observar, las realizaciones que más fomentan la oclusividad son /d/ tras /l/ (en casos como *caldo* [ˈkaldo]), lo cual va en consonancia con la ley general del español (Quilis 1997: 48), seguido, con gran margen de distancia, de /d/ tras diptongo decreciente (como en *deuda* [ˈdeuda]), de /b/ tras /ɾ/ (como en *curva* [ˈkuɾba]) y diptongo decreciente (como en *muy bueno* [muiˈbweno]). A partir de aquí, los porcentajes de realizaciones fricativas aumentan y sobrepasan

CUADRO 2
Realizaciones de los fonemas oclusivos

Fonema	***Ejemplos***	**Número de informantes y sus porcentajes**	
		Realizaciones con alófono oclusivo	**Realizaciones con alófono fricativo**
/b/ tras /l/	*polvo*	64 (44 %)	80 (55%)
/b/ tras diptongo decreciente	*muy bueno*	76 (52,7 %)	68 (47,2%)
/b/ tras /ɾ/	*curva*	81 (56,2 %)	63 (43,7%)
/d/ tras /l/	*caldo*	119 (82,6%)	25 (17,3%)
/d/ tras /ɾ/	*muerde*	51 (35,4%)	93 (64,5%)
/d/ tras diptongo decreciente	*deuda*	85 (59%)	59 (40,9%)
/g/ tras /ɾ/	*largo*	35 (24,3%)	109 (75,6%)
/g/ tras diptongo decreciente	*muy grande*	14 (9,7%)	130 (90,2%)
/g/ tras /l/	*salga*	53 (36,8%)	91 (63,1%)

el 50%, como son los casos de /b/ tras /l/ (*polvo* [ˈpolβo), de /g/ tras /l/ (*salga* [ˈsalˈɣa]), de /d/ tras /ɾ/ (*muerden* [ˈmweɾðen]), /g/ tras /ɾ/ (*largo* [ˈlaɾɣo]) y /g/ tras diptongo decreciente (*muy grande* [muiˈɣɾande]).

Las realizaciones de /b, d, g/ en el español costarricense fueron estudiadas por J. A. Fernández (1982/1985), de acuerdo con una investigación hecha en estudiantes del Valle Central entre 1976 y 1978. Fernández concluye afirmando que

> The evidence supplied by the study undertaken here indicates that the allophones of /b, d, g/ in Costa Rican Spanish are tending towards a system in which the occlusives are heard in group-initial position and after consonants and glides, while the fricatives are heard elsewhere. (Fernández 1982/1985: 135).

Sin embargo, los resultados a los que se ha llegado muestran el aumento de realizaciones fricativas en los mismos entornos estudiados por Fernández, con lo cual se puede hablar de un cambio en marcha.

En lo pertinente a la distribución dialectal del fenómeno en cuestión, el abigarrado conjunto de variantes oclusivas, fricativas y sus correspondientes alternancias no permite tomarlo como punto de referencia para trazar isoglosas en Costa Rica, ya que tanto las realizaciones con [b], [d] y [g] como con [β], [ð] y [ɣ] se registran en todas las regiones entrevistadas.

3.2.2. *El fonema /d/ en la terminación /-ado/*

Se diagramó un mapa con la distribución de realizaciones de /d/ intervocálica del participio, como es el caso de *cansado*, y se registraron dos alófonos: uno fricativo o aproximante ([kanˈsaðo] ~ [kansað̞o]), el cual alcanza un 52% de los casos, y la elsión ([kanˈsao]), para el resto de los casos. Los resultados obtenidos confirman la aseveración de A. Agüero (1964: 141), según el cual, en Costa Rica, "la *d* intervocálica de formas participiales en *ado* suele perderse coloquialmente", y las conclusiones a las que llegó F. López (1987), quien estudió las variantes del fonema /d/ en el Área Metropolitana de San José desde una perspectiva sociolingüística cuantitativa. López distinguió cuatro variantes de dicho fonema: oclusiva, fricativa, lene y ausencia. De acuerdo con su análisis, la variante lene obtuvo los mayores porcentajes de aparición, y aduce:

> En general, resulta llamativo el comportamiento de LENE. En comparaciones anteriores se ha visto la inestabilidad que presenta LENE desde el punto de vista estadístico, pues reporta los valores más altos, lo que en última instancia implica que ninguno de los datos analizados para la aparición de este alófono es estadísticamente significativo. Este comportamiento me lleva a pensar que dentro de la teoría se puede hablar de debilitamiento de los fonemas, total o parcial (cero o fricativo), pero que el definir, en el continuum límites a un alófono diferente del fricativo, se corre el riesgo de no encontrar significancia, lo que sería recomendable tomar en cuenta para futuros análisis (López 1987: 39).

Aplicando lo anterior a los resultados obtenidos en el presente estudio, se puede afirmar que las fases por las que está pasando el proceso de lenición de /d/ en Costa Rica son las correspondiente a la tercera y cuarta; es decir, a "lene" y "ausencia".

Respecto de la distribución dialectal de /d/ intervocálica participial, se nota un significativo descenso de elsiones en la provincia de Guanacaste, al noroeste del país con excepción de la Península de Nicoya, en el litoral pacífico norte y hacia la frontera con Nicaragua; en el resto del país, domina tanto la fricativización como la elisión.

3.2.3. *Las fricativas*

3.2.3.1. El fonema /f/

Para averiguar las realizaciones de /f/, se hicieron varias preguntas con dicho fonema en todas las posiciones frente a vocal, así como frente a los diptongos /je/ y /we/, en palabras como *familia* /fa'milja/, *café* /ka'fe/, *filo* /'filo/, *fósforo* /'fosfoɾo/, *fútbol* /'futbol/, *fiesta* /'fjesta/ y *afuera* /a'fweɾa/. Los resultados a los que se llegó fueron los siguientes:

CUADRO 3
Realizaciones del fonema labiodental fricativo sordo /f/

Palabra	**Alófonos registrados por número de informantes y porcentajes**		
	labiodental [f]	**glotal [h]**	**bilabial [ɸ]**
familia	136 (94,4%)	1 (1,3%)	7 (4,8%)
café	113 (78,4%)		31 (21,5%)
filo	135 (93,7%)		9 (6,2%)
fósforo	132 (91,6%)	6 (4,1%)	6 (4,1%)
fútbol	117 (81,2%)	18 (12,5%)	9 (6,2%)
fiesta	139 (96,2%)	5 (3,4%)	
afuera	86 (59,7%)	29 (20,1%)	29 (20,1%)

Según se puede observar en el cuadro anterior, la realización dominante va en favor del alófono labiodental [f], con porcentajes que superan el 50%, seguida muy distantemente del bilabial fricativo sordo [ɸ] y del glotal fricativo sordo [h]. No obstante, se nota una baja muy significativa cuando se trata de la realización de /f/ frente al diptongo /we/, que favorece cualquier realización, además de la labiodental. Lo anterior va en consonancia con la afirmación de A. Agüero (2009: 51), según el cual

> La /f/, labiodental fricativa sorda, es la general, aunque a veces entre la gente campesina se oye la pronunciación bilabial de este fonema. Asimismo, en los medios rurales se velariza, o sea que se aspira, como la jota costarricense: *juerza* (fuerza), *juerte* (fuerte), *jogón* o *jugón* (fogón), *juego* (fuego), *dijunto* (difunto), *perjume* o *perjumen* (perfume), *jusil* (fusil), *ajuera* (afuera), *Jelipe* (Felipe), *jui* (fui), *jue* (fue), *jué-*

ramos, etc. Esta velarización de la /f/ se hace principalmente cuando está delante de /u/, /ue/, /ui/, son excepcionales *Jelipe*, *Jelipa* y *jogón* (Agüero 2009: 50).

Visto el panorama desde la perspectiva dialectal, la distribución del conjunto de alófonos no permite entrever una distinción de realizaciones por región, con lo cual se puede afirmar, a la luz de los datos recopilados, que no hay diferencias dialectales en cuanto a la pronunciación de /f/. Tampoco se puede afirmar, en el presente estudio, que el habla rural favorezca la bilabialización o velarización de /f/, ya que la investigación no hizo distinciones entre informantes urbanos y rurales. Al contrario, según se puede ver (Vargas 2000: 28-32), casi no están representados en el cuerpo de informantes los agricultores o personas de zonas rurales.

3.2.3.2. El fonema /s/

3.2.3.2.1. /s/ en posición prenuclear

Se estudió la realización de /s/ en posición explosiva o prenuclear, en las palabras *sacar* /saˈkaɾ/ y *casa* /ˈkasa/. Las encuestas dieron como resultado dos realizaciones: [s] dorsodental, la común en el continente americano, y [ɵ] dentalizada, conocida con el nombre de *ceceo*. Los resultados cuantitativos se presentan en el siguiente cuadro:

CUADRO 4
Realizaciones de /s/ en posición prenuclear

Palabras	**Alófonos registrados por número de informantes y porcentajes**		
	[s] dorsodental	**[ɵ] dentalizada (*ceceo*)**	**alternancia entre los dos alófonos**
sacar	117 (81,2%)	11 (7,6%)	16 (11,1%)
casa	116 (80,5%)	17 (11,8%)	11 (7,6%)

De los porcentajes señalados en el cuadro anterior se infiere que la realización sin lugar a dudas más frecuente en Costa Rica es la dorsodental [s], la cual sobrepasa el 80%. No obstante, se nota en la distribución de sus realizaciones una clara frontera dialectal, ya que la [ɵ] dentalizada, conocida generalmente como *ceceo*, se registra con muchísima frecuencia a lo largo del litoral pacífico, concretamente en la región noroeste y la zona sur del país, hacia la frontera con

Panamá. En la región interior del país se observa poco, y sobre todo en la sección noroccidental del Valle Central (provincias de Alajuela y Heredia). Por otra parte, la posición de /s/, tanto al inicio como en medio de palabra, claramente no incide en absoluto en su realización.

3.2.3.2.2. /s/ en posición postnuclear

Se levantaron once mapas que muestran la realización de /s/ en posición postnuclear ante vocal, consonante sorda y consonante sonora, y se registraron dos alófonos: [s] plena y aspiración ([h]). Los resultados de esta pesquisa se observan en el cuadro 5.

CUADRO 5
Realizaciones de /s/ en posición posnuclear

Posición	***Ejemplos***	**Alófonos registrados por número de informantes y porcentajes**		
		Realizaciones no aspiradas	**Aspiración**	**Alternancias entre las realizaciones**
ante vocal y final	*los ojos*	86 (59,7%)	36 (25%)	22 (15,2%)
ante /t/ y final	*Estados Unidos*	101 (70,1%)	38 (26%)	5 (3,4%)
ante /p/	*caspa*	102 (70,6%)	37 (25,5%)	5 (3,4%)
ante /k/	*mordisco*	97 (67,3%)	38 (26%)	9 (6,2%)
ante /b/	*las venas*	97 (67,3%)	43 (29,8%)	4 (2,7%)
ante /d/	*buenos días*	97 (67,3%)	45 (31%)	2 (1,3%)
ante /g/	*los gatos*	95 (65,9%)	43 (29,8%)	6 (4,1%)
ante /m/	*asma*	90 (62,5%)	50 (34,7%)	4 (2,7%)
ante /n/	*buenas noches*	73 (50,6%)	69 (47,9%)	2 (1,3%)
ante /l/	*isla*	85 (59%)	57 (39%)	2 (1,3%)
ante /r/	*las rodillas*	95 (66,1%)	43 (29,8%)	6 (4,1%)

Estructuralmente, se observa que el camino de la realización de /s/ como plena hacia la aspiración va en distintas modalidades según la calidad del sonido que le suceda, de manera que se ve favorecida la aspiración ante consonante sonora más que ante consonante sorda; este descubrimiento concuerda con el estudio de Jorge Arturo Quesada Pacheco (1984) sobre las realizaciones de /s/ en el Área Metropolitana de San José, la capital, donde afirma:

> Con respecto a los factores lingüísticos que afectan la variación de /s/, se concluye que la sonorización y elisión están condicionados por la presencia de sonoridad en el segmento siguiente (Quesada 1984: 37).

Por su parte, la presente investigación permite aseverar que, dentro del grupo de consonantes sonoras, las nasales y el fonema lateral /l/ encabezan los más altos porcentajes de aspiración. Dentro de las consonantes sordas, los porcentajes se mantienen bastante estables, con una media de 37,5%, al igual que ante vocal y en posición final.

En lo que respecta a la distribución dialectal del cuadro anterior, el fonema /s/ en posición postnuclear marca una decidida frontera en el español de Costa Rica, ya que las regiones que presentan los más altos índices de aspiración se registran en la zona noroeste, a lo largo de la frontera con Nicaragua, y en la zona sur, hacia la frontera con Panamá. Además, es notoria su aparición –normalmente alternando con /s/ plena– en la sección occidental del Valle Central, concretamente en los informantes provenientes de los cantones de San Ramón, Atenas y Palmares, en la provincia de Alajuela, y a lo largo del litoral atlántico, en la provincia de Limón (cuadro 6).

Lo anterior es digno de anotarse porque, hasta donde se había conocido, la aspiración era un fenómeno registrado únicamente en la provincia de Guanacaste, en la zona noroeste de Costa Rica (Agüero 2009: 50). El resto del país figuraba, implícitamente, como antro de /s/ plena. Con el ALECORI esta frontera se expande hacia el interior del Valle Central a lo largo de la vertiente atlántica, si bien, como se puede observar, en porcentajes bastante bajos. El resto del país, es decir, el Valle Central, la zona norte (con excepción de la frontera con Nicaragua) y la sección occidental de la zona sur (el valle de El General), mantiene el alófono [s] postnuclear en todas sus posiciones.

En relación con la aspiración hay un rasgo que no salió expresamente representado en el ALECORI, cual fue el corte glotal, que se produce cuando una palabra terminada en /s/ va seguida de otra que comienza con vocal átona, sustituyendo a la aspiración: *los indios* → [loʔ'indjoh], *las once* → [laʔ'onse], *dos horas* → [doʔ'orah]. El fenómeno fue registrado en la provincia de Guanacaste, frontera con Nicaragua, a principios de 1990 (Quesada Pacheco 1991: 74), pero hace falta un estudio mucho más profundo que describa y explique sus entornos, los condicionamientos fonéticos en que se da y las variables sociolingüísticas bajo las cuales opera.

CUADRO 6
Realizaciones de /s/ posnuclear según regiones e informantes

Posición	Cantones del Valle Central			Cantones del litoral atlántico		
	Atenas	**San Ramón**	**Palmares**	**Guápiles**	**Limón**	**Bribri**
ante vocal y final	4 (100%)	2 (50%)	2 (50%)		2 (50%)	
ante /t/ y final				1 (25%)		1 (25%)
ante /p/	4 (100%)	2 (50%)	1 (25%)		1 (25%)	
ante /k/	4 (100%)	1 (25%)			1 (25%)	1 (25%)
ante /b/	1 (25%)					
ante /d/			1 (25%)			
ante /g/			4 (100%)		1 (25%)	1 (25%)
ante /m/	2 (50%)		2 (50%)		1 (25%)	1 (25%)
ante /l/	2 (50%)		2 (50%)	2 (50%)	1 (25%)	2 (50%)
ante /n/	1 (25%)		2 (50%)	1 (25%)	1 (25%)	2 (50%)
ante /r/	1 (25%)			1 (25%)		2 (50%)

3.2.3.3. El fonema palatal sonoro /ʝ/

En el estudio de las realizaciones del fonema palatal sonoro /ʝ/ se estudiaron dos entornos, uno con dicho fonema en posición inicial de palabra (*yegua*), y otro en posición interna (*amarillo*).

Se obtuvieron dos alófonos: uno fricativo palatal sonoro [ʝ] y otro aproximante palatal sonoro [j], como se muestra en el cuadro 7.

Proporcionalmente, se observa un claro predominio de realizaciones fricativas sobre las aproximantes, debilitadas. Estructuralmente, la posición que favorece la realización fricativa es en el interior de palabra, tal como sucede en el

CUADRO 7
Realizaciones de /ʝ/

Posición	***Palabras***	**Alófonos registrados por número de informantes y porcentajes**		
		[ʝ] fricativo palatal sonoro	**[j] aproximante palatal sonoro, o debilitamiento**	**alternancias entre los dos alófonos**
inicial	*yegua*	89 (61,8%)	39 (27%)	16 (11,1%)
interna	*amarillo*	108 (75%)	28 (19,4%)	8 (5,5%)

español general (Quilis 1997: 59) y como lo describiera O. Chavarría (1951: 253) para el español costarricense.

En lo que atañe a la dimensión dialectal, se nota a todas luces un acentuado condicionamiento, ya que las realizaciones aproximantes o débiles figuran con mayor frecuencia en el noroeste del país (provincia de Guanacaste) y a lo largo del litoral pacífico, en la provincia de Puntarenas. Se registran, aunque pocos, en el litoral atlántico y, en el caso de la palabra *yegua*; la mayor parte de alternancias fluye en la sección suroeste del Valle Central (provincia de Alajuela). Lo anterior da pie para expandir la pronunciación debilitada de /ʝ/ al panorama dialectal de Costa Rica.

3.2.3.4. El fonema velar /x/

El ALECORI contiene cinco mapas lingüísticos que recogen la pronunciación del fonema velar fricativo sordo /x/ en todo el país, con la idea observar su comportamiento ante vocales.

Los resultados obtenidos fueron dos alófonos: uno velar lenis [x], y uno faríngeo o laríngeo [h] (Quilis 1997: 59), según se puede ver en el cuadro 8.

Los datos anteriores revelan que la pronunciación dominante en todo el territorio nacional es el alófono lenis [x]. No obstante, parece haber un condicionamiento fonético en sus realizaciones, ya que se notan porcentajes más altos de [h] faríngeo o laríngeo en contacto con vocales posteriores. Dialectalmente hablando, los mapas también revelan un condicionamiento de realizaciones según la región, de manera que las apariciones más frecuentes de [x] velar se encuentran en el interior del país, concretamente en el Valle Central, en la zona norte y en el valle de El General; el resto del país, o sea, la región noroeste, el litoral atlántico y el Pacífico sur, registran las apariciones más frecuentes de [h].

CUADRO 8
Realizaciones de /x/

Posición	***Palabras***	**Alófonos registrados por número de informantes y sus porcentajes**	
		[x] velar (lenis)	**[h] faríngeo o laríngeo**
ante /a/	*paja*	101 (70,1%)	43 (29,9%)
ante /o/	*abajo*	75 (52%)	69 (47,9)
ante /e/	*jeta*	100 (69,4%)	44 (30,5%)
ante /u/	*junio*	91 (63,1%)	53 (36,8%)
ante /i/	*cajita*	96 (66,6%)	48 (33,3%)

3.2.4. *El fonema africado /tʃ/*

El mapa referente a las realizaciones del fonema africado prepalatal sordo /tʃ/ registró dos alófonos, uno africado [tʃ] y otro fricativo [ʃ], según los siguientes resultados:

CUADRO 9
Realizaciones de /tʃ/

Palabra	**Alófonos registrados por número de informantes y porcentajes**		
	africada [tʃ]	**fricativa [ʃ]**	**Alternancias entre los dos alófonos**
ocho	126 (87,5%)	11 (7,6%)	7 (4,8%)

Los datos del cuadro 9 muestran una sólida representación del alófono africado frente al fricativo en Costa Rica, con lo cual se confirma la aseveración de A. Agüero (2009: 51) de que "La /c/ predorsoprepalatal africada sorda, es la normal en todo el país." No obstante, si bien es cierto hay una clara preferencia por la variante africada en Costa Rica, también es cierto que, según los resultados del presente estudio, hay un 13% de realizaciones fricativas y alternancias nada despreciables y dignas de dos comentarios. En primer lugar, el fenómeno de fricativización de [tʃ] en Costa Rica es bastante reciente, pues las primeras documentaciones de su aparición datan de la última década del siglo XX: es A. Rodríguez (1992: 55) la investigadora que registra dicha realización por primera vez, en un informante de la ciudad de Puntarenas, en el litoral pacífico norte. Otra documentación proviene de una recopilación de datos fonéticos en 1992, en donde se comprobó la existencia de [ʃ] en boca de dos informantes jóvenes del sexo femenino, provenientes de las ciudades de Miramar y Santa Cruz, ambas en el noroeste del país (Quesada Pacheco 1996: 551). En segundo lugar, el fenómeno se registra esta vez en todo el país, pero la mayor parte de las fricativizaciones proviene del noroeste y de informantes esparcidos a lo largo del litoral pacífico. Consideramos, no obstante, que en el presente estudio es demasiado temprano afirmar que estamos frente a un cambio en marcha; sin embargo, habrá que ponerle mayor atención en futuras investigaciones.

3.2.5. *Nasales. El fonema alveolar /n/*

En el ALECORI se tomó en cuenta el fonema nasal alveolar /n/ para determinar sus realizaciones en posición postnuclear, y se registró una abrumadora mayoría en favor del alófono nasal velar [ŋ] frente a su contraparte alveolar [n]; así, de los 144 informantes, solamente tres personas profirieron [n] y cuatro alternaban los dos alófonos.

De acuerdo con A. Agüero (2009: 55): "Los costarricenses, menos los de Guanacaste, pronuncian [ŋ] posdorsovelar y no [n] cuando está delante de pausa: *cajón* [kaxóŋ], *saben* [sáβeŋ], *fin* [fiŋ], *Juan* [xwáŋ], *hablan* [áβlaŋ], *atún* [atúŋ]." La afirmación de Agüero merece dos comentarios. El primero tiene que ver con las primeras documentaciones de [ŋ], las cuales datan de principios del siglo XX y es precisamente en la región noroeste del país donde se registra, no en el Valle Central. Según L. Dobles Segreda, quien documenta el fenómeno por primera vez, entre los habitantes del Pacífico: "La nasalización de la n final se hace tendiendo a una guturalización y suena casi como una fusión de n y g: *cajóng, estáng*, etc." (Dobles 1910: 4283). El segundo es que ninguno de los pocos informantes que pronunciaron /n/ como nasal alveolar provenían de la provincia de Guanacaste, sino, al contrario, del Valle Central y de las vertientes atlántica y pacífica sur.

3.2.6. *Los vibrantes*

Para el examen de los fonemas vibrantes en el ALECORI se confeccionaron once mapas, nueve para la vibrante simple (o *tap*) y dos para la múltiple (o *trill*).

El fonema vibrante simple se estudió ante las siguientes consonantes: /n/ (*viernes*), /m/ (*enfermera*), /l/ (*Carlos*), /s/ (*almuerzo*) y en posición final (*dormir*); además, se examinó su comportamiento en los grupos /tɾ/ (*tres*), /stɾ/ (*maestra*), /ndɾ/ (*pondrá*) y /ldɾ/ (*saldrá*).

Con respecto a /n/ ante consonantes sonoras y en posición final, se registraron tres alófonos: a) vibrante simple [ɾ], b) aproximante retroflejo sonoro [ɻ] y c) aproximante alveolar sordo en posición final de enunciado [ɹ̥]. Los resultados a que se llegó figuran expuestos en el cuadro 10.

CUADRO 10
Realizaciones de la vibrante simple /ɾ/

Posición	***Palabras***	**Alófonos registrados por número de informantes y porcentajes**		
		Vibrante simple [ɾ]	**Aproximante retrofleja sonora [ɻ]**	**Aproximante alveolar sorda [ɹ̥]**
ante /n/	*viernes*	64 (44,4%)	80 (55,5%)	
ante /m/	*enfermera*	116 (80,5%)	28 (19,4%)	
ante /l/	*Carlos*	47 (32,6%)	97 (67,3%)	
ante /s/	*almuerzo*	102 (70,8%)	42 (29,1%)	
final	*dormir*	55 (38,1%)		89 (61,8%)

Según se puede observar, hay dos posiciones en que los porcentajes de aproximante retrofleja sonora superan el 50% de los casos registrados. Estos porcentajes están íntimamente relacionados con los fonemas consonánticos alveolares, particularmente en el contacto de vibrante simple frente a nasal alveolar /n/. En lo pertinente a /ɾ/ en posición final, la realización de aproximante alveolar sorda supera el 60%. Respecto de /ɾ/ en los grupos consonánticos mencionados, se extrajeron los resultados que se reflejan en el cuadro 11.

Examinando el cuadro 11, se nota que el grupo que más favorece la asibilación es el biconsonántico /tɾ/, seguido de /stɾ/; por su parte, la asibilación en los grupos restantes se registró en muy bajos porcentajes.

Viendo el panorama de /ɾ/ desde una perspectiva dialectal, los alófonos mencionados y la pronunciación asibilada están prácticamente condicionados geolectalmente, ya que los porcentajes más altos de realizaciones como vibrante

CUADRO 11
Realizaciones de grupos consonánticos en combinación con vibrante simple

Posición	*Palabras*	Alófonos registrados por número de informantes y porcentajes		
		Pronunciación vibrante	Pronunciación asibilada	Alternancias entre una y otra pronunciación
grupo /tɾ/	*tres*	66 (45,8%)	51 (35,4%)	27 (18,7%)
grupo /stɾ/	*maestra*	91 (63,1%)	48 (33,3%)	5 (3,4%)
grupo /ndɾ/	*pondrá*	128 (88,8%)	16 (11,1%)	
grupo /ldɾ/	*saldrá*	128 (88,8%)	16 (11,1%)	

simple [ɾ] y sin asibilación figuran en todas las tierras bajas, mientras que la retroflexión y el ensordecimiento se revelan como dominantes en las tierras altas. Estos resultados están en consonancia con todos los estudios fonéticos realizados en Costa Rica desde mediados del siglo XX hasta la fecha (Chavarría 1951; Agüero 1962, 2009; Rodríguez 1992; Quesada Pacheco 1992b, 1996; Vargas 2000).

En lo que atañe al fonema vibrante múltiple o *trill* /r/, se hicieron dos mapas, uno con dicho fonema en posición inicial de palabra (*rojo*) y otro en posición interna (*carreta*). Los resultados fueron:

CUADRO 12
Realizaciones de /r/

Posición	*Palabras*	Alófonos registrados por número de informantes y porcentajes		
		Vibrante múltiple [r]	Aproximante alveolar sonora [ɹ] o retrofleja [ɻ]	Alternancias entre vibrante y aproximantes o retroflejas
inicial	*rojo*	39 (27%)	89 (61,8%)	16 (11,1%)
interna	*carreta*	48 (33,3%)	78 (54,1%)	18 (12,5%)

El cuadro anterior muestra que las realizaciones de /r/ como aproximante alveolar o como retrofleja superan el 50%, con lo cual compiten abiertamente con la realización vibrante. Y, desde una dimensión dialectal, se presenta el mismo panorama del fenómeno anterior: las apariciones más frecuentes de pronunciación vibrante se registran en el noroeste del país y en la zona sur, colindante con Panamá. No obstante, a diferencia de /ɾ/, y contrario a lo que han dicho los mencionados autores, se notan brotes significativos de alveolarización o retroflexión en las zonas donde tradicionalmente se ha realizado /r/ como vibrante múltiple; de manera que, de seguir este avance, pronto llegarán las realizaciones alveolares o retroflejas de /r/ a borrar una isoglosa y ser características de todo el territorio nacional. En otras palabras, estamos frente a un cambio en marcha.

4. Zonas dialectales de Costa Rica

El examen de las realizaciones fonéticas de los fonemas que constituyen el español hablado en Costa Rica, tal como se han manifestado en los datos que componen el nivel fonético del ALECORI, permite extraer dos conclusiones. En primer lugar, que los principales rasgos que caracterizan el sistema fonético del español costarricense son los siguientes:

- Elisión de vocales finales átonas en el Valle Central y sus zonas de influencia.
- Restos de cambio en el timbre de /e/ y /o/ átonas finales en el Valle Central.
- Creciente fricativización de las oclusivas sonoras /b d g/ tras vibrante simple, lateral y diptongo decreciente en todo el país.
- Frecuente elisión de la terminación /-ado/ en todo el país, y retención o fricativización en el noroeste.
- Frecuente realización de /f/ como labiodental en todo el país, con excepción de dicho fonema ante /we/.
- Presencia dc ceceo en el noroeste y a lo largo del litoral pacífico.
- Frecuente realización de /s/ como aspirada en las zonas bajas del país, y en las regiones limítrofes con Nicaragua y Panamá.
- Realización fricativa de /ʝ/ en el Valle Central y sus zonas de influencia, pero aproximante en el resto del país, especialmente en el noroeste y a lo largo del litoral pacífico.
- Generalización total de la realización velar de /n/ en todo el territorio nacional.

- Pronunciación de la vibrante simple como retrofleja en posición postnuclear en las zonas altas del país, y como vibrante simple en el resto del territorio nacional.
- Extensión de la vibrante múltiple en calidad de aproximante alveolar o retrofleja en todo el país, incluso en la zona noroeste, caracterizada antaño por sus realizaciones vibrantes. Aun así, aún guarda esta zona los más altos porcentajes como *trill*.

En segundo lugar, que los resultados anteriores confirman en buena medida los alcances a los que había llegado Quesada Pacheco (1992a) en un pequeño atlas preliminar de Costa Rica, donde el autor concluye que la antigua división dialectal propuesta en su momento por A. Agüero (1962)[3] entre Valle Central y provincia de Guanacaste, al noroeste del país, había quedado obsoleta y tenía que redefinirse, por varias razones. Por ejemplo, se hallaban ya nuevos núcleos poblacionales que nunca se habían tomado en cuenta para estudios dialectales, como son la región norte, el litoral atlántico y la zona sur, incluido el valle de El General, de fuerte influjo vallecentraleño. Por otra parte, y además de las realizaciones de /s/ y de las vibrantes, había más rasgos fonéticos que tampoco se habían tenido presentes a la hora de trazar la primera división dialectal del país. En consecuencia, el ALECORI permite definir el panorama dialectal de Costa Rica en las siguientes subregiones:

1. Valle Central y sus zonas de influencia, cuales son, la zona norte (llanuras de San Carlos en la provincia de Alajuela), el litoral atlántico y el valle de El General, al sureste de la provincia de San José, y la región de Tilarán, provincia de Guanacaste;
2. El resto del país, con la zona noroeste (toda la provincia de Guanacaste menos la región de Tilarán), la región pacífica norte (provincia de Puntarenas) y el Pacífico sur;
3. Zonas de transición dialectal, como:

a) las regiones limítrofes con Nicaragua y Panamá;
b) la región pacífica central (Parrita y Quepos, en la provincia de Puntarenas);

[3] Para la época cuando Agüero hizo sus análisis, a mediados del siglo XX, las condiciones para viajar a todos los rincones del país eran precarias; no había caminos ni facilidades. Además, muchos de los núcleos poblacionales que en el presente estudio se tomaron en cuenta eran entonces incipientes.

c) la región sur, entre el calle de El General y la ciudad de Buenos Aires, provincia de Puntarenas;
d) la sección colindante con el sector suroeste del Valle Central, concretamente las ciudades de San Mateo y Orotina, en la provincia de Alajuela.

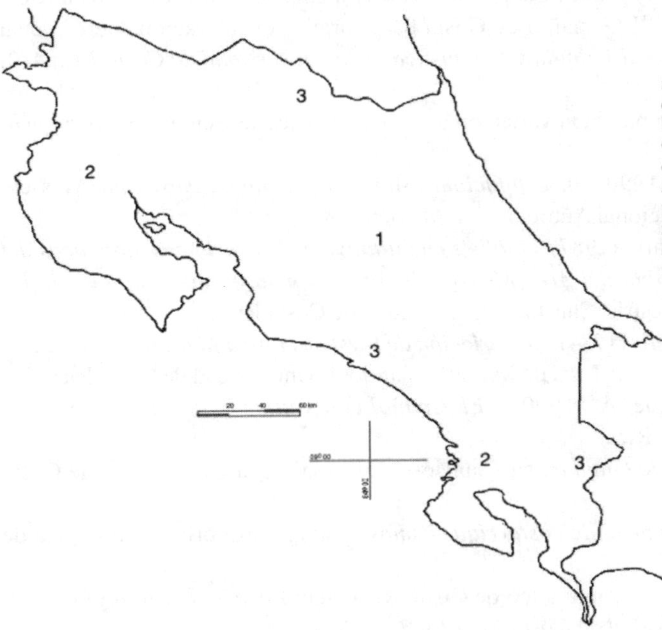

Zonas dialectales de Costa Rica

1. Valle Central y sus zonas de influencia (llanuras de San Carlos en la provincia de Alajuela), el litoral atlántico y el valle de El General, al sureste de la provincia de San José;
2. El resto del país (toda la provincia de Guanacaste), la región pacífica norte (provincia de Puntarenas) y el Pacífico sur;
3. Zonas de transición dialectal:
   - las regiones limítrofes con Nicaragua y Panamá;
   - la región pacífica central (Parrita y Quepos, en la provincia de Puntarenas);
   - la región sur, entre el valle de El General y la ciudad de Buenos Aires, provincia de Puntarenas; además de la sección colindante con el sector suroeste del Valle Central.

Bibliografía

AGÜERO, Arturo (1962): *El español de América y Costa Rica.* San José: Atenea.

— (1964): "El español de Costa Rica y su atlas lingüístico", en: *Presente y Futuro de la Lengua Española I. Actas de la Asamblea de Filología del I Congreso de Instituciones Hispánicas*, 135-152.

— (2009): *El español de Costa Rica.* San José: Universidad de Costa Rica.

ARROYO,Víctor M. (1971): *El habla popular en la literatura costarricense.* San José: Oficina de Publicaciones de la Universidad de Costa Rica.

BERK-SELIGSON, Susan/SELIGSON, Mitchell (1978): "The Phonological Correlates of Social Stratification in the Spanish of Costa Rica", en: *Lingua* 46, 1-128.

CHAVARRÍA, Oscar (1951): "The Phonemes of Costa Rican Spanish", en: *Language* 27, 248-253.

CHAVARRÍA, Juan/QUESADA, Marta/SOTO, Luis (1977): *El habla de Quitirrisí: fonología, forma lingüística, léxico*. Tesis de Licenciatura. San José: Universidad de Costa Rica.

COWIN, Susan (1978): *The Spanish of Liberia in the Province of Guanacaste, Costa Rica*. Tesis de Maestría. Florida: Florida State University.

DOBLES SEGREDA, Luis (1910): "Apuntes IV", en: *Páginas Ilustradas* 235, 4281-4285.

FERNÁNDEZ, Joseph A. (1982/1985): "The Allophones of /b, d, g/ in Costa Rican Spanish", en: *Orbis* 31, 12, 121-146.

GAGINI, Carlos (1919/1975): *Diccionario de costarriqueñismos*. San José: Costa Rica.

GAÍNZA, Gastón (1976): "El español de Costa Rica: breve consideración acerca de su estudio", en: *Revista de Filología y Lingüística de la Universidad de Costa Rica* 4, 2, 79-83.

JAÉN, Xinia (1989): "Cambio en la variación de /s/ en Guanacaste", en: *Comunicación* 4, 1, 36-40.

LOPE BLANCH, Juan M. (1990): *Investigaciones sobre dialectología mexicana*. México, D.F.: Universidad Nacional Autónoma de México.

LÓPEZ GUIDO, Flor de María (1987): *Análisis cuantitativo de las variantes alofónicas del fonema /d/ en el español del Área Metropolitana de San José: un enfoque sociolingüístico*. Tesis de Maestría. San José: Universidad de Costa Rica.

QUESADA PACHECO, Jorge A. (1984): *La variación de la /s/ en el Área Metropolitana de San José: análisis cuantitativo*. Tesis de Maestría. San José: Universidad de Costa Rica.

QUESADA PACHECO, Miguel Á. (1990a): *El español colonial de Costa Rica*. San José: Universidad de Costa Rica.

— (1990b): *El español de Guanacaste*. San José: Editorial de la Universidad de Costa Rica.

— (1991): *Nuevo diccionario de costarriqueñismos*. Cartago: Editorial Tecnológica de Costa Rica.

— (1992a): "Pequeño atlas lingüístico de Costa Rica", en: *Revista de Filología y Lingüística de la Universidad de Costa Rica* 18, 2, 85-189.

— (1992b): *Atlas lingüístico-etnográfico de Costa Rica. Cuestionario*. San José: Nueva Década.

— (1992c): *El español en Costa Rica. Historia de sus estudios filológicos y lingüísticos*. San José: Fernández Arce.

— (1996): "Los fonemas del español de Costa Rica: aproximación dialectológica", en: *Lexis* 20, 12, 535-562.

— (coord.) (2009): *Atlas lingüístico-etnográfico de Costa Rica*. San José: Universidad de Costa Rica.

QUILIS, Antonio (1993): *Tratado de fonología y fonética españolas*. Madrid: Gredos.

— (1997): *Principios de fonología y fonética españolas*. Madrid: Arco/Libros.

RODRÍGUEZ ROJAS, Alejandra (1992): *Análisis fonético y fonológico, nivel segmental, del español de la ciudad de Puntarenas*. Tesis de Maestría. San José: Universidad de Costa Rica.

SÁNCHEZ, Víctor (1986): "Escisión fonológica de /ɹ/ en el español de Costa Rica", en: *Revista de Filología y Lingüística de la Universidad de Costa Rica* 12, 2, 129-133.

SOLANO, Yamileth (1986): "Una variación lingüística en el habla costarricense", en: *Revista de Filología y Lingüística de la Universidad de Costa Rica* 12, 1, 133-143.

UMAÑA A., Jeanina (1990): "Variación de vibrantes en una muestra del habla de clase media costarricense", en: *Revista de Filología y Lingüística de la Universidad de Costa Rica* 16, 1, 127-137.

VARGAS VARGAS, Luis (2000): *Fonética del español de Costa Rica: análisis geolingüístico pluridimensional*. Tesis de Maestría. Bergen: Universitetet i Bergen.

WILSON, Jack (1980): "El español de Costa Rica. Estudio fonológico-generativo", en: *Revista de Filología y Lingüística de la Universidad de Costa Rica* 6, 1 y 2, 346.

FONÉTICA DEL ESPAÑOL DE PANAMÁ

MAURICIO ANDRÉS CARDONA RAMÍREZ

1. Introducción

Desde los primeros intentos de división dialectal americana hasta los últimos trabajos realizados al respecto, el español panameño suele ser incluido dentro de la zona dialectológica que comprende las Antillas y las costas caribeñas de Colombia y Venezuela[1]. Ésta fue la zona del primer contacto lingüístico entre españoles de diferentes regiones de la península e indígenas americanos a partir de 1492. Allí se da el primer fenómeno de nivelación dialectológica o *koiné* entre los diferentes dialectos venidos de España (Guitart/Zamora 1982: 1819; Rivarola 1990: 31, 2005: 40; Frago 1999: 1113; Sánchez 2003). La lengua indígena, por su parte, tuvo poca influencia, debido a su casi total aniquilamiento (Sánchez 2003: 36). En dicha nivelación, el dialecto andaluz parece haber tenido mayor peso, lo que no es extraño si se tiene en cuenta la ventaja numérica de los hablantes andaluces con respecto a otras zonas de España. Según el estudio llevado a cabo por Boyd-Bowman (1956 y 1964), dicho número alcanza el 60% entre 1493 y 1508 (Sánchez 2003: 89).

El próximo paso de los colonos se presenta de manera contundente en 1510, cuando se funda la primera ciudad en tierra firme americana (Santa María de la Antigua) por colonos que ya habían sufrido un proceso de nivelación lingüística en las islas antillanas. Sin embargo, el poco tiempo transcurrido entre la llegada de los colonos a las islas antillanas y su avance a tierra firme por el istmo, hace pensar que el español traído a Panamá se encontraba aún en el proceso de nivelación dialectal iniciado en 1492.

Hasta la fecha de hoy, debido a su posición geográfica y el hecho de comunicar dos océanos, Panamá ha sido y seguirá siendo lugar de estadía de diferentes culturas, razas y comunidades lingüísticas que, en diferente grado, aportan cada día a la configuración de lo que es hoy el español de Panamá.

Entre los estudios fonéticos dielectológicos realizados en Panamá se encuentran algunos de consulta obligada para todo aquel que intente un acercamiento a

[1] Al respecto, Miguel Quesada (2000) hace un recuento cronológico de los diferentes autores y teorías que han marcado el camino hacia la división dialectal americana.

la fonética del istmo. Entre los más citados tenemos, en el plano rural, a Stanley Robe (1960), cuyo enfoque se centró en las provincias centrales del país. En el plano urbano tenemos a Elsie Alvarado (1971), cuyo estudio se centró en Ciudad de Panamá, con algunas comparaciones rurales. Además, está también el trabajo de Matilde Graell Stanziola y Antonio Quilis (2003), en el cual se realiza un estudio de tipo geolingüístico como parte del proyecto "Atlas Lingüístico de Hispanoamérica" diseñado por Antonio Quilis y Manuel Alvar. Para dicho trabajo se entrevistaron 14 informantes en siete localidades repartidas a lo largo del territorio nacional.

En cuanto a su localización geográfica, el país limita con Colombia al este y con Costa Rica al oeste. Se encuentra entre las latitudes 7º15 y 9º40 grados norte y las longitudes 79º15 y 83º oeste. Tiene una extensión de 45.722 km^2, con una población de 3.191.319, según estimaciones a 2006. Su división política comprende nueve provincias y cinco comarcas indígenas.

Mapa político de Panamá

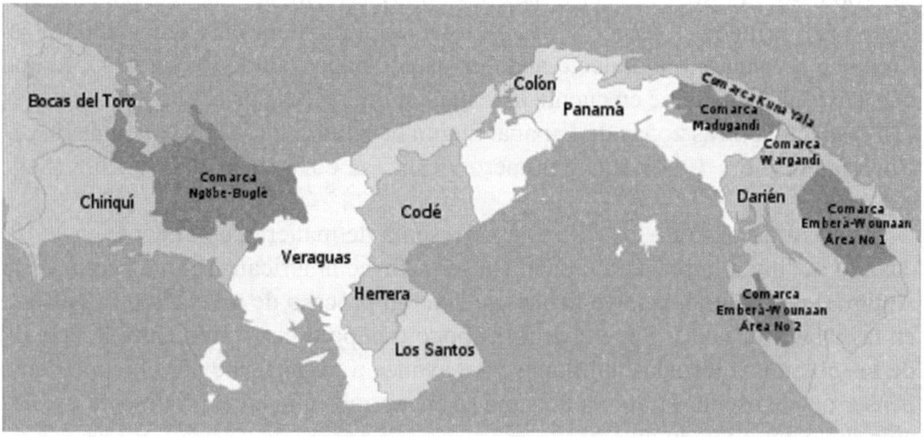

FUENTE: http://es.wikipedia.org/wiki/Organización_territorial_de_Panamá

Desde el enfoque dialectológico tradicional propuesto por la lingüística románica de inicios del siglo XX, con la inclusión del método geolingüístico, en este estudio hemos escogido 16 localidades que abarcan todo el territorio nacional de Panamá, de manera relativamente equidistante, con la salvedad de que el objetivo de lograr la equidistancia no fue siempre posible debido al gran tamaño de algunas áreas despobladas, como son las provincias de Darién, San Blas, y Bocas del Toro. Sin embargo, nos aseguramos de que como mínimo una localidad estuviese dentro de los límites de cada una de las provincias.

Las entrevistas fueron realizadas siguiendo la metodología para el Atlas Lingüístico Pluridimensional de América Central (en adelante ALPAC). Así, entrevistamos cuatro informantes en cada una de las localidades visitadas. Cada informante representa un grupo generacional de los dos escogidos para el ALPAC (mayores de 60 y entre 18 y 35) y un grupo sexual (mujer u hombre).

Las encuestas se llevaron a cabo en 19 localidades, 16 de ellas durante el primer semestre de 2005 y tres de ellas (Portobelo, Cañitas y Metetí) durante el primer trimestre de 2007. A continuación, presentamos la tabla con la lista de localidades encuestadas, ordenadas según la provincia a que pertenecen:

TABLA 1
Localidades encuestadas

Provincia	***Localidad***
Darién	*La Palma* *Yaviza* *Metetí*
San Blas	*El Porvenir*
Panamá	*Panamá* *Cañitas*
Colón	*Salud* *Portobelo*
Coclé	*Penonomé*
Veraguas	*Santa Fe* *Santiago* *El Tigre*
Herrera	*Chitré*
Los Santos	*Pedasí*
Chiriquí	*Tolé* *David* *Puerto Armuelles* *Cerro Punta*
Bocas del Toro	*Changuinola*

2. Análisis de los datos

Para el análisis que presentamos a continuación es importante tener en cuenta que hemos determinado tres zonas cartográficas, con el fin de facilitar el agrupamiento de fenómenos que abarquen territorios extensos o claramente visibles dentro de una u otra zona específica. Para la determinación de dichas zonas hemos tomado las longitudes cartográficas que abarca el país como puntos de referencia. Así como vemos en el mapa arriba ilustrado, Panamá se extiende de occidente a oriente ocupando aproximadamente seis longitudes que van de la longitud 77 a la longitud 83. Ello nos ayuda a trazar zonas cartográficas que mantienen, más o menos, la misma extensión dentro del territorio panameño.

De esta manera, cada una de las zonas cartográficas consideradas (zona occidental, zona central y zona oriental) ocupará dos longitudes contiguas: la zona occidental, que va de la longitud 77 a la 79, incluye las localidades de Yaviza, La Palma, Metetí, Cañita y El Porvenir. La zona central está conformada por aquellas localidades dentro de la longitud 79 y 81; Panamá, Salud, Penonomé, Chitré, Pedasí y Santiago. Por último, trazamos una zona occidental que va de la latitud 81 a la 83, y que contiene las localidades de Santa Fe, El Tigre, Tolé, David, Puerto Armuelles, Cerro Punta y Changuinola.

Lo anterior indica que dichas zonas son simplemente referenciales al espacio geográfico específico que queremos señalar. Estas no son, necesariamente, las zonas dialectales que resultarán del análisis. Las isoglosas bien pueden extenderse parcialmente en una zona, en una zona completa u ocupar varias zonas cartográficas. A tales isoglosas nos referiremos como zonas dialectales, en su momento.

2.1. VOCALISMO

Para tratar parte de lo que concierne al vocalismo panameño, el estudio se centró en la observación de las vocales medias /e/, /o/ y la baja /a/ en posición átona final y ante /s/.

Los datos confirman que, en general, hay bastante estabilidad vocálica, aunque se dan algunos casos de acortamiento en todo el país, y en menor medida, de elisión.

El cuadro 1 nos da una idea del vocalismo panameño en lo que se refiere a su extensión:

La vocal central baja /a/ átona es la que mayor porcentaje de casos de acortamiento vocálico presenta en posición final átona (15,8%), en palabras como *casa* → [ˈkasă], y en posición átona frente a /s/ (15,8%) en palabras como *patas* → [ˈpatăs]. Sin embargo, sólo hay un 2,7% de acortamiento cuando la vocal átona

CUADRO 1
Porcentajes de frecuencia de cantidad vocálica

Posición	*Contexto*	Datos de extensión vocálica anotados según el número de informantes y porcentajes			
		Plena	Corta	Elisión	Cambio de timbre
/a/ final átona	*casa*	62 (81,6%)	12 (15,8%)	2 (2,6%)	
/a/ átona ante /s/	*patas*	63 (82,9%)	12 (15,8%)	1 (1,3%)	
/a/ entre /s/ y /s/	*esposas*	63 (84%)	2 (2,7%)		10 (13,3%)
/e/ final átona	*once*	59 (77,6%)	12 (15,8%)	3 (3,9%)	2 (2,6%)
/e/ átona ante /s/	*dientes*	69 (90,8%)	4 (5,3%)	3 (3,9%)	
/o/ final átona	*gato*	64 (84,2%)	8 (10,5%)	4 (5,3%)	
/o/ átona ante /s/	*huevos*	74 (97,4%)	1 (1,3%)		

está entre /s/ y /s/ (*esposas* → [es'posăs]). Los casos de elisión, en esta misma vocal, apenas si alcanzan un 2,6% en posición final (*casa* → ['kas]). Ante /s/, sólo un informante elidió la vocal (*patas* → ['pats]).

La /e/ también presenta un porcentaje considerable de acortamiento ([ĕ]), sobre todo en posición final átona (15,8%), en comparación con la posición frente a /s/ (5,3%).

La /o/ átona al final de palabra, por su parte, es la que más presenta casos de elisión (5,3%) en palabras como *gato* → ['gat], lo que contrasta con la gran estabilidad que presenta esta misma vocal en su posición frente a /s/ (97,4%) en palabras como *huevos* → ['weβos]. Sólo una persona acortó la vocal (['weβŏs]). Dichos resultados nos dejan ver que no hay mayor acortamiento vocálico en Panamá. De hecho, por el contrario, otros estudios han percibido alargamientos, como en el caso de Tejeira (1964), citado en Lipski (1994: 300), donde se menciona la presencia de alargamiento vocálico entre los grupos afrodescendientes. Para Alvarado (1971: 34-35), en lo que corresponde a la ciudad de Panamá, el vocalismo es bastante estable, debido a la lentitud de su articulación.

En relación con la alternancia de timbre en la /a/, distinguimos que ésta presenta una leve variación ascendente desde la articulación central baja, [a], hasta la media abierta, [ɛ], cuando va entre /s/ y /s/: [es'posas ~ es'posæs ~ es'posɛs]. Dicha alternancia se dio en diez informantes (13,3% de los entrevistados) a lo largo de todo el país.

Para la /e/, notamos un cambio de timbre de tipo vertical ascendente en dos informantes (2,6%) al articular la palabra *once* → [ˈonsɪ], uno en Cerro Punta y otro en Chitré. En los demás informantes se mantiene la estabilidad para esta vocal. No encontramos el carácter abierto de timbre, para esta vocal, en posición átona final y en posición atona ante /s/ que menciona Robe (1960:34).

La /o/, por su parte, no presentó casos de alternancia de timbre en ninguna de las posiciones. Tampoco Alvarado (1971: 43-51) adjudica mayores alternancias de timbre, salvo en algunos informantes de comunidades rurales. No parece haber tampoco cambio de timbre vocálico que marque el plural cuando se elide la /s/. Si bien observamos algunos cambios de timbre en *las rodillas* → [laroˈðijɛ ~ laroˈðjæ], dicho cambio de timbre también se dio incluso cuando no se elidió la /s/ (*las rodillas* → [ˈlahroˈðijɛs]).

Por lo tanto, no parece que dicho cambio de timbre se deba al reemplazo de la marca de plural. También Alvarado (1971: 29-30) había ya discrepado de las observaciones hechas por Robe (1960) en cuanto a la abertura de la /o/ como marca de plural.

2.2. Consonantismo

2.2.1. *Fonemas oclusivos*

Se diseñaron nueve preguntas con el ánimo de percibir el grado de oclusividad de las consonantes oclusivas sonoras /b, d, g/ tras lateral /l/, vibrante /r/ y diptongo decreciente, además de una pregunta para establecer la oclusividad del fonema /d/ en la terminación /-ado/. Los resultados alcanzados se presentan en los próximos tres cuadros; uno por fonema.

2.2.1.1. El fonema /b/

Para este fonema se registraron las realizaciones de /b/ tras dos consonantes (/l/ y /ɾ/) y tras diptongo decreciente. Los resultados se muestran en el cuadro 2.

Las tres combinaciones revelan una clara tendencia a su fricativización. Los pocos casos de oclusividad se dan, sobre todo, ante /r/, en *curva* → [ˈkuɾba] (12%). Yaviza, población al oriente del país cerca de la frontera con Colombia, resulta contar con el mayor número de realizaciones oclusivas para este fonema. Ciudad de Panamá, por otro lado, dio en tener la mayor cantidad de realizaciones aproximantes. Tras el diptongo decreciente, por ejemplo, la totalidad de los encuestados en esta ciudad articularon el fonema con el alófono aproximante en

CUADRO 2
Porcentajes de frecuencia de los alófonos de la bilabial sonora /b/

Posición	***Contexto***	**Alófonos registrados y su respectivo número de informantes y porcentajes**		
		Realizaciones con alófono oclusivo [b]	**Realizaciones con alófono fricativo [β]**	**Realizaciones con alófono aproximante [β̞]**
/b/ tras /l/	*polvo*	6 (7,9%)	57 (75%)	12 (15,8%)
/b/ tras /r/	*curva*	9 (12%)	49 (65,3%)	17 (22,7%)
/b/ tras diptongo decreciente	*jaiba*	3 (4,1%)	48 (64,9%)	21 (28,4%)

contextos como [ˈxaiβ̞a] por *jaiba* y [ˈseiβ̞a] por *ceiba*. También podemos destacar localidades como Cerro Punta, Pedasí, Santa Fe y Tolé como las zonas en que más se fricativizó el fonema /b/. Las cuatro poblaciones están ubicadas en la parte centro-occidental del país.

2.2.1.2. El fonema /d/

Para lograr obtener una idea del grado de fricativización de la /d/ en el español de Panamá, escogimos los contextos fonéticos que, normalmente, presentan mayor variación para este fonema: tras /l/, tras /r/, tras diptongo decreciente y en la terminación /-ado/ (cuadro 3).

Para el fonema /d/ predomina la forma fricativa en todo el país, principalmente, después de diptongo decreciente (*deuda* → [ˈdeuða]). Sin embargo, y de acuerdo a la norma estándar (Quilis 1999: 214-217), este fonema tiende a ser oclusivo después de /l/, con una puntuación del 85,5%. En cuanto a la realización del alófono oclusivo, Quilis señala la realización frecuente del alófono oclusivo de este fonema tras /ɾ/ en la localidad de Jaqué (Quilis 1999: 221). Aunque dicha población no está incluida dentro de nuestro estudio, cabe mencionar que se encuentra cerca de la frontera con Colombia, al igual que Yaviza, que sí forma parte de nuestro estudio y que, coincidiendo con Jaqué, presenta la mayor cantidad de realizaciones oclusivas de este fonema.

En la terminación /-ado/, a diferencia de la pérdida casi general del fonema señalada por Graell y Quilis (2003: 331) y Stanley Robe (1960: 42), nuestros datos registran la pérdida total de dicho fonema (*cansado* → [kanˈsao]) sólo en

CUADRO 3
Porcentajes de frecuencia de los alófonos de la alveolar oclusiva sonora /d/

Posición	***Contexto***	**Alófonos registrados por número de informantes y porcentajes**		
		Realizaciones con alófono oclusivo [d]	**Realizaciones con alófono fricativo [ð]**	**Realizaciones con alófono aproximante [ð̞]**
/d/ tras /l/	*caldo*	66 (86,8%)	9 (11,8%)	
/d/ tras /ɾ/	*muerde*	16 (21,1%)	57 (75%)	
/d/ tras diptongo decreciente	*deuda*	10 (13,2%)	65 (85,5%)	1 (1,3%)
En la terminación /-ado/	*cansado*		51 (67,1%)	22 (28,9%)

tres de los 76 informantes; uno en Salud, otro en Penonomé y otro en Ciudad Panamá, ciudades ubicadas en el centro del país y que pueden ser encerradas en un círculo como zona de elisión de /d/ en al terminación /-ado/. Sin embargo, se recomienda cautela por el escaso número de informantes. El resto realizó el alófono de manera fricativa y aproximante en diferentes grados. El 67,1% como fricativo (*cansado* → [kan'saðo]), y el 28,9% como aproximante (*cansado* → [kan'sað̞o]). Tales observaciones concuerdan con las de Elsie Alvarado (1971: 87), quien señala una mayoría fricativa en dicha terminación. Sin embargo, contradice las observaciones de Graell y Quilis (2003: 331), que adjudican la pérdida del fonema de manera generalizada en esta posición.

Como caso especial, se registraron dos casos de articulación retrofleja de la /d/ en la palabra *muerde*, con pérdida de la /ɾ/ (*muerde* → ['mweɻ̣e]), uno en Chitré y otro en La Palma, poblaciones ubicadas a cada extremo del Golfo de Panamá, costa pacífica.

2.2.1.3. El fonema /g/

El fonema /g/ fue puesto a prueba tras /l/, tras /ɾ/ y tras diptongo decreciente. En la práctica se registraron tres alófonos: el oclusivo [g], el fricativo [ɣ] y el aproximante [ɰ].

El siguiente cuadro nos ilustra los porcentajes generales para este fonema:

CUADRO 4
Porcentajes de frecuencia de los alófonos de la oclusiva velar sonora /g/

Posición	*Contexto*	**Alófonos registrados por número de informantes y porcentajes**		
		Realizaciones con alófono oclusivo [g]	**Realizaciones con alófono fricativo [ɣ]**	**Realizaciones con alófono aproximante [ɰ]**
/g/ tras /l/	*pulga*	15 (20%)	52 (62,2%)	7 (9,3%)
/g/ tras /ɾ/	*largo*	4 (5,3%)	53 (69,7%)	18 (23,7%)
/g/ tras diptongo decreciente	*oigo*	6 (8,1%)	51 (68,9%)	16 (21,6%)

Como era de esperarse, y según la teoría expuesta por Quilis (1999), la mayor tendencia de este fonema se da hacia su fricativización, en todos los contextos que hemos observado. Su mayor frecuencia de realización fricativa se presentó tras la vibrante /ɾ/ en palabras como *largo* → [ˈlaɾɣo] (69,7%). También en contexto tuvo el mayor porcentaje para las realizaciones aproximantes (23,7%), de la manera *largo* → [laɾɰo]. Tras /l/, encontramos el mayor porcentaje (20%) de las realizaciones oclusivas (*pulga* → [ˈpulga]). Esto, quizás, debido a la tendencia que hay en Panamá, al igual que en otros países de la zona antillana, a neutralizar o elidir la /l/ final de sílaba (Penny 2000: 150; Lipski 1994: 224, 299; Canfield 1981: 67; Robe 1960: 52). Lo anterior provoca una acentuación mayor de la consonante velar para compensar el debilitamiento de la lateral. Cuando hay pérdida total de la lateral, notamos una prolongación de la vocal (*pulga* → [puːga]). También Graell y Quilis (2003: 331) observaron la oclusividad de la /g/ tras /l/ en algunos informantes de Changuinola y Jaqué. En cuanto a la elisión, sólo se dio un caso entre todos los informantes, tras diptongo decreciente (*oigo* → [ˈoio]).

En términos generales, los resultados obtenidos para los tres fonemas oclusivos (/b/, /d/, /g/) están dentro de las expectativas para los oclusivos sonoros dentro del territorio americano. Es decir, el debilitamiento de estos fonemas es notorio, aunque, como ya lo había expresado Miguel Ángel Quesada, es normal encontrar alternancias entre las realizaciones oclusivas y fricativas (Quesada 1996: 103, 2001: 8). Por su parte, en Panamá es clara la tendencia fricativa con excepción de la /d/ tras /l/ en *caldo*, que se comporta conforme con la teoría (Quilis 1999: 217). De los tres fonemas, /d/ fue el que más porcentajes oclusivos obtuvo en promedio, si tenemos en cuenta los tres contextos comunes a los tres fonemas oclusivos observados. No obstante, tengamos en cuenta que la oclusividad de la que hablamos se da en todos los casos con cierta suavidad, ya antes mencionada por Alvarado (1971: 88). El fonema /b/, por su parte, es el que menos obstrucción presenta, en promedio.

Es de anotar que, en el estudio realizado por Graell y Quilis (2003: 331), la oclusividad de la /b/ y la /d/ tras la lateral /l/ o la vibrante /ɾ/ se registró en cuatro de las siete localidades seleccionadas en dicho estudio[2]. Esto sugiere la no cobertura total de dicha oclusividad en el país. En nuestros datos, sin embargo, se confirma la regla de oclusividad para los fonemas /b, d, g/ en dichas posiciones, pues se realiza, en mayor o menor medida, en todas las localidades entrevistadas, con Yaviza como la localidad que mayor número de realizaciones oclusivas presenta en los tres contextos fonéticos. Dicha localidad se ubica al oriente, cerca de la frontera con Colombia. La mayor cantidad de alófonos aproximantes, exceptuando la combinación /ld/, se dio en Ciudad Panamá y Chitré; zona central y occidental respectivamente; ambas en la costa del Pacífico. Sin embargo, si bien se puede hablar de mayorías, no podemos trazar isoglosas, pues las realizaciones tanto oclusivas como fricativas están repartidas a lo largo y ancho del país.

2.2.2. *Las fricativas*

2.2.2.1. El fonema /f/

Para lograr la articulación del fonema /f/ se hicieron ocho preguntas que lograran la realización de éste ante las cinco vocales españolas, ante los grupos /je/ y /we/, y ante la lateral /l/. Los resultados se presentan en el cuadro 5.

En estudios anteriores se ha observado que la realización de este fonema con su alófono labiodental [f] se suele presentar en las ciudades, mientras que en zonas rurales y en informantes sin educación, la articulación del alófono bilabial [ɸ] parece darse con mayor frecuencia (Robe 1960; Alvarado 1971; Canfield 1981; Graell/Quilis 2003). En el presente estudio observamos una mayoría contundente del alófono labiodental sordo [f] en todos los contextos fonéticos propuestos, principalmente, ante la vocal anterior /i/ en *filo* (97,3%). La realización bilabial [ɸ] se registró con cierta moderación a lo largo de todo el país y en todos los contextos. Anotamos, también, que la articulación de este alófono se da, en la gran mayoría de los casos, en las zonas más rurales. En los centros más urbanos

[2] Como parte del recorrido llevado a cabo en 1987 para el Atlas Lingüístico de Hispanoamérica.

CUADRO 5
Porcentajes de frecuencia de los alófonos de la labiodental fricativa sorda /f/

Contexto	Alófonos registrados y su respectivo número de informantes y porcentajes			
	Labiodental [f]	**Bilabial [ɸ]**	**Glotal [h]**	**Velar [x]**
familia	67 (88,2%)	9 (11,8%)		
café	68 (89,5%)	8 (10,5%)		
foto	66 (88%)	6 (8%)	3 (4%)	
filo	73 (97,3%)	2 (2,7%)		
fútbol	55 (72,4%)	9 (11,8%)	9 (11,8%)	3 (3,9%)
fiesta	71 (94,7%)	4 (5,3%)		
fuerte	69 (90,8%)	2 (2,6%)	5 (6,6%)	
flor	63 (82,9%)	8 (10,5%)	5 (6,6%)	

como Ciudad de Panamá, Santiago y David, la presencia de dicho alófono es casi nula; sólo se observó un caso en Ciudad de Panamá, en *fútbol* → [ɸutˈbol].

Asimismo, observamos que en las zonas rurales se dio la mayoría de los casos de velarización del fonema con alternancias entre los alófonos [h] y [x], sobre todo ante la /u/: *fútbol* → [hutˈbol] ~ [xutˈbol]. Además dicha posición resulta ser la que más casos de posteriorización refleja, llegando incluso a una cantidad considerable de realizaciones con el alófono [h]. Dicha situación va en concordancia con la teoría de la *posteriorización prenuclear*, mediante la cual "se suprimen gestos orales con mantenimiento de los laríngeos" (Guitart/Zamora 1982: 119), y con la teoría de la *velarización de la /f/ moderna*, mayoritariamente frente a vocales posteriores (Quilis 1999: 282). También Graell y Quilis (2003) señalan la realización frecuente con el alófono [h] ante [we] en el habla rural de las provincias centrales, aunque debe tenerse en cuenta que éstas fueron observaciones esporádicas, no documentadas en sus encuestas sistemáticas (2003: 333). Al respecto, nuestro estudio arroja cinco realizaciones tan sólo para dicho contexto (*fuerte* → [ˈhwerte]), que no se limitan a las provincias centrales, sino que aparecen desde la provincia de Chiriquí hasta la provincia del Darién; es decir, a lo largo de todo el país. En relación con los otros contextos fonéticos, la aparición del alófono [h] se dio en nueve informantes ante la /u/ (*fútbol* → [hutˈbol]), cinco ante la lateral /l/ (*flor* → [hloɾ]) y tres ante /o/ (*foto* → [ˈfoto]). No se dio ningún caso de posteriorización frente a vocales anteriores. La realización del alófono velar [x] fue la más escasa, con dos informantes (hombres mayores) en Yaviza y uno (mujer joven) en Tolé (*fútbol* → [xut'bol]).

No hay manera de establecer divisiones regionales claras para este fonema, pues sus diferentes alófonos se presentan con muy poca frecuencia y repartidos por todo el país. Eso sí, se mantiene el hecho de que es un fenómeno claramente observable en las zonas rurales.

2.2.2.2. El fonema /s/

2.2.2.2.1. /s/ en posición prenuclear

Para el presente estudio registramos la articulación de la /s/ prenuclear en dos contextos: *sol* /sol/ y *rosa* /'rosa/.

Casi de manera unánime, se dio la predorsoalveolar [s]. En posición intervocálica, sólo tres de los 76 informantes sonorizaron el fonema en zonas muy distantes una de la otra (Tolé, El Porvenir y Metetí), por lo que no puede hablarse de una zona dialectal con el alófono [z]. No encontramos el alófono predorsodentoalveolar mate, [θ̟], ni el interdental mate, [θ], que observaron Graell y Quilis (2003: 335-336) en su recorrido por Panamá.

El cuadro de resultados es el siguiente:

CUADRO 6
Porcentajes de frecuencia de los alófonos de la alveolar fricativa sorda

Contexto	**Alófonos registrados y su respectivo número de informantes y porcentajes**	
	Dorsodental [s]	**Sonora [z]**
sol	76 (100%)	
rosa	73 (96,1%)	3 (3,9%)

2.2.2.2.2. /s/ en posición posnuclear

En Panamá, este fonema es quizá el más interesante, desde el punto de vista estructural. Presenta una gran variedad de alófonos que van desde la articulación plena, [s], incluyendo la forma predorsoalveolar, hasta la elisión, representada con el cero fonético, [ø], pasando por la aspiración, [h], y el murmullo, [ɦ] (ver cuadro 7).

No obstante, debemos hacer la aclaración aquí sobre la distinción entre la aspirada sorda, [h], y la sonora, [ɦ], pues las dos alternan en Panamá. La realización que normalmente se le llama "aspiración sonora" es, tal vez, el mismo alófono al que se refería Cohen (1972) cuando decía: "Frente a una pausa, una vocal o una consonante que no sea /s/ o /x/, la /s/ se transforma en una *aspiración débil* [h] que es en muchos casos difícil de percibir, por lo que parece desaparecer" (Cohen 1972: 1001). En este estudio hemos diferenciado "los dos tipos de aspiración", pues nos parece acertada la argumentación de Guitart y Zamora (1982), en la cual se denomina la llamada aspiración sonora como *murmullo*. Su argumento se basa en que la aspiración supone un elemento sordo, y por ende, consideran que hay una contradicción en el término "aspiración sonora". A grandes rasgos, la constricción glotal a nivel laríngeo que normalmente se produce para la realización aspirada, como la conocemos, sufre un relajamiento que provoca un paso mayor de aire con vibración leve de las cuerdas vocales aproximadas (Guitart /Zamora 1982: 31, 110-113).

Sin embargo, continuando con esta teoría, no se descarta que dicho *murmullo* haya nacido a partir del alófono aspirado sordo por asimilación regresiva: "tal vez puede describirse el *murmullo* como un gesto de transición entre la sordez y la sonoridad" (Guitart/Zamora, 1982: 113)[3]. En algunos casos, por ejemplo, se tiene un efecto muy similar al alargamiento vocálico; como en el caso de *las venas* → [laɦˈβenas] ~ [laːˈβenas]. La diferencia entre las dos realizaciones está en que la vibración de las cuerdas vocales en el *murmullo* no es tan definida, por ausencia de unión entre ellas. Por lo tanto, es bastante susceptible de ser confundido con la aspiración sorda, pues la constricción glotal sigue presente, aunque en menor medida que en la aspiración sorda.

Así pues, aceptando que existen diferencias de algunos de los rasgos distintivos entre las dos realizaciones, nos parece pertinente distinguirlas con dos alófonos diferentes: alófono glotal sordo o aspiración ([h]) y alófono glotal sonoro o *murmullo* ([ɦ]).

Declarado lo anterior, presentamos los datos recogidos para este fonema en el siguiente cuadro (cuadro 7), que incluye sus realizaciones en doce posiciones

---

[3] Al respecto argumentan Guitart y Zamora: "En el murmullo, que se simboliza [ɦ], las cuerdas vocales vibran levemente al acercarse brevemente en toda su extensión sin llegar nunca a unirse, distinguiéndose de lo que ocurre en la sonoridad, donde vimos que las cuerdas vocales se juntan completamente. Algunos autores hablan de 'aspiración sonora' en vez de murmullo, lo que es una contradicción en términos si es que la aspiración equivale a la sordez" (Guitart/Zamora 1982: 31).

CUADRO 7

Porcentajes de frecuencia de los alófonos de la alveolar fricativa sorda en posición posnuclear

Posición	*Contexto*	**Alófonos registrados por número de informantes y porcentajes**					
		Plena [s]	**Sonora [z]**	**Glotal sorda o aspiración [h]**	**Glotal sonora o murmullo [ɦ]**	**Aproximante [z̞]**	**Elisión [ø]**
final	*unidos, las venas*	**38 (50%)**		6 (7,9%)			32 (42,1%)
ante vocal	*Estados Unidos*	**64 (86,5%)**	2 (2,7%)	1 (1,4%)	1 (1,4%)		4 (5,4%)
ante /t/	*Estados Unidos*	24 (31,6%)	1 (1,3%)	12 (15,8%)		**39 (51,3%)**	
ante /p/	*caspa*	**41 (53,9%)**		26 (34,2%)			7 (9,2%)
ante /k/	*marisco*	25 (32,9%)		**41 (53,9%)**			7 (9,2%)
ante /b/	*las venas*	7 (9,2%)	3 (3,9%)	**35 (46,1%)**	20 (26,3%)		11 (14,5%)
ante /d/	*buenos días*	4 (5,3%)	4 (5,3%)	24 (31,6%)	**22 (28,9%)**	8 (10,5%)	14 (18,4%)
ante /g/	*los gatos*	14 (19,2%)	3 (4,1%)	8 (11%)	**30 (41,1%)**	3 (4,1%)	15 (20,5%)
ante /m/	*asma*	**38 (50,7%)**	7 (9,3%)	17 (22,7%)	8(10,7%)		2 (2,7%)
ante /n/	*buenas noches*	8 (10,5%)	1 (1,3%)	**33 (43,4%)**	13 (17,1%)	3 (3,9%)	19 (25%)
ante /ɾ/	*las rodillas*	1 (1,4%)		24 (32,9%)	6 (8,2%)	2 (2,7%)	**40 (54,8%)**
ante /l/	*isla*	22 (28,9%)	8 (10,5%)	**27 (35,5%)**	17 (22,4%)	1 (1,3%)	

diferentes: ante consonantes sordas y sonoras, y en posición final (las mayorías porcentuales en cada posición se resaltan en negrita).

Comenzando por las generalidades y jerarquizando los alófonos por mayorías alcanzadas, podemos decir que la pronunciación plena y la aspiración lideran el grupo de los alófonos de /s/ posnuclear. La /s/ plena registró la mayoría de realizaciones en cuatro de las doce posiciones incluidas en la tabla; en posición final, frente a vocal, ante /p/ y ante /m/. El mayor porcentaje de la pronunciación plena se alcanzó frente a la vocal (86,5%). En posición final, este alófono se dio en la mitad de los informantes, aproximadamente. No obstante, en algunos contextos su participación es muy pobre o casi nula, como ante /ɾ/, /n/, /d/, /g/ y /b/. En cuanto a su distribución, este alófono se encuentra normalmente en todo el país, pero se puede notar que en aquellos contextos en donde su participación es escasa, sus realizaciones suelen ser observadas en los extremos del país. Esto es, la parte central da señales de ser menos conservadora en los contextos mencionados.

Por su parte, la aspirada [h] también alcanzó la mayoría en cuatro de las posiciones: frente a /k/, frente a /b/, frente a /n/ y frente a /l/. El mayor porcentaje del alófono aspirado se presentó ante /k/ (53,9%) en *mariscos* → [maˈɾihkos]. Su realización es muy escasa en posición final, ante vocal y ante /g/. En cuanto a su distribución geográfica, el alófono muestra dos concentraciones importantes en su posición frente a /n/, una al occidente del país (Santiago, Tolé, David, Puerto Armuelles, Cerro Punta y Changuinola) y la otra en la parte centro-occidental (Salud, Panamá, Cañitas, El Porvenir y Portobelo). Las observaciones de Cedergren (1978: 39), aunque con un método diferente y limitado a Ciudad de Panamá, coinciden con nuestras anotaciones en lo relacionado tanto con la realización plena ([s]) ante vocal y ante pausa, como de la realización aspirada ([h]) ante consonantes.

En el tercer lugar de mayorías porcentuales tenemos tanto el alófono glotal sonoro, [ɦ], como el cero fonético, [ø], los cuales registraron la mayoría de realizaciones en dos posiciones cada uno. El glotal, [ɦ], frente a /d/ y frente a /g/; mientras que [ø] frente a /t/ y a /ɾ/. El primero se observó frente a todas las oclusivas sonoras, las nasales y las líquidas (ocho de los doce contextos observados). La determinación de zonas dialectales para este fenómeno se dificulta debido a que el fenómeno se observa a lo largo de todo el país. En lo que se refiere al comportamiento del cero fonético, [ø], dicho fenómeno será tratado más adelante con mayor detenimiento.

Como bien dijimos, la zonificación del alófono [ɦ], al observarse en todo el territorio panameño, requeriría un estudio más detallado, con redes más estrechas, para determinar isoglosas de manera más segura. En nuestro estudio, sólo podemos trazar una línea cuando el fonema se articula ante /ɾ/. Su presencia abarca desde el extremo occidental hasta el centro del país (desde Cerro Punta hasta Salud). Es decir, en la zona oriental que va desde Yaviza hasta Panamá no hay un solo caso de murmullo ante la /ɾ/. No obstante, para el resto de los contextos en que el fenómeno se presentó en todo el país, también podemos arriesgarnos a trazar algunas zonas de murmullo, con mucho recato, basándonos en las concentraciones más tupidas que algunos contextos pueden iluminar.

Así, pues, ante la /b/, notamos una concentración que puede encerrarse en el círculo que conforman las localidades de Santa Fe, Santiago y Tolé. Con influencia en tierras aledañas como El Tigre, hacia el sur, y Penonomé, hacia el occidente. Ante la /m/, el fenómeno se da también en el occidente del país, de manera más estable que en el oriente. Ante la /n/, parece haber dos zonas de murmullo: una conformada por las localidades al oriente (Yaviza, La Palma y Metetí) y la otra, aunque un poco más débil, por cuatro localidades en el centro-occidente del país (Penonomé, Santa Fe, Chitré y Tolé). Las localidades en donde menos se presentó el fenómeno fueron, en orden descendente, David, El Porvenir y, en tercer lugar, Panamá, Yaviza y Pedasí. Ello nos hace pensar que el fenómeno tiene mayor acogida en las zonas rurales, puesto que de las tres ciudades principales de Panamá dos tienen los índices más bajos de dicha articulación.

Por último, tanto la realización del alófono sonoro, [z], como del aproximante, [z̞], registraron los porcentajes más bajos, con una media porcentual de 3,9% para la sonora ([z]) y de 2,8% para la forma aproximante ([z̞]). La sonora [z] se presentó sobre todo cuando la /s/ está ante /m/ y ante /l/. En el primer contexto, las realizaciones se observan con mayor claridad en la zona centro occidental del país (Santa Fe, Santiago, Tolé y Puerto Armuelles), y algunos casos al extremo oriental (La Palma y Yaviza). Ante /l/, por su parte, se observa una continuidad más estable del fenómeno hacia el oriente del país (Metetí, La Palma y Yaviza). Por otra parte, la sonora aproximante, [z̞], que se da en casos aislados ante /g/, /l/, /n/, /ɾ/ y ante /d/ un poco más a menudo, parece tener mayor aceptación al costado occidental del país. Sin embargo, ante /d/ su distribución se extiende por las tres zonas principales. Tanto la sonora, [z], como la sonora aproximante [z̞], suelen registrarse en la zonas rurales.

Como datos generales que deben ser tomados en consideración, debemos mencionar que el alófono glotal sonoro, [ɦ], suele ser tomado como uno de los matices del glotal sordo, [h], en otros estudios[4]. Por lo tanto, si incluyéramos aquí la glotal sonora como parte del alófono glotal sordo, obtendríamos una clara mayoría porcentual de la realización aspirada (en seis de doce contextos fonéticos). También anotamos que tanto la realización plena, [s], como la elisión, [ø],

[4] Me refiero a los estudios de Alvarado (1971), Cerdergren y Sankoff (1974), Cedergren (1978), Robe (1960), Graell y Quilis (2003).

tuvieron una enorme participación al final de palabra; 50% y 42,1%, respectivamente, y registrados indistintamente a lo largo de todo el país. Ello quiere decir que la presencia de dos alófonos tan distantes entre sí, fonéticamente, sugiere que en Panamá se dan fuertes indicios de una dinámica articulatoria que debe ser abordada a nivel microlingüístico y con una metodología sociolingüística más detallada[5].

2.2.2.2.2.1. Elisión de /s/

Observamos que la elisión de /s/, o cero fonético, [ø], se da tanto a nivel interno de la palabra como al final de ella. Además, que éste representa un alófono completamente diferente a la aspiración, sin negar que pertenezca al proceso evolutivo sufrido por la aspiración, lo cual ampliaremos más adelante.

En cuanto a la distribución geográfica de la elisión, notamos que es un fenómeno que se presenta en todo el país y que bien pueden notarse algunas aglomeraciones en el plano cartográfico, según el contexto fonético en el que se encuentre el fonema. De tales contextos, son tres los que representan un porcentaje importante del fenómeno. Ellos son, de mayor a menor: cuando /s/ está ante /ɾ/ (54,8%), ante /t/ (51,3%) y en posición final (42,1%). Así, ante el fonema /ɾ/, contexto de mayor elisión del fonema, el fenómeno se observa, con diferentes grados de frecuencia, en todo el país. Sólo en La Palma, localidad al oriente del país, no se observó el fenómeno. Para dicho contexto no se hace posible el trazado de una zona dialectal. Para el contexto de /s/ ante /t/, siendo éste el segundo con mayor participación del fenómeno, su presencia abarca prácticamente todo el país. No obstante, es de señalar la ausencia total del fenómeno en tres localidades (Tolé, David, Changuinola) ubicadas al occidente del país. Allí se observó una mayor tendencia hacia la realización plena, [s] y hacia la aspirada, [h]. Ello nos da a suponer una zona dialectal de no elisión de /s/ ante la /t/ en dicha zona. Tampoco se dio el fenómeno en El Porvenir, comunidad indígena en la provincia de San Blas. Para la /s/ en posición final, el fenómeno también se extiende por todo el país con ausencia de éste en David, Salud y El Porvenir. Al estar estas últimas localidades bastante distanciadas entre sí, se imposibilita la demarcación de una zona dialectal.

En los demás contextos la elisión fue más moderada, aunque aún podemos resaltar ciertas peculiaridades en cuanto a la distribución geográfica en algunos de ellos. Ante la /b/ (14,5%), por ejemplo, la elisión se da con mayor claridad del centro hacia el oriente. Ante la /d/ (18,4%), el fenómeno parece darse con mayor

---

[5] Ver Cedergren/Sankoff 1974: 333-355.

fuerza en Santa Fe, Chitré, Penonomé, Panamá, Pedasí y Salud; es decir, del centro hacia el occidente. Ante la /n/ (25%), es posible trazar un círculo en la parte central que señale una zona dialectal de elisión, dejando los dos extremos, occidental y oriental, con una participación esporádica del fenómeno. Ante la /g/ (20,5%), por su parte, el fenómeno se presenta en las tres zonas (occidente centro y oriente) del país, aunque bien se observa una zona ubicada entre el oriente y el centro que no presenta el fenómeno y que cubre las localidades de Metetí, Cañitas, Portobelo y El Porvenir. Tanto en el contexto de /s/ ante la /k/ (9,2%) como en el de /s/ ante /p/ (9,2%), aunque el fenómeno no se da con mucha fuerza, sí parece que los casos se limitan a la zona central que va desde Ciudad de Panamá hasta Santa Fe. En los extremos occidental y oriental la participación es mínima, por no decir nula.

Vemos, pues, que la elisión del fonema /s/ en posición posnuclear es un fenómeno bastante común entre los panameños, que abarca tanto las zonas rurales como urbanas. Observado el fenómeno como un caso de evolución fonética, Elsie Alvarado sugiere al respecto que la aspiración de /s/ posnuclear en el habla popular "es tal vez el paso previo a la pérdida total" de dicho fonema (Alvarado, 1970: 129). Sin embargo, no especifica exactamente en qué contextos. Por lo tanto, si consideramos el contexto de la /s/ ante consonante sorda o sonora y tras vocal el resultado sería algo como:

$$\left[\mathrm{VS} \left\{ \begin{matrix} \mathrm{Cson} \\ \mathrm{Csor} \end{matrix} \right\} \right] \rightarrow [\mathrm{VhC}] \rightarrow [\mathrm{V}\text{ø}\mathrm{C}]\mathrm{Csor}$$

Para este contexto, consideramos que es necesario incluir un proceso alternativo que contenga dos diferencias respecto del anterior. La primera es la alternancia del alófono glotal sordo [h] y el sonoro o *murmullo* [ɦ]. La segunda viene de la alternancia que se da entre el alargamiento vocálico y la glotal sonora. La dificultad que implica, en ocasiones, la distinción entre la glotal sonora y el alargamiento vocálico, cuando el fonema se encuentra ante consonante sonora, nos anima a pensar que dicho alargamiento vocálico es, de hecho, el paso previo a la elisión de /s/ en tal evolución. Es decir, proponemos un esquema del tipo:

[VSCson] → [VhC] → [VɦC] → [Vː C] → [VøC]

El esquema también nos sirve de apoyo para cuestionar la conclusión de la no sonorización de la predorsal, /s/, por asimilación regresiva, expuesto por Alvarado (1971). La autora argumenta que la sonorización no se da, "puesto que la /s/ implosiva se da normalmente como [h]" (Alvarado 1971: 150). Esto es, la variación del tipo

[VSCson] → [VzCson] / ___Cson

no se presenta. A ello debemos decir que en nuestro estudio sí encontramos las realizaciones sonorizadas de /s/ pero, sobre todo, no de la manera [s] → [z] /__Cson, sino de la manera [s] → [ɦ] / ___Cson.

Con este esquema, lo que proponemos es simplemente el reconocimiento de un alófono que tradicionalmente se ha tratado como una variante no significativa de la aspiración sorda. De esta manera se visualiza y se comprende mejor el fenómeno de alargamiento vocálico que suele darse cuando la /s/ está ante consonantes sonoras, en posición implosiva.

2.2.2.2.2.2. Asimilación e inversión de /s/

Como dato curioso, resaltamos la influencia del fonema /s/ en el oclusivo bilabial sordo, /p/, en el contexto fonético *caspa*. El fonema /p/ adopta el elemento fricativo de la /s/ que le precede, dando como resultado la asimilación progresiva de /p/, y por ende, la realización [ˈkasɸa] por *caspa*. Debe resaltarse que dicha asimilación se presentó en el 28% de los informantes; la mayoría en los casos en que la /s/ se pronunció de manera plena, [s].

También registramos un caso de inversión en la palabra *isla*, en donde se realiza la /s/ aspirada y además se invierte con la vocal vecina, /i/, dando como resultado [ˈxila]. La /s/ en *isla*, que se suele aspirar en Panamá (*isla* → [ˈihla]), requiere mayor tensión al invertirse por pasar de una posición posnuclear a una prenuclear ([ˈihla] → [ˈxila]). Esto ocasiona una mayor constricción de la faringe y un adelantamiento articulatorio que produce [ˈxila] en vez de [ˈhila]. Dicho fenómeno se presentó en Salud, localidad en la costa atlántica, dentro de la provincia de Colón.

2.2.2.3. El fonema palatal sonoro /ʝ/

Se escogieron tres posiciones de este fonema para determinar su grado de constricción articulatoria: en posición inicial, en posición intervocálica y ante /n/. Los resultados de las observaciones arrojaron tres alófonos en distribución libre: africado palatal sonoro [dʒ], fricativo palatal sonoro [ʝ], y aproximante palatal sonoro [j] (cuadro 8).

Como se puede observar en el cuadro 8, la mayoría de las observaciones están dentro de la realización que se supone normal para este fonema. Es decir, con realización de su alófono fricativo, [ʝ]. Incluso, en casos donde la teoría pronostica una realización africada, [dʒ], como cuando éste se encuentra después de

CUADRO 8
Porcentajes de frecuencia de los alófonos de la palatal fricativa sonora

Posición	*Contexto*	Alófonos registrados y su respectivo número de informantes y porcentajes			
		Africado palatal sonoro [dʒ]	**Fricativo palatal sonoro [ʝ]**	**Aproximante palatal sonoro [j]**	**Elisión [ø]**
Inicial	*yegua*	14 (18,7%)	**47 (62,7%)**	13 (17,3%) 1	(1,3%)
Intervoc.	*amarillo*	2 (2,6%)	27 (35,5%)	**46 (60,5%)**	
tras /n/	*inyección*	24 (32%)	**43 (57,3%)**	4 (5,3%)	

nasal (Quilis 1999: 252-253), también los datos reflejan mayor inclinación hacia el alófono fricativo [ʝ]. Esto, sumado al alto porcentaje de la realización aproximante [j], en posición intervocálica, nos podría sugerir un proceso de 'desconsonantización' de este fonema en el habla panameña.

Con respecto a su distribución geográfica, vemos que, en su posición inicial, este fonema presenta una concentración importante de la forma africada en la zona centro-occidental, con presencia en las localidades de Penonomé, Pedasí, Santiago y el Tigre. La zona extremo occidental muestra una participación más homogénea de la forma fricativa, mientras que la zona central parece tener mayor debilitamiento en esta posición, pues se observa mayor concentración del alófono aproximante [j].

Para el fonema en su posición intervocálica, es también la zona central la que lidera el debilitamiento del fonema con la vasta realización del alófono aproximante, mientras que tanto al occidente como al oriente el alófono aproximante alterna en gran medida con el fricativo y, en casos esporádicos, con el alófono africado, al oriente.

Y por último, en su posición tras el fonema /n/, también la zona central presenta mayor relajamiento del fonema en comparación con las otras dos zonas. Así, por ejemplo, en ciudades como Panamá, Chitré y Portobelo, no se presentó un solo caso de africación del fonema. La tendencia en esta zona fue a mantener la forma fricativa [ʝ], con algo de participación de la forma africada [dʒ], y, en menor medida, del alófono aproximante, [j]. En la zona occidental la alternancia entre el alófono fricativo [ʝ] y el africado [dʒ] es bastante pareja. Por su parte, la zona oriental presenta una clara división interior, en donde las localidades al extremo oriental (Yaviza y La Palma) muestran una gran presencia del alófono africado, mientras que en las localidades que se acercan más a la zona interior, la participación del alófono africado es nula. Podríamos, entonces, llegar a señalar una zona debilitadora del fonema que iría desde Ciudad Panamá hasta Metetí.

Como casos especiales señalamos la sustitución del grupo /nj/ por la nasal palatal sonora [ɲ] en la palabra *inyección* → [iɲekˈsjoŋ] en tres informantes de los cuatro informantes de San Blas (comunidad kuna); el cuarto informante (la mujer joven) de esta localidad sustituyó el fonema /j/ por el alófono oclusivo alveolar sonoro, [d] (*inyección* → [indekˈsjoŋ]). Además, como otro de los casos especiales, también registramos, en un hombre mayor, la realización del alófono fricativo, [ʃ], en posición intervocálica (*amarillo* → [amaˈɾiʃo]), en Cerro Punta, localidad cerca de la frontera con Costa Rica.

2.2.2.4. El fonema velar /x/

Graell y Quilis (2003: 342) adjudican tres alófonos a este fonema: uno de realización faríngea, otro laríngeo y otro velolaríngeo. Alvarado (1971: 141-145) le atribuye el alófono aspirado [h], distinguiéndolo de la aspiración de /s/ por la articulación más adelantada de esta última. Por su parte, Robe sólo reconoce el alófono [x]: "/x/ is the class of voiceless velar aspirants. It occurs initially and medially and has only the allophone [x]" (Robe 1960: 47). En nuestro estudio, hemos observado dos alófonos para este fonema: el primero, y más generalizado, es el aspirado [h], posiblemente el mismo que observó Elsie Alvarado (1971) en Ciudad de Panamá. El otro alófono, de menor presencia, es una forma más relajada de [h] que podríamos aquí describirlo como el murmullo, [ɦ], del que hablan Guitart y Zamora (1982: 31, 110-113), o la forma laríngea al que Antonio Quilis describe como el alófono producido "por medio de un estrechamiento producido por las mismas cuerdas vocales" (Quilis 1999: 255). Por lo tanto, podemos confirmar que Panamá se encuentra entre los dialectos donde predominan los alófonos *suborales* (faríngeo y glotal-laríngeo) para este fonema. Es decir, aquellos que Guitart y Zamora ubican en el segmento *fricativo sordo posterior* "con estrechamiento de la cavidad faríngea" (Guitart/Zamora 1982: 105). Así, el alófono [h] viene a ser la forma estándar de pronunciación panameña para el fonema [x].

Los resultados del cuadro 9 nos dan una idea de la distribución porcentual dc estos dos alófonos en Panamá.

Aunque en Panamá, según los porcentajes del cuadro 9, el alófono [ɦ] ciertamente comulga con la teoría de retrasamiento de velares en contacto con las vocales posteriores, /o, u/ (Quilis 1999: 254, nota 20), también es cierto que se registraron porcentajes similares de este alófono ante el fonema vocálico abierto, /a/, y, para mayor sorpresa, ante el fonema vocálico anterior, /i/. Ello nos confirma el carácter suboral del fonema /x/ en Panamá.

CUADRO 9
Porcentajes de frecuencia de los alófonos de la fricativa velar sorda

Posición	***Contexto***	**Alófonos registrados y su respectivo número de informantes con porcentajes**	
		Aspirado [h]	**Glotal o laríngeo [ɦ]**
ante /a/	*jabón*	59 (77,6%)	15 (19,7%)
ante /o/	*José*	62 (81,6%)	13 (17,1%)
ante /u/	*junio*	59 (78,7%)	16 (21,3%)
ante /e/	*gente*	67 (82,2%)	8 (10,5%)
ante /i/	*cajita*	61 (81,3%)	14 (18,7%)

Ahora, con el ánimo de esclarecer las tendencias distribucionales del fenómeno en el terreno geográfico, nos apoyamos en la ausencia de [ɦ] en los diferentes territorios panameños, y teniendo en cuenta los diferentes contextos fonéticos. De esta manera, observamos que en la zona oriental hay ausencia de dicho alófono cuando éste se encuentra ante /a/ y ante /o/. También la zona centro-occidental tiene menor participación de este alófono ante /a/, en donde las localidades de Santa Fe, Tolé y El Tigre reflejaron una ausencia total del fenómeno ante dicha vocal. Ante /o/, también hubo gran ausencia del fenómeno en la zona centro-occidental, sobre todo en las localidades de Penonomé, Chitré, Pedasí, Santiago y Santa Fe, donde nadie articuló el alófono [ɦ]. Ante /i/ y /e/, toda la zona occidental, extendiéndose hasta bien adentro de la zona central, refleja una fuerte ausencia del fenómeno. Ante /u/, el alófono [ɦ] se extiende por todo el país, aunque es la zona central la menos influenciada. Así, por ejemplo, al oriente, el fenómeno no se da en Yaviza. En la zona central, la ausencia del fenómeno se observa en Portobelo, Panamá, Chitré y Pedasí. En el occidente, por su parte, no se da en David ni en Puerto Armuelles.

2.2.3. *El fonema africado palatal sordo /tʃ/*

En Panamá, para el fonema africado /tʃ/ registramos dos realizaciones: una con el alófono africado, [tʃ], y la otra con el alófono fricativo, [ʃ]. El segundo se produce como resultado de la pérdida del elemento oclusivo en su articulación, quedando sólo el elemento fricativo.

Robe, en su estudio de las áreas rurales, no menciona haber recogido el alófono [ʃ], y señala como único alófono el africado sordo [tʃ] (Robe 1960: 54). Luego, como una antítesis de lo registrado por Robe, Alvarado (1971) presenta la siguiente tesis sobre el fenómeno: "Todo indica que en Panamá la africada palatal sorda [tʃ] tiende a desaparecer a corto plazo, y que será sustituida totalmente por la fricativa sorda [ʃ]" (Alvarado 1971: 95). Por último, Graell y Quilis (2003) observan que "tanto los alófonos africados como los fricativos aparecen en todos los informantes en mayor o menor cuantía, en distribución libre e independiente de su grado de instrucción" (Graell/Quilis, 2003: 347).

La zona central, principalmente, presenta una mayor presencia del fenómeno fricativizante. Tanto en la zona occidental como en la zona oriental se refleja una presencia más moderada del fenómeno. Sin embargo, dado el alto índice de alternancia que se observa en estas dos últimas zonas, podemos decir que el fenómeno sigue en marcha hacia los dos extremos del país, con la zona central como irradiadora.

Aunque el alófono [tʃ] se presentó en un poco más de la mitad de los informantes, debemos señalar que el alófono fricativo [ʃ] tuvo participación en 15 de las 19 localidades visitadas, a lo largo de todo el país. Nuestros datos, por consiguiente, se acercan más a aquellos logrados por Graell y Quilis (2003), en sus encuestas para el Atlas Lingüístico de Hispanoamérica. Sin embargo, cabe mencionar que el conjunto de cuatro localidades ubicadas en la zona centro-occidental del país (David, Tolé, Santiago y Santa Fe) arrojó sólo un informante que fricativizaba el fonema [tʃ] como [ʃ] y otro que alternaba los dos alófonos. El resto de los informantes mantuvo la forma estándar, [tʃ]. Dicha zona coincide, en gran parte, con aquella donde Robe (1960) realizó su estudio, lo cual da pie para considerar sus observaciones como la indicación de una posible zona dialectal no fricativizante del fonema [tʃ].

Ahora, en cuanto a la observación de Elsie Alvarado (1971), tenemos que decir que pasados más de 35 años de sus palabras aún persiste la africada [tʃ] con bastante firmeza en todo el territorio nacional, pero que el alófono africado, [ʃ], ciertamente parece estar en expansión. Anotamos también que en Ciudad de Panamá hay bastante alternancia entre los dos alófonos. Allí, tres de los cuatro informantes resultaron polifónicos de la manera [ˈotʃo] ~ [ˈnoʃes] para *ocho* ~ *noches*, respectivamente. El cuarto informante la realizó con la fricativa [ʃ].

En relación con lo anterior, resaltamos que todos los informantes polifónicos (19,7%) mantuvieron la pronunciación [ˈotʃo] en *ocho*, pero [ˈnoʃe] en *noche*, lo cual puede deberse a la conciencia lingüística que se percibe en varios de los informantes. De esta manera, notamos que en la expresión "buenas noches",

CUADRO 10
Porcentajes de frecuencia de los alófonos de la africada palatal sorda

Contexto	**Alófonos registrados por número de informantes y porcentajes**		
	africada [tʃ]	**fricativa [ʃ]**	**Alternancia entre los dos alófonos**
ocho/noche	41 (53,9%)	20 (26,3%)	15 (19,7%)

algunos informantes la articulaban sin mayor conciencia lingüística por ser ésta una expresión cotidiana que tiende a ser emitida desprevenidamente.

2.2.4. *Nasales. El fonema alveolar /n/*

Para nuestro trabajo hemos observado el fonema nasal alveolar sonoro en posición final. El alófono más extendido resultó ser el velar [ŋ]. En menor medida, se registró la elisión del fonema nasalizando la vocal anterior como fenómeno compensatorio. Este último fenómeno ya había sido reportado en Panamá desde 1975. Al respecto, se lee en Canfield: "Terrel (1975) reports a very high percentage of deletion of final /n/, with nasalization of the preceding vowel" (Canfield 1981: 67). Así, en Panamá, el alófono de menor realización resulta ser el alveolar [n].

La realización velar [ŋ] para el fonema nasal /n/ cubre todo el territorio panameño. La elisión y el alófono alveolar, en cambio, presentan ciertas distribuciones que reflejan posibles zonas dialectales. Así, en cuanto al alófono alveolar, podemos señalar que cuatro de los únicos siete informantes que lo articularon se ubican en tres localidades de la zona extremo occidental del país (Cerro Punta, Changuinola y David), zona limítrofe con Costa Rica. También esta zona da señales de estar en una etapa de transición hacia la pérdida de la nasal con nasalización de la vocal anterior. Ello se nota en el hecho de que la realización de la manera [kanˈsjõŋ] por *canción*, tiene mayor participación en la zona, en comparación con las demás zonas del país. Además, también allí se da un caso de alternancia entre [kanˈsjoŋ] ~ [kanˈsjõ].

Por otra parte, en la zona central y extendiéndose hacia el este, parece haber una tendencia clara hacia la elisión del fonema con nasalización de la vocal anterior. Pudiera entonces intentarse una línea dialectal de este fenómeno que iría desde la zona centro occidental (Santa Fe, Santiago, El Tigre), pasando por la zona central (Pedasí, Chitré, Santiago, Penonomé, Ciudad de Panamá, Salud,

Cañitas), hasta la zona oriental (La Palma y Metetí), dejando el extremo oriental libre del fenómeno (Yaviza).

Los resultados porcentuales obtenidos son:

CUADRO 11
Porcentajes de frecuencia de los alófonos de la nasal alveolar

Contexto	**Alófonos registrados por número de informantes y porcentajes**		
	Alveolar [n]	**Velar [ŋ]**	**Elisión del fonema con nasalización de la vocal anterior [õø]**
canción	7 (9,2%)	[ŋ] = 40 (52,6%) [õŋ] = 9 (11,8%) Total = 49 (64,4)	16 (21,1%)

Las cifras porcentuales en este estudio coinciden bastante con las observaciones de Graell y Quilis (2003: 348), en las que señalaron realizaciones tanto alveolares como velares, pero con mayor participación de la nasal velar. También Alvarado coincide en que "la nasal velar [ŋ] es la más frecuente en final de sílaba [...]" (Alvarado 1971: 100). En nuestro estudio, la diferencia porcentual es tan contundente como para afirmar que el alófono alveolar está en vías de desaparición. Atendiendo al hecho de que todos los tipos de variación alofónica superaron, en porcentaje, la articulación con el alófono alveolar, nos apoyamos en la "teoría del debilitamiento progresivo de las consonantes posnucleares" (Guitart/Zamora 1982) para afirmar que la velarización y subsiguiente pérdida de la /n/, con nasalización de la vocal precedente, bien presenta las características de un proceso en evolución en el habla panameña. De ello se puede suponer que el habla panameña aún tiene por delante la completa desaparición del fonema. Al respecto, Guitart y Zamora exponen:

> Dentro de la teoría del debilitamiento progresivo de las consonantes posnucleares se supone que la velarización de nasal sea un estadio más avanzado que la asimilación, pero menos avanzado que la simple nasalización de la vocal precedente, fenómeno este último que a su vez precede a la elisión total de la nasal en la evolución diacrónica. Tal teoría predice que la pronunciación de por ejemplo *once* evolucionaría del modo siguiente: [ˈonse] → [ˈoŋse] → [ˈõse] → [ˈose]. (Guitart/Zamora, 1982: 116).

Así, podemos decir que aún no se presenta una elisión total del fonema, pues observamos que si bien la /n/ plena no se realizó en el 21% de los informantes, ésta mantiene su presencia al darse una asimilación regresiva de la vocal núcleo silábico anterior a la /n/ (*canción* → [kaŋˈsjõ]). No registramos un solo caso de elisión total, a la manera [kaˈsjõ] por *canción*.

2.2.5. *Las vibrantes*

Se recogieron datos tanto de la vibrante múltiple como de la simple. Observamos la realización del fonema vibrante múltiple /r/ en posición inicial y en posición intervocálica, mientras que la vibrante simple se examinó en las seis posiciones posnucleares indicadas en el cuadro 13.

Si bien para el tratamiento de las vibrantes nos regimos por la simbología fonética del AFI, debemos advertir que hemos adoptado el grafema [ɹ̌] propuesto por Tomas Navarro (1970) para indicar el alófono fricativo alveolar sonoro asibilado[6].

---

[6] La fricación de las vibrantes en el español es un fenómeno ampliamente reconocido dentro de la fonética española, lo que crea la necesidad de la representación adecuada para ésta. Sin embargo, no todos los autores la representan de igual manera. Por ejemplo, Tomás Navarro (1970) utiliza el símbolo [ɹ̌̄] para el vibrante múltiple asibilado y [ɹ̌] para el vibrante simple asibilado. Navarro (1970: 120, 124) no habla del alófono fricativo pues arguye que la forma asibilada tiene como base la forma fricativa. Por lo tanto, suponemos que es esa la razón por la cual el autor mantiene [ɹ̌] y no [ř] en la forma asibilada del fonema; [ɹ] representa la fricación. Elsie Alvarado (1971: 106-107), por su parte, utiliza el símbolo [ɹ̄] para el alófono vibrante múltiple fricativo y [ɹ] para el alófono vibrante simple fricativo en posiciones posnucleares, mientras que Guitart y Zamora (1982: 97) utilizan el símbolo [ŕ] para la vibrante simple fricativa. Por último, y para no extenderme en el asunto, Antonio Quilis (1999: 350) se refiere a la fricación de las vibrantes como la realización asibilada, representándola con el símbolo [ř] y sin hacer distinción simbólica entre la forma asibilada y la fricativa: "la realización asibilada [...] se caracteriza por poseer una fricación turbulenta que ocupa la mitad superior de su espectro" (Quilis 1999: 350). En nuestro caso, puesto que hemos decidido adoptar la simbología del AFI, el problema surge entonces cuando se quiere adoptar el símbolo [ɹ], propuesto por el AFI. Dicho símbolo se refiere al alófono aproximante de la vibrante y deja el elemento fricativo por fuera, sin dejar otra alternativa para la fricación que requerimos marcar. Así pues, teniendo en cuenta que nuestros datos plantean la necesidad de incluir el elemento fricativo, adoptamos el símbolo [ɹ̌] propuesto por Navarro Tomas para indicar el alófono cuando se realiza de manera asibilada, puesto que marca la fricación y la asibilación ([ɹ] + [ˇ] = [ɹ̌]). En lo demás se sigue adoptando la simbología del AFI (2005).

2.2.5.1. La vibrante múltiple /r/

De las observaciones para la vibrante múltiple surgen tres alófonos en el español de Panamá: uno vibrante y dos no vibrantes. Aunque los dos no vibrantes contienen el elemento fricativo, uno es asibilado ([ɹ̌]) y el otro no ([ɹ̞]).

El elemento fricativo de las vibrantes en posición prenuclear está presente a lo largo de todo el país. Sin embargo, debemos destacar algunas localidades que mantienen la vibrante múltiple, sin rasgos fricativos, como único alófono. Ellas son: Panamá, Penonomé, La Palma y Pedasí. En los dos contextos fonéticos, la forma fricativa no asibilada [ɹ̞] se detectó sobre todo en la parte central, aunque en la posición intervocálica, vemos que el fenómeno se extiende un poco más hacia el occidente. La forma fricativa asibilada [ɹ̌], por su parte, está ausente en la zona oriental cuando se encuentra en posición inicial de palabra y ausente en el occidente cuando se encuentra en posición intervocálica.

Los resultados obtenidos fueron los siguientes:

CUADRO 12
Porcentajes de frecuencia de los alófonos de la vibrante múltiple

Posición	***Contexto***	**Alófonos registrados y su respectivo número de informantes y porcentajes**		
		Vibrante múltiple [r]	**Fricativo alveolar sonoro asibilado [ɹ̌]**	**Fricativo alveolar sonoro no sibilante [ɹ̞]**
Inicial	*rojo*	58 (76,3%)	9 (11,8%)	4 (5,3%)
Intervocálica	*perro*	63 (82,9%)	7 (9,2%)	6 (7,9%)

Como se puede ver en el cuadro 12, el fonema /r/ se mantiene de manera estándar en la inmensa mayoría de los informantes panameños. Es decir, "por medio de dos o más oclusiones breves entre el ápice de la lengua y los alvéolos" (Quilis 1999: 330). Al igual que Graell y Quilis (2003: 348), en este estudio tampoco encontramos la fricativa uvular sonora, [ɻ], en posición intervocálica, que menciona Robe (1960: 51). Los otros dos alófonos no vibrantes se presentaron con mucha menor frecuencia, aunque, como mencionamos antes, en todo el país.

De los dos alófonos fricativos, el asibilado tiene un poco más de participación. Cuatro casos de polifonía se presentaron en posición inicial, tres de ellos entre [r] y [ɹ] (*rojo* → [ˈroxo] ~ [ˈɹoxo]).

2.2.5.2. La vibrante simple /ɾ/

De las grabaciones realizadas para este fonema en posición posnuclear se lograron establecer cuatro alófonos: el vibrante simple [ɾ], el fricativo alveolar sonoro sibilante [ɹ̌], el no sibilante [ɹ̝], el aproximante retroflejo [ɻ] y un caso de elisión [ø] (cuadro 13).

A grandes rasgos, se puede decir que la forma alofónica estándar para este fonema en posición posnuclear, [ɾ], es la que más domina en todas las zonas encuestadas. En cuanto a las otras formas alofónicas, se pueden señalar algunas tendencias de las zonas encuestadas.

Así, la zona oriental es la menos influida por dicho elemento. De los seis contextos fonéticos que presentamos, solo en dos hay rasgos del fenómeno en dicha zona: un informante en posición final y dos informantes cuando el fonema está ante /l/. Además, el fenómeno sólo se dio de la manera asibilada. Ni un solo caso se presentó con el alófono fricativo no asibilado.

CUADRO 13
Porcentajes de frecuencia de los alófonos de la vibrante simple en posición posnuclear

Posición	***Contexto***	**Alófonos registrados y su respectivo número de informantes y porcentajes**			
		Vibrante simple [ɾ]	**Fricativo alveolar sibilante [ɹ̌]**	**Fricativo alveolar sonoro no sibilante [ɹ̝]**	**Aproximante retroflejo sonoro [ɻ]**
Final	*cocinar*	58 (76,3%)	5 (6,6%)	10 (13,2%)	
Ante /k/	*mercado*	72 (94,7%)		4 (5,3%)	
Ante /n/	*viernes*	68 (90,7%)		4 (5,3%)	2 (2,7%)
Ante /m/	*enfermera*	63 (86,3%)		9 (12,3%)	1 (1,4%)
Ante /l/	*perla*	62 (81,6%)	2 (2,6%)	10 (13,2%)	
Ante /s/	*cárcel*	73 (96,1%)		3 (3,9%)	

Las mayores concentraciones del elemento fricativo se dan en la zona centro occidental, sobre todo en posición final, ante /m/ y ante /l/. Por otra parte, las menores concentraciones del elemento fricativo, en todo el país, se dan cuando el fonema está ante /k/, ante /n/ y ante /s/.

Entre las observaciones más curiosas señalamos la presencia del alófono retroflejo, [ɻ], en tres localidades (Puerto Armuelles, Portobelo y Cañitas). En cada localidad, el fenómeno fue representado por un informante. En Puerto Armuelles y Portobelo se presentó el fenómeno en la mujer joven, cuando el fonema está ante /n/ (*viernes* → [ˈbjeɻnes]). En Cañitas, el alófono retroflejo fue articulado por el hombre mayor, cuando el fonema está ante /m/ (*enfermera* → [enfeɻˈmeɾa]). Otro de los datos curiosos se presenta con los dos casos de elisión: uno en Cerro Punta, por una mujer mayor (*viernes* → [ˈbjenes]) y otro en Penonomé por un hombre mayor (*perla* → [ˈpelːa]). Este último informante compensó dicha elisión con la geminación de la lateral, /l/.

La neutralización entre /l/ y /ɾ/ también estuvo presente en nuestras observaciones, aunque con gran escasez. Sólo observamos tres casos de lambdacismo (cambio de /ɾ/ por /l/) en posición final (*cocinar* → [kosiˈnal]) en Pedasí, Penonomé y Yaviza. Al respecto, Alvarado (1971: 106) apunta que la neutralización en Panamá se presenta sólo en zonas rurales o en personas de poca o ninguna educación, y de manera escasa. Además, advierte que tal fenómeno se produce por la tendencia a fricativizar la /ɾ/ implosiva que, por tanto, es percibida como el fonema /l/ entre personas analfabetas. Aunque en nuestro trabajo no tomamos variables sociales, sistemáticamente, sí se puede observar que el fenómeno de neutralización sólo se dio en localidades que no constituyen centros urbanos de gran magnitud.

En términos de porcentajes, la realización de la /ɾ/ posnuclear en Panamá no parece salirse de los estándares de articulación propios de este fonema. En la mayoría de los casos, más del 80% lo realizó con el alófono vibrante simple. Teniendo en cuenta que la fricación de las vibrantes es una señal de debilitamiento articulatorio (Guitart/Zamora 1982: 97-98), se puede concluir, a partir de los resultados, que el debilitamiento de /ɾ/, en Panamá, aún está en una etapa inicial. Los índices porcentuales para los alófonos fricativos en ningún caso llegaron a superar el 15% de los informantes.

2.2.5.3. Grupos consonánticos

Cuatro fueron los grupos consonánticos de enfoque, en relación con el apartado de las vibrantes. Ellos son: /tɾ/, /stɾ/, /ndɾ/ y /nr/.

De los cuatro grupos consonánticos estudiados, tres no presentan ningún caso de asibilación. Apenas uno de los grupos, /nr/, presentó alguna variación. En este grupo, apenas cuatro de los 74 informantes asibilaron el grupo (*enredado* → [enřeˈðaðo]), uno en el extremo oriental (Yaviza), dos en la parte central (Pedasí y Santiago), y otro en el extremo occidental (Puerto Armuelles). El cuadro a continuación ilustra los porcentajes obtenidos para cada caso.

CUADRO 14
Porcentajes de frecuencia de los alófonos de los grupos consonánticos en combinación con la vibrante simple

Grupos	***Contextos***	**Alófonos registrados y su respectivo número de informantes y porcentajes**		
		Pronunciación plena	**Pronunciación asibilada**	**Elisión**
Grupo /tɾ/	*tres*	76 (100%)		
Grupo /stɾ/	*maestra*	76 (100%)		
Grupo /ndɾ/	*golondrina*	76 (100%)		
Grupo /nr/	*enredado*	70 (94,6%)	4 (5,4%)	

El cuadro 14 nos permite ver la firmeza consonántica que se da en estos grupos en Panamá. Sólo el grupo /nr/ presenta alguna variación dialectal que apenas alcanza un 5,4% del total de los informantes.

3. Zonas dialectales de Panamá

De manera general se puede afirmar que el español panameño mantiene las características esenciales que lo hacen común a la zona dialectológica antillana, o como la define Canfield (1981: 67), "trade-route language", refiriéndose a las zonas americanas que estuvieron en constante comunicación con los puertos andaluces durante la colonia. No obstante, éstas no se presentan con la misma frecuencia en todo el territorio nacional. Por ello, partimos de la frecuencia recurrente de los fenómenos más significativos que se dan en las diferentes zonas para sugerir las líneas dialectales que proponemos más adelante. Esto es, bien se puede asegurar que la mayoría de los fenómenos dialectales encontrados existen a lo largo de todo el país, pero, como es normal, hay zonas en que hay mayor concentración de uno u otro rasgo dialectal. De allí, tomando en cuenta dichas concentraciones, hemos definido la división dialectal que proponemos a continuación.

Sobra advertir que el trazado de las líneas dialectales propuestas aquí no es otra cosa que una sugerencia basada en los resultados de nuestro propio estudio. Debido a las características metodológicas de este tipo de trabajo, hay que tener en cuenta siempre que dichos resultados reflejan simplemente un panorama general y ciertamente superficial de la realidad del habla panameña. Para conclusiones más precisas, es necesario un acercamiento más detallado con redes de encuestas más estrechas y con mayor número de variables sociales.

Ahora, antes de señalar en el mapa las zonas que consideramos dialectales en Panamá, queremos presentar, a grandes rasgos, las características más notorias de los fonemas que tratamos en este estudio. El objetivo, con ello, es ofrecer una panorámica general que nos permita separar, posteriormente, aquellos rasgos que se presentan de manera sectaria o claramente dividida en el plano cartográfico.

Entre otros, los siguientes son los rasgos dialectales más notorios:

1. **Estabilidad vocálica**: Panamá se caracteriza por la estabilidad en su articulación vocálica. Se dan algunos restos de cambio de timbre en el fonema /a/, en las tres posiciones, principalmente en la zona centro-occidental del país. La poca variación de timbre de /e/ final en posición átona se observó en límites con Costa Rica y el centro del país. En cuanto la cantidad vocálica, aunque tampoco hay mayor representación numérica, se presentan algunos casos de acortamiento y elisión significativos de las tres vocales estudiadas en posición final átona, principalmente en la zona centro occidental del país. Estos casos de acortamiento se dan, principalmente, en la parte centro-occidental del país (Santiago, Santa Fe y Tolé).

2. La **fricativización de las consonantes oclusivas** es general en todo el país. Sin embargo, en Yaviza, localidad en los límites con Colombia, se mantuvo un grado más alto de oclusividad, en promedio. La realización del fonema /d/, intervocálico, es fricativo y aproximante en todo el país. No se presentaron casos de elisión o de oclusividad en ninguno de los lugares encuestados.

3. **Predominio del alófono labiodental [f] en todo el territorio**. Las alternancias observadas con el alófono bilabial [ɸ] y el glotal [h] se presentaron principalmente en zonas rurales de la zona centro-occidental del país. Hacia el oriente (La Palma y Yaviza), se mantuvo bastante estable la articulación labiodental, [f].

4. La **realización africada, [dʒ], de la /ʝ/ inicial** de palabra se registra en todo el país, aunque en poca medida.

5. La **articulación del alófono glotal sonoro, [ɦ], para el fonema /x/**, se presenta en poca medida pero con continuidad en todo el país, tanto en las ciudades como en las localidades rurales.

6. La **aspiración y elisión de /s/ final y en posición posnuclear** se da en todo el territorio nacional. La tendencia mayoritaria es hacia la aspiración sorda. Sin embargo, también en todo el país encuentra la realización del alófono glotal sonoro, [ɦ], en distribución complementaria, según la siguiente regla:

$$[s] \rightarrow \left\{ \begin{array}{l} [h]/ \\ [\text{ɦ}]/\_\_\text{Cson} \end{array} \right. \quad \left[\begin{array}{c} \_\text{C} \\ \_\# \end{array} \right]$$

El fenómeno de sonorización del alófono aspirado puede observarse con mayor fuerza en la parte centro-occidental. En Ciudad de Panamá y sus zonas de influencia más cercanas, el fenómeno no se presenta con tanta firmeza.

7. La **velarización de la nasal alveolar** ([n] → [ŋ]) en posición final se da en todo el territorio. Sin embargo hay cierta tendencia a conservar la alveolar, sobre todo en la zona fronteriza con Costa Rica.

8. La **pérdida del elemento oclusivo en la africada sorda, [tʃ]**, es de todo el territorio nacional. Sin embargo, observamos que en la zona central (Tolé, Santiago, Chitré, Padasí, Santa Fe) tiene aún una fuerte presencia el elemento oclusivo de este fonema.

9. La **fricativización tanto sibilante como no sibilante de** /ɾ/, en posición posnuclear, parece darse con mayor decisión en la zona central (Tolé, Santa Fe, Santiago, Chitré y Penonomé), además de algunos casos en la reserva indígena de San Blas, en el litoral atlántico. En el resto del país es casi exclusiva la realización vibrante.

10. **La neutralización de /ɾ/ y /l/ no se observa de manera frecuente en los informantes**. Sin embargo, se deben mencionar los cuatro casos de lambdacismo en posición final (como *cocinar* [kosiˈnal], *mar* → [mal]) en Pedasí, Penonomé y Yaviza. Además, aunque no estaba dentro del cuestionario el estudio de la lateral /l/, se observaron cinco casos de rotacismo en la palabra *pulga* ([ˈpuɾɣa]) en la Ciudad de Panamá, Penonomé, Salud y San Blas. Al parecer, la zona centro-occidental queda por fuera de la neutralización /ɾ ~ l/. La mayoría de los casos se da en Penonomé y en la zona centro del país. En límites con Colombia, sólo se presenta un caso. Ello podría sugerir que hay indicios de una zona neutralizante en la parte central del istmo.

Una vez señalados los rasgos principales del español panameño, ilustramos a continuación nuestra propuesta de división dialectal en el istmo:

Zona dialectal 1: representada por Ciudad de Panamá y sus zonas de influencia (Salud, Portobelo, Cañitas, Metetí).

Zona dialectal 2: representada por la zona centro-occidental.

Zona dialectal 3: representada por las zonas de transición dialectal, como los límites con Costa Rica (zona occidental), los límites con Colombia (zona oriental) y la provincia de San Blas (reserva indígena en el litoral atlántico).

MAPA 2
Zonas dialectales de Panamá

Bibliografía

ALVARADO DE RICORD, Elsie (1971): *El español de Panamá. Estudio fonético y fonológico*. Panamá: Editorial Universitaria.

BOYD-BOWMAN, Peter (1956): "The Regional Origins of the Earliest Spanish Colonists of America", en: *Publications of the Modern Language Association* 71, 1152-1172.

— (1964): *Índice geobiográfico de 40000 pobladores españoles de América en el siglo XVI, 1493-1519*. Bogotá: Instituto Caro y Cuervo.

CANFIELD, Lincoln (1981): *Spanish Pronunciation in the Americas*. Chicago/London: The University of Chicago Press.

CEDERGREN, Henrietta J. (1978): "En torno a la variación de la S final de sílaba en Panamá: Análisis cuantitativo", en: *Corrientes actuales en la dialectología del Caribe hispánico (Actas de un simposio)*. San José: Editorial Universitaria/Universidad de Puerto Rico, 36-50.

CEDERGREN, Henrietta J./SANKOFF, David (1974): "Variable Rules: Performance as a Statistical Reflection of Competence", en: *Language* 50, 333-355.

COHEN, Pedro (1972): "Apuntes sobre la pronunciación del fonema /s/ en Panamá", en: *Estudios de Lingüística Descriptiva. Revista Universidad* 4, 63-101.

FRAGO, Juan A. (1999): *Historia del español de América*. Madrid: Gredos.

GRAELL, Matilde/QUILIS, Antonio (2003): "La lengua española en Panamá", en: *El español de América 1992. Anejos de la Revista de Filología Española* 93, 329-384.

GUITART, Jorge/ZAMORA, Juan (1982): *Dialectología hispanoamericana. Teoría, descripción, historia*. Salamanca: Ediciones Almar.

LIPSKI, John M. (1994): *Latin American Spanish*. New York: Longman.

MÉNDEZ, Juan S. (2003): *Historia de la lengua española en América*. Valencia: Humanidades Filología.

MUNTEANU, Dan (2005): *Breve historia de la lingüística románica*. Madrid: Arco Libros.

NAVARRO TOMÁS, Tomás ([15]1970): *Manual de pronunciación española*. Madrid: Rascar.

NOLL, Volker (2005): "Reflexiones sobre el llamado andalucismo del español de América", en: Noll, Volker/Zimmermann, Klaus/Neumann-Holzschuh, Ingrid (eds.): *El español en América. Aspectos teóricos, particularidades, contactos*. Frankfurt: Vervuert, 95-111.

PENNY, Ralph (2000): *Variation and Change in Spanish*. Cambridge: Cambridge University Press.

QUESADA PACHECO, Miguel Ángel (1996): "El español de América Central", en: Alvar, M. (coord.): *Manual de dialectología hispánica. El español de América*. Barcelona: Ariel, 101-115.

— (1996): "Los fonemas del español de Costa Rica. Aproximación dialectológica", en: *Lexis* 20, 12, 535-562.

— (2000): *El español de América*. Cartago: Editorial Tecnológica de Costa Rica.

— (2001): "La fonética del español americano en pugna: dialectos radicales y conservadores en lucha por la supremacía", en: *El español en la sociedad de la información*. Segundo Congreso Internacional de la Lengua Española. Disponible en: <http://cvc.cervantes.es/obref/congresos/valladolid/ponencias/unidad_diversidad_ del_ espanol/2_el_espanol_de_america/quesada_m.htm>.

QUILIS, Antonio (1999): *Tratado de fonología y fonética españolas*. Madrid: Gredos.

RESNICK, Melvyn C. (1975): *Phonological Variants and Dialect Identification in Latin American Spanish*. Paris: Mouton.

RIVAROLA, José L. (1990): *La formación lingüística de Hispanoamérica*. Lima: Pontificia Universidad Católica del Perú.

— (2005): "Sobre los orígenes y la evolución del español de América", en: *El español en América. Lengua y sociedad en el mundo hispánico* 11, 33-48.

ROBE, Stanley (1960): *The Spanish of Rural Panama. Major Dialectal Features*. Los Angeles: University of California Press.

SÁNCHEZ, Juan (2003): *Historia de la lengua española en América*. Valencia: Tirant Lo Blanch.

ANEXO

Cuestionario del nivel fonético (modelo aplicado en Honduras, con leves variantes para el resto de América Central)

Vocales postónicas finales

1. /a/: harina más agua forman una (masa)
2. /e/: después de diez sigue (once) y después (doce)
3. /o/: las vacas comen zacate o (pasto)
4. /as/: un animal camina con las (patas)
5. /es/: uno mastica con los (dientes)
6. /os/: las gallinas ponen (huevos)

Consonantes

7. /b/ tras /wi/: Lo contrario de muy malo es (muy bueno)
8. /b/ tras /l/: La tierra fina que se levanta en el aire se llama (polvo)
9. /b/ tras /ɾ/: El camino que no es recto tiene muchas (curvas)
10. /d/ tras /eu/: El que debe dinero tiene muchas (deudas)
11. /d/ tras /l/: La cubierta de lona de los camiones se llama (toldo)
12. /d/ tras /ɾ/: Muchos perros ladran pero no (muerden)
13. /d/ en /-ado/: Cuando ha trabajado mucho, está (cansado)
14. /g/ tras /wi/: Lo contrario de muy pequeño es (muy grande)
15. /g/ tras /l/: A la parte carnosa del trasero se le llama (nalga)
16. /g/ tras /ɾ/: Lo contrario de corto es (largo)
17. /f/ ante /a/: El padre, con la madre y el hijo hacen una (familia)
18. /f/ ante /e/: Bebida aromática que reanima (café)
19. /f/ ante /o/: Para encender los cigarros se necesitan (fósforos)
20. /f/ ante /i/: Un cuchillo que no corta bien no tiene (filo)
21. /f/ ante /u/: El juego donde se patea una pelota se llama (fútbol)
22. /f/ ante /ie/: Después del casamiento, los invitados van a una (fiesta)
23. /f/ ante /we/: Lo contrario de adentro es (afuera)
24. /s/ inicial: Lo contrario de meter es (sacar)
25. /s/ intervocálica: Los habitantes de un pueblo viven en (casas)
26. /s/ final: Usted ve con (los ojos)

27. /s/ final y ante /t/: El país más rico de América es (Estados Unidos)
28. /s/ ante /p/: La costra o pelusa blanca que tiene uno en el pelo se llama (caspa)
29. /s/ ante /k/: Un perro bravo le puede pegar a uno un (mordisco)
30. /s/ ante /b/: La sangre corre por (las venas)
31. /s/ ante /d/: Para saludar en la mañana uno dice (buenos días)
32. /s/ ante /g/: Los ratones les tienen miedo a (los gatos)
33. /s/ ante /m/: Cuando a la persona le cuesta respirar, está con (asma)
34. /s/ ante /n/: Para saludar por las noches se dice (buenas noches)
35. /s/ ante r/: Uno se hinca con (las rodillas)
36. /s/ ante /l/: Un terreno rodeado de agua se llama (isla)
37. /x/ ante /a/: Una persona que habla mucho habla (paja)
38. /x/ ante /o/: El contrario de arriba es (abajo)
39. /x/ ante /u/: Después de mayo sigue (junio)
40. /x/ ante /e/: Una palabra usada para boca es (jeta)
41. /x/ ante /i/: El diminutivo de caja es (cajita)
42. /tʃ/: Después de siete sigue (ocho)
43. /n/ postnuclear y final: Lo que uno canta se llama (canción)
44. /ɾ/ final: La cama sirve para (descansar, dormir)
45. /r/ inicial: Cuando el sol se va ocultar se pone (rojo)
46. /r/ intervocálica: Lo que jalan los bueyes es (la carreta)
47. /ɾ/ ante /n/: Después de jueves sigue (viernes)
48. /ɾ/ ante /m/: Las que ayudan a los médicos en los hospitales son las (enfermeras)
49. /ɾ/ ante /l/: El nombre del último presidente liberal de Honduras es (Carlos)
50. /ɾ/ ante /s/: La comida del mediodía se llama (almuerzo)
51. /ʝ/ inicial: La hembra del caballo es la (yegua)
52. /ʝ/ intervocálica: El ayote por dentro es de color (amarillo)
53. /ʝ/ tras /n/: Lo que uno se pone en el brazo por medio de una jeringa con aguja se llama (inyección)
54. /tɾ/ inicial e intervocálico: Después de dos siguen (tres, cuatro)
55. /stɾ/: La persona que enseña en una escuela se llama (maestra)
56. /ndɾ/: El futuro de poner no es ponerá, sino (pondrá)
57. /ldɾ/: El futuro de salir no es salirá, sino (saldrá)

LOS AUTORES

Raúl Ernesto Azcúnaga López es profesor de la Facultad Multidisciplinaria de Occidente, en Santa Ana (El Salvador). Obtuvo la licenciatura en Letras en la Universidad de El Salvador. En la actualidad está preparando su tesis doctoral sobre fonética del español salvadoreño desde la perspectiva geolingüística pluridmensional en la Universidad Nacional (Heredia, Costa Rica). Ha escrito numerosos artículos relacionados con el español salvadoreño, tanto en fonética como en morfosintaxis, y sobre pedagogía y didáctica del español. <razcunaga@gmail.com>.

Mauricio Andrés Cardona Ramírez obtuvo el título de Traducción (francés, inglés y español) y un diplomado en la Enseñanza del Español como Lengua Extrajera en la Universidad de Antioquia (Medellín, Colombia). En la actualidad está preparando su tesis doctoral en la Universidad de Bergen (Noruega) en el campo de la fonética del español de Belice y Panamá desde una perspectiva geolingüística pluridimensional comparativa. Ha dictado cursos de fonética en esta universidad y de español como segunda lengua en la Folkeuniversitet de Bergen. <mauricio.cardona@if.uib.no>.

Ramón Augusto Hernández Torres es profesor de la Universidad Nacional Autónoma de Honduras (Tegucigalpa), y académico de número de la Academia Hondureña de la Lengua. Realizó sus estudios universitarios en la Universidad Pedagógica Nacional de Bogotá, y en el CIESAS/INI (México). Se ha especializado en el análisis de lenguas indígenas de su país y en asuntos relacionados con el español hablado en Honduras, tanto en el área de fonética como de morfosintaxis, así como en didáctica y en la enseñanza del español como segunda lengua. <rhernantorres@yahoo.com>.

Miguel Ángel Quesada Pacheco es catedrático de Lengua Española por la Universidad de Costa Rica y la Universidad de Bergen (Noruega); ha realizado numerosos estudios sobre la situación dialectal e histórica del español americano. <Miguel.Quesada@if.uib.no>.

María Auxiliadora Rosales Solís es profesora de la Universidad Nacional Autónoma de Nicaragua (UNAN-Managua). Obtuvo la licenciatura en Ciencias de la Educación con mención en Español (UNAN-Managua), la maestría en Lingüística por la Universidad Central de Las Villas (Cuba) y el doctorado en la Universidad Nacional (Heredia, Costa Rica). Su investigación se ha centrado en el español nicaragüense, de cuyos frutos es el libro *Atlas lingüístico de Nicaragua: nivel fonético* (2008), y varios artículos sobre asuntos de lexicografía y cultura nicaragüenses. <auxiliadorar2002@yahoo.com>.

Katrine Utgård es estudiante de doctorado de la Universidad de Bergen (Noruega), donde obtuvo su maestría en Español y Estudios Latinoamericanos (2006) dentro del campo de la fonética del español guatemalteco desde la perspectiva geolingüísitca pluridimensional. En la actualidad trabaja con los fonemas suprasegmentales del español de Guatemala en calidad de investigadora invitada en el Laboratorio de Fonética de la Universidad de Deusto (España). <Katrine.Utgard@if.uib.no>.

Luis Vargas Vargas trabaja en la Editorial Santillana (San José, Costa Rica). Fue profesor de la Universidad de Costa Rica (Sede Regional de Occidente). Obtuvo la Licenciatura en la Universiad de Costa Rica y la maestría en Español y Estudios Latinoamericanos en la Universidad de Bergen (Noruega). Su especialidad es la fonética del español costarricense desde la perspectiva geolingüística pluridimensional. <rufuro@yahoo.com>.